文法の詩学

Grammatical Poetics

意味語／機能語の動態

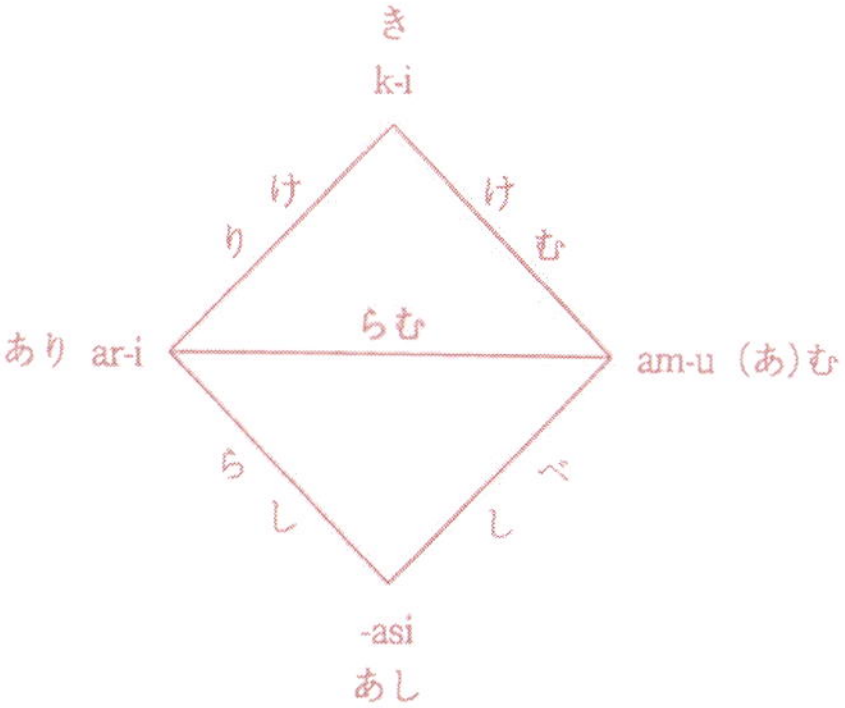

藤井貞和

Fujii Sadakazu

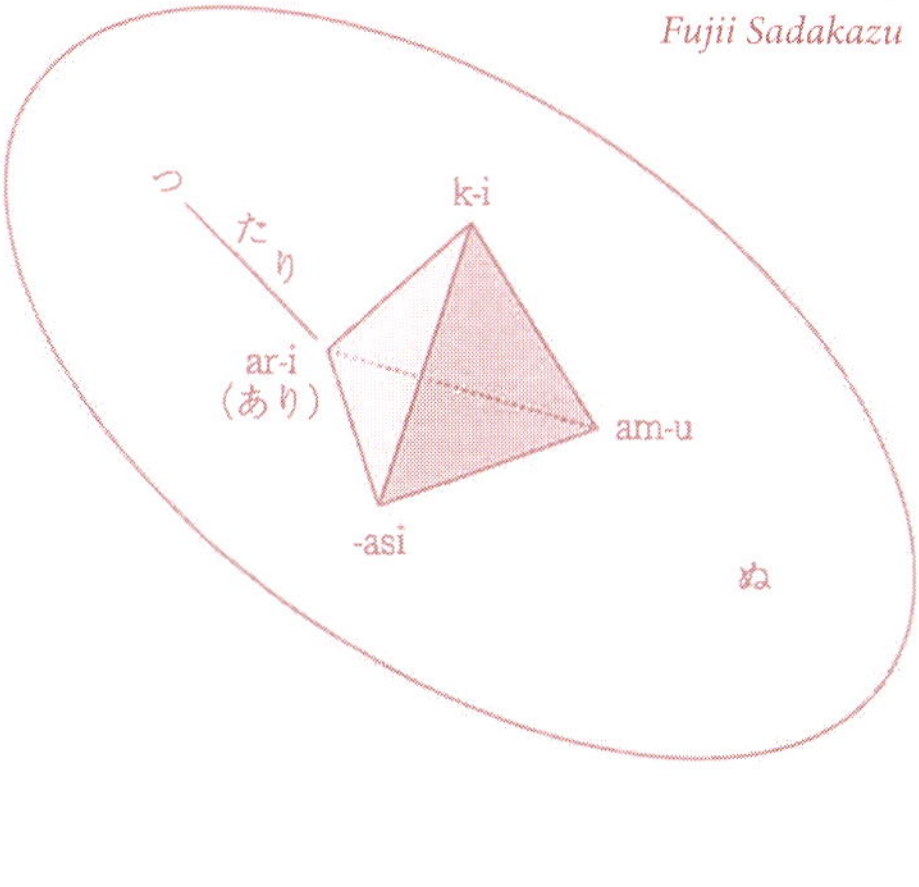

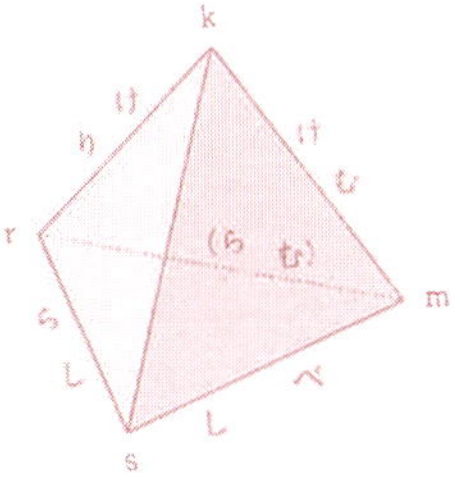

花鳥社

『文法の詩学』刊行へ

古代日本語以来の、〈文法〉の流れに沿う記述は、今日にあまり類書がなくて（と思う）、刊行の趣旨をいささか尋ねてみることにする。文法というと、かたちの決まった批判に晒されてしまう、そこを何とか最初に突破しないと、どんなに折口信夫や（全集に「国語学篇」がある）、時枝誠記『国語学原論』（一九四一）に頼って論述しても、限界内での挑戦だろう。

意味は「意」プラス「味」であると第一章にふれた。三、四百年の歴史を持つ、「意味」という語が、言外に広がりを持ち、舌先の触感や加味、調味料でもあるという、意味論はそんな言語学に発する。

名詞や動詞、あるいは形容詞ほかを意味語としてしっかりおさえたい。

助動辞（―助動詞）、助辞（―助詞）、あるいは活用語尾などには〈意味〉がない。そこにあるのは機能（働き）だけという、機能語であることが要点となる。機能語は意味語を下支えする、意味を働かせるためにあるので、文法はつまり意味から独立して生きられる。

和歌にしろ、物語にしろ、機能語は意味内容と無縁に生き生きと意味語を運転する。

おもしろいこととして、助動辞も助辞も孤立して生きられず、「き」（過去）は「り」（＝あり、現前）に隣接して、しかも「き」と「あり」とのあいだに「けり」（時間の経過、伝来）を生じる。「き」と「り」とは、さらに「む」（推量）と「し」（形容辞）とをあわせて図形（四辺形あるいは立体）をつくり、「けむ、らむ、べし、らし」が生じる。四辺形（立体）のそとには「ぬ、つ」そして「たり」もうごめきまわる。これらのことは音韻のうえで十分に言える。

むろん、時間（時制や完了）は厳密に言えば図形に描けないはずだから、可視的に見せたに過ぎない。同様の図示は助辞についても、それに助動辞をあわせたかたちでも作成できる。機能語が相互依存的にのみ生きられるという発見は本書のハイライトの一つと言ってよいだろう。

「る、らる」や「す、さす、しむ」には一つ一つ成立の秘密があって、その秘密を知りたいというより、日本語の特徴を知るために秘密にせまりたい。「自発」は避けて自然勢と言い換えることにしよう。敬語も日本語にとっては文法の範疇である。

「か」（疑問）と「や」（疑念）とは、別の機能だから二つあるので、現代語訳で一緒くたにするのは何とか避けたい。係助辞が七つあるいは八つある理由はそれぞれの働きが異なるからだ。

私的な出会いについてすこし綴りたい。およそ最も古い『万葉集』との出会いが、表記つまり文字であることはいうまでもない。文字の背後に音韻があることをうすうす感じる少年だったから、万葉歌に親しむということはそれらが書かれることの興味におなじだ。そのようにして最初の「漢字かな交じり文」体験がやってくる。

すべて漢字で書かれているというのはいわば見せかけで、表意文字としての漢字と表音文字の万葉がな（漢文の助字を含む）とから成る。上代特殊かな遣いは今回、「特殊」を取り払って「上代かな遣い」としよう。上代かな遣いは万葉がなのこと、その別名である。日本古典文学大系『万葉集』から甲類乙類を暗記することが楽しくてならなかった。

『万葉集』の表記が、

表意文字―表音文字―表意文字―表音文字―表意文字―表音文字……

の組み合わせであり、表音文字である万葉がなは、「か行」で言うと、

か、き甲類、キ乙類、く、け甲類、ケ乙類、こ甲類、コ乙類

から成ることを知って、それらを暗記する。大雑把な類別ながら、一字一音式表記（巻五、十四〜十五、十七〜二十）、新羅《しらぎ》郷歌《ひゃんが》式表記（巻一〜四、六〜十三、十六）、それに巻十一、十二の一部に漢字の極端にすくない表記（漢詩式というか、略体）がある。これらのなか、巻一〜四、六〜十三、十六が、古朝鮮に由来するらしく、漢字かな交じり文の実例となる。

ついで『古事記』に向かう。フルコト（古事）の記録こそは漢字かな交じり文にほかならない。神田秀夫（『古事記の構造』、一九五九）の言う三層の最初を六世紀に当てて、七世紀にはいり漢字かな交じり文の隆盛期とみなし、日本語で書くことの確立をそこに見る。私の『物語文学成立史』（一九八七）二千枚（原稿用紙の枚数）は副題に「フルコト・カタリ・モノガタリ」とある通りで、主要な部位を古伝承の文体の解明に尽くした。『古事記』の成立については通説のたぐいをそこで終わらせたと確信する。

『源氏物語論』（二〇〇〇）は古写本の一字一句にこだわった（柳井滋、室伏信助らの）新日本古典文学大系（新大系、一九九三〜）に拠り、作品論の展開である。『落窪物語』（岩波文庫、二〇一四）は新大系の本文のつくり方を踏襲してある。

日本語の表記は、（歌物語を含む）物語文学にしろ、説話文学にしろ、あるいは和歌にしろ、『万葉集』に見たような〈表意文字—表音文字—表意文字—表音文字……〉であることはそれとして、機能語が意味語を下支えする、意味語と機能語との組み合わせであることとほぼ同一の現象で、つまり一方は表記で一方は音韻であるのに、構造上、同一であることを突き止めたい。漢字かな交じ

り文は日本語の生理にそのまま添い遂げて今日に至る。

日本語の大きな特徴に格助辞を独自に持つということがある。独自とは、欧米語なら欧米語が位置情報によって主格を示すのに対して、「蝶が（＝意味語プラス格助辞〈機能語〉）舞う」というように主格をあらわす機能語を独立して持つ。蝶が舞うというような、人称と対立する自然称を日本語の大きな特徴として立てたい。「山が笑う」というような擬人称《ぎにんしょう》も立てておくことにしよう。

序章に永野賢や山中桂一の名を振ったように、生涯を国語学や言語学の環境や友人とともに過ごしたことは、私の得がたい財産となった。自身は言語学のアマチュアで、やって来たことは文法よりも〈語法〉など、テクスト論的な興味に傾く〈詩学〉を名のる理由かもしれない）。最初に勤めた共立女子大学短大部では国語学の竹内美智子、山口仲美らから多くを学ぶことになった。そのころ沖縄語にも分けいった。

準公用語というべきアイヌ語を国語教育から外せないと考えて、東京学芸大学では授業内にとりいれた。朝鮮語も日本語の隣接言語として欠かせない。それらについては折口のひそみに倣ったという面を隠さなくてよい。本書に何度も出てくる語である〈深層〉は、チョムスキーの用語として意識しているし、佐久間鼎（や三上章）については言語心理学の関心に基づく接近である。

最大の接近が時枝らの伝統文法であったことはいうまでもない。意味語と機能語との相互浸透が時枝の〈詞と辞〉にほかならないと気がつくのにそんなに時間を要しなかった。

坂部恵への敬意を表明しておこう。古典ギリシャ語は学びなおして、自由時制であるアオリストの海にぷかりぷかりと文法が浮かぶ印象を坂部から与えられた。

Notes:

本文の引用について

『源氏物語』の引用は、「桐壺」巻、「帚木」巻というように巻名を記す。「一―二一、一―五四」とあるのは、『新 日本古典文学大系』（略称「新大系」）の第一冊、二一ページと、新・岩波文庫の第一冊、五四ページとを言う。

新・岩波文庫は新大系の本文を利用して、歴史的かな遣いとし、表記などにやや手を加え、送りがなをほどこし、句読点をまま加える。

『万葉集』は『日本古典文学大系』（＝大系）および新大系を利用する。多く、大系に拠るとともに、新大系の、新しい学説や訓みをも参照する。『古事記』、『日本書紀』は大系に、勅撰集類は多く新大系に従う。いずれも、可能な限りで本文批判を経てある。

詩歌は四三二四歌や二三歌謡のように、番号を書き出してある。

例：『万葉集』二〇、大伴家持、四五一六歌、『古事記』下、九九歌謡、など

『古事記』歌謡のかぞえ方は『古代歌謡全注釈（古事記編）』（土橋寛）に拠る。

詩歌の読み下し文について

句読点および一字あけ（空点と名づける）をほどこす。空点は、係助辞および強調の「し、しも」のあとに附ける。古代歌謡の原態は漢字の万葉がなで書かれているのを「かな」にひらく。上代か

な遣いの乙類はカタカナで表記する。

例：いざこドモ、のびるつみに、ひるつみに、わがゆくみちノ……

『万葉集』歌の表記は、原文の漢字が生きられるように配慮し、万葉がなはひらがなおよびカタカナにひらく。「者、之、将、而」などの漢文の助字は割愛して「かな」とし、訓み添えを（かっこ）とし、動詞などに送りがなをほどこして、書き下し文とする。宛て字や戯書の扱いは判断して決めていった。

例：君が歯《ヨ》モ　吾（が）代モ　知るや　磐代ノ、岡ノ草根を去来《いざ》結びてな
『万葉集』一、一〇歌

現代語訳（口訳）

厳密な直訳の基礎に立って、すこし嚙み砕いた自由な訳案を工夫する。「研究語訳」（研究のための正確な現代語文）を試みたり、ところどころ舞文があったりする。大きな読み増しは（かっこ）を利用して読解の便をはかった。

助動辞、助辞

「助動詞」は助動辞（時枝学説に拠れば〈辞〉だから）とし、「助詞」を助辞（同）とする。研究者の意見に沿って叙述する場合に「助動詞、助詞」とかっこをつけることがある。これらの機能語はテクスト（文、本文）のなかでのみ生きられる、あたかも動脈を流れる血球や血小板のように。

音韻上、独立しえない助動辞、原・助動辞ないし初期の助動辞「あり」ar-iや「あむ」-amのようなかたちに書くことがある。

品詞などの名称

従来からの慣行に従って、名詞、代名詞、動詞、形容詞、形容動詞、副詞、連体詞、接続詞、感動詞という呼称を利用する。さらに以下の分類を採用することがある。

詞（品詞）

動態詞一類──動詞　動態詞二類──形容詞（態様詞とも）

動態詞三類──形容動詞（名容詞とも）

汎名詞──名詞〈固有称を含む〉　形式詞

代名詞（記号詞とも）（表意文字としての）算用数字

副詞（擬態詞、作用詞とも）　連体詞（冠体詞とも）

感動詞（感投詞）　接続詞

辞（品辞）

助動辞（複語尾辞とも）

助辞──格助辞　副助辞（作用助辞とも）

呼応助辞──係助辞、終助辞、並立助辞

間投助辞　接続助辞

接辞──接頭辞、接尾辞、その他〈過剰音など〉

上代かな遣い

甲類　ひらがな

乙類　カタカナ

甲乙の区別がない、不明、および印字上の識別困難な「へ」甲類乙類は「ひらがな」。（『万葉集』に見る係助辞の「モ」は原文の漢字に拠らずカタカナとする。）

形容動詞（名容詞）

名詞相当句を「なり、たり」（断定）が受けると考える場合には、独立させない。慣例的には形容動詞を認める。

活用

ところどころ、動詞や助動辞の活用を書き入れることがある。

な　に　ぬ　ぬる　ぬれ　ね

上から、未然形　連用形　終止形　連体形　已然形　命令形

その他

初出論文がある場合、それらの性格によって各章ごとの書き方に区別が生じる。初出論文はいずれも大幅に加筆、訂正されており、もとのかたちをなしていない。

人名への敬称は原則として省略する。

文法の詩学——意味語／機能語の動態

目次

第二部　機能語が意味語を下支えする　その二

十六章　助辞の言語態

第三部　意味語の世界

第四部　人称と語り、表記

序章　「あけがたには」の詩学

1　〈文法〉と〈詩学〉

〈文法〉と〈詩学〉とが、私のなかでなぜ、結びつくのだろうか。時枝学派の国語学者、永野《ながの》賢《まさる》氏の名をここに引用することから書き出したい。

氏は、東京学芸大学教授だった。国語教育の中心地の一つである、その国立大学で、時枝誠記から受け渡された文章論の構想について、氏がどのような理論的装いでその後の活路をひらこうとしていたか、私もまた昭和五十四年（一九七九）より、その国語教育学科に奉職して、古典文学の担当だったとは言え、若造ながら同僚として、身近なところから、まさに悪戦苦闘する氏の実験場を覗き見る日ごろだった。

時枝の『文章研究序説』（注1）のあとを、永野がどう受け継ぎ、切り拓こうとしていたか、ごく断片的とは言え、談話をいろいろ伺えたことは、いまにおき忘れ得ない。

その永野から、ある時、廊下で、興奮気味に話しかけられた。数日前に私が朝日新聞に発表した、ある詩作品についてである。発表媒体が著名な新聞だったこともあり、眼を通されると、氏にはある衝撃が走ることになったらしい。面映ゆいけれども、引用する。

あけがたには

夜汽車のなかを風が吹いていました
ふしぎな車内放送が風をつたって聞こえます
……よこはまには、二十三時五十三分
とつかが、零時五分
おおふな、零時十二分
ふじさわは、零時十七分
つじどうに、零時二十一分
ちがさきへ、零時二十五分
ひらつかで、零時三十一分
おおいそを、零時三十五分
にのみやでは、零時四十一分
こうづちゃく、零時四十五分
かものみやが、零時四十九分
おだわらを、零時五十三分
ああ、この乗務車掌さんはわたしだ、日本語を
苦しんでいる、いや、日本語で苦しんでいる
日本語が、苦しんでいる

わたくしは眼を抑えてちいさくなっていました
あけがたには、なごやにつきます

（のちに『ピューリファイ！』所収）(注2)

私としては、永野に与えた衝撃というのを、真に理解できるまでになお時間を要した計算ながら、この「あけがたには」が、時枝言語学の〈詞と辞〉の考え方をそのまま伝える内容であり、あわせて乗務車掌さんの〝苦しみ〟（あるいは遊び心）を、時枝学派の研究者のそれにかさねることができると、いまにして納得する。

横浜には、戸塚が、大船、藤沢は、辻堂に、茅ヶ崎へ、平塚で、大磯を……と、〝列車が何時にどこどこの駅に着く〟というだけのことなのに、助辞をどのようにも使い分けて、いろいろに言えることに私はびっくりして、そのままに書いた。主体的表現の苦心が辞（ここでは助辞）にあるということを、この作品は示したということになる。私としても、〈文法〉と〈詩学〉とが結びつく〝事始め〟となった。当時、東海道本線に、東京駅始発、大垣行き夜行列車が運行されていた。

この作品はそのあとも、国語教育界でかなり知られ、ついには国語教科書に採用されることとなり、何年も、ずっとあとになってまで、大学生になった若者から、「あれ？　藤井先生の『あけがたには』を学んだことがある」と、声を掛けられることになった。永野の引き回しかなとひそかに思っている。

2　〈言語態〉学の一環

山中桂一『和歌の詩学』(注3)は、詩学という光の当て方で日本詩歌を解明する。ヤーコブソン学者の氏は、駒場（東京大学総合文化研究科）の言語情報科学専攻を立ち上げた一人であり、〈言語態〉学(注4)が日本詩歌と出会うとはこれかと納得させられた。貴重な水準をわれわれのために用意して、今後を導こうとしている。

氏の取り上げる一箇所をここでも取り出してみよう。「の、ノ」は〈主語格・所有格〉が独自の格助辞を持つという、日本語の大きな特徴の一つに属する。次歌の「藤浪ノ」のような「ノ」は、古典詩歌でごく親しげに見かける。しかも「思いが藤波のようにまつわる」のか、それとも隠喩的に藤波の思いとして受け取るか、「ノ」の奥行きを理解することはなかなか容易でない。

　式嶋ノ、山跡《やまと》ノ土《くに》に、人多《さは》（に）満ちて有れドモ、〈藤浪ノ〉思ひ纏《まつ》はり（「纏《モトホ》り」とも）、若草ノ、思ひ就きにし、君（が）目に恋ヒや　明かさむ。長き此（ノ）夜を

『万葉集』一三、三二四八歌

しきしまの、（この）大和の国に、人がぎょうさん生存しているけれども、藤波の、思いがこぐらかり、若草の（ごとく）思いが附着してしまった、あなたに一目、恋しく思うだけで明かすのではと。長いこの夜を

一般に、この「藤浪ノ」を枕詞のように受け取る理解が行き渡っているかもしれない。その理解

でよいかというと、

山川（ノ）水陰《みづかげ》（に）生ふる山草《すゲ》（ノ）、止まず（モ）妹《いも》（は）念ほゆるかモ

一二、二八六二歌

山川の水陰に生える山すげ。その、止まず（いつまでも）あの子は心を離れないのか

の「山草《すゲ》」と「止まず」とは、「ノ」でつながっているとしても（「ノ」補読）、けっして直喩の関係にならないし、どんな結びつきなのだろうか。

塩満てば、水沫《みなわ》に浮かぶ細砂《いさご》（に）モ　吾は　生け（る）か。恋ヒは　死なずて

一二、二七三四歌

潮が満ちると、水沫に浮かぶいさご。（そのいさご）みたいにも、私はただ生きている（だけなの）か。恋い死《じ》にしないぎりぎり

○

わが恋は　あまの刈る藻に　乱れつつ、かわく時なき波の下草

『千載和歌集』一三、権中納言俊忠、七九三歌

私の恋はあまの刈る藻（みたい）に乱れに乱れ、乾燥するひまのない波の下草よ

は、前者、後者ともに、二句あるいは三句の終わりに「の、ノ」がなくて、「水沫に浮かぶ細砂」や「あまの刈る藻」といった名詞節や名詞句が、主格や主題の提示というような役割を表層から見えなくさせられ、うたの成立条件として全体の構造や述部の統語性に依存することになる。「の、ノ」がなくとも、比喩的、象徴的な解釈の空間はひらかれるということかもしれない。

叱責されることを承知で、氏の意見をパラフレーズしてみるならば、以上のように「の」一つ取っても、いわゆる修辞法のような解釈は後退して、文法が前面に出てくると分かる。助辞「の」という、極小の一点なのに、まさに詩歌の本性を衝くという機微をつよく教えられた。

3 『国語学原論』の主語格、述語格

時枝から接近してみるのは私のたどる捷径である。A詞（汎名詞）の中心部に位置する名詞の類はその場合、格caseをなす、つまり位置関係にあると言える。

〈A詞〉—C辞1

を見ると、C辞1（助辞）のなかみはA詞が主格ならば「の」か「が」かのあるのがよく、それを代行する助辞（＝「は」）でもよく、場合によって「の」も「が」も代行する語もはいってこないこともある。日本語が格助辞「の、が」を持つことは大きな特徴だが、時枝は『国語学原論』（二ノ三）で、主語格、述語格、あるいは独立格その他の「格」を構文からも認定しようとする立場を取る。欧米語や、世界の言語から日本語が孤立しているわけではけっしてない。

時枝は「主格」と「主語」とを明瞭に区別しないから、彼のいう主語格は、ここで主格とおなじ

と見ることにする。氏は、

走る。　短い。　人だ。

という〝文〟について、「走る、短い、人」をすべて述語格だとする。主格（氏の言う主語格）はどこにあるかというと、述語格のなかに含まれてくる、と。含まれているのであって、けっして主語格の存在を無視したわけではない、と言う。埋もれているのであって、けっして「主語の省略」ではない、と『日本文法　文語篇』のほうでも強調する。述語格は「述部」などというかもしれない。

助辞は英語その他の前置辞（＝前置詞）に類推すれば、後置辞としてある。go for〜　go around〜というように、go（動詞）のあとにくる、つまり後置辞であることに比較される。日本語では、辞を後置することで格形成を果たすことがあるので、格助辞が発達する。

以上を序章として、以下、助動辞（助動詞）および助辞（助詞）という機能語が、名詞や動詞などの意味語を下から支える諸相について、論述を進めよう。

（1）『文章研究序説』（山田書院、一九六〇）は文から文章へ展開させる時枝の試みだった。国語学の赴くところであり、それじたいに異論はない。ただし、その領域は文法論上の限界を超えてゆくことのようにも思え、文法に関してならば〝文〟に踏みとどまりたいように私には思われた。〝文章〟はテクスト論として提起されることとなろう。永野には『文章論総説』（朝倉書店、一九八六）ほかがある。

（2）書肆山田、一九八四。現代詩文庫・一〇四、思潮社、一九九二。「あけがたには」の初出は、朝日新聞、一九八二・二・一。

（3）山中、大修館書店、二〇〇三。

（4）〈言語態〉は言語情報科学専攻が立ち上げた研究プログラムの一環で、テクスト論と相違して、ことばの個性の動態をけっして無視しない方法をさす。〈態〉は、ヴォイス（態）、声そのものであるとともに、情態、生態、すがた、さま、ありよう、わざ（技、業、ことわざ、災い）、そして人称態、完了態などの文法的範疇である。参照、シリーズ言語態①〜⑥（東京大学出版会、二〇〇一）。

第一部　機能語が意味語を下支えする

一章　論理上の文法と表出する文法

1　意味はどこにあるか

時枝誠記によると、「意味の本質は、実にこれら素材に対する把握の仕方即ち客体に対する意味作用そのものでなければならない」（『国語学原論』二ノ四）（注1）という。「意味作用」は〈素材〉じたいに意味があるのでなく、あくまで言語主体を起点とする考え方で言う、と。

〈素材〉について時枝を復唱すると、具体的な一個の椅子を指して、「椅子におかけなさい」という場合と、「椅子は家具である」といった場合とでは、一方が具体的な事物であり、一方が概念であるという相違があるとしても、言語表象の素材であるということに相違はない、と時枝は言う。それらはいずれも、言語の存在条件の一つだとしても、構成要素のそとにある。意味はけっしてそのような内容的、素材的なことでなく、素材に対する言語主体の把握のしかただ、と時枝は考える。それを「意味作用」とかれは名づけた。

これはなかなか創意ある〝意味の考え方〟であって、十分に検討に値する。山に遊んで昼食を取ろうとした時、傍らに手頃な石があると、それを指して「このテーブルの上で食べましょう」と言うことができる。疲れた山道で一本の木の枝を折って、「いい杖ができた」と言う。『万葉集』に見る、

天（ノ）原、振り離《さ》ケ見れば、白真弓《しらまゆみ》、張りて懸ケ有《た》り。夜路は　吉けむ

巻三、間人宿祢大浦、二八九歌

天の原を振り仰いで遠く見やると、白い真弓が弦を張って空に懸けてある。
夜道はだいじょうぶでしょう

の、「白真弓」の素材は月（の概念）で、その月に対する話者の把握のしかたによって「白真弓」と表現する。三日月だから明るいわけでなく、弓だから安全だという詠歌だろう。従来は一般に、言語を意味と音声との結びつきで、したがって意味は言語の内在物だと考えたために、「月」が「白真弓」に言い換えられているとし、それを感情的意味などと称してきた。

ソシュール言語学などでは、「杖」という言語 langue が言 parole において限定されて一本の木の枝を指すと考えられた。「そうではなかろう」と時枝は言う。一本の木の枝は、折られた瞬間に「杖」と認識されたのである。「杖ができた」という表現は主体的意味作用の段階なくして成立しえない、と。

むろん、ソシュール学からの反論はつねにありうる。「杖」という語が前提としてあるから、「手に摑んで身体を支えながら前進するための棒状のもの」が「杖」なのだと。このような言語認識は強固であり、一般共通としてある。時枝はつまり感情的意味の発生をあげつらっているのではないかという反論である。

どうだろうか。時枝は、いわば意味が生成する現場で言語をとらえようとした。たしかに、「木

の枝」にしろ、「杖」にしろ、既成の語であることは動かない。生成の終わったあとで、社会的、個人的に語彙というレベルで意味を附与された語としてある。語彙というレベルでの〝意味〟をまぬがれない。

生成的にとらえるか、生成後的にとらえるか、ここには深い対立がある。時枝が「意味作用」というように「作用」を附けて言うのは、いわば意味語を支える〈辞〉を込めていることになる。表現は〈詞〉（客体的表現）と〈辞〉（主体的表現）とからなる。私どもとしては各自の思い思いに表現活動すべく、しかも社会的、個人的に意味を湛えられてある〝言語の海〟に投げ出されて覚醒するしかない。

2　「心」は意味か

「意味」という語じたいをここで追いかけてみよう。日本社会では十七世紀になって広まった語であるらしい。それ以前にあった何らかの語に取って代わり使われ出したということはないのだろうか。なかなかそこを突き止めることがかなわない。

『沖縄語辞典』に見ると、chimee（チムエー）が「意味、わけ、理由」で、

クヌ　クトゥバヌ　チムエーヌ　ワカラン。（このことばの意味がわからない。）
チムエーヤ　ネーン。（無意味である、理由がない。）

というようにある。チムは肝《きも》で、沖縄語の「心」をさす。チムそのものが「意味、理由」をさす事

例はないようで、チムエーのエーがついて「意味、理由」となる。エーは意味合いなどという際の「合い、相」に相当するのだろうか。

日本語の「こころ」という語には、「意味」か、あるいは「理由」という語義かがあるかどうか。古語辞典などに、1、心臓、2、精神、3、意志、4、気分、5、感情、6、誠意・愛情などがずっと列べられたすえに、判断、注意、正気、記憶、中心などとともに、意味、事情といった語義が引かれる。

青海原振りさけ見れば、春日なるみかさの山に、いでし月かもとぞ詠めりける。かの国人、聞き知るまじく思ほえたれども、言《こと》の心を、男文字にさまを書きいだして、ここのことば伝へたる人に言ひ知らせければ、心をや聞きえたりけむ、……

『土佐日記』、一月二十日

「青海原……」という、うたの「心」について、漢字で「さま」を書き出して、日本語を伝えている通訳に知らせたという。内容が伝わって思いのほかに褒められた、とあとに続く。「言の心」とは人間に心があるように、物事にも、また言語にも「心」があるといった、派生的な語義で成立してきた用法であるらしい。『古今和歌集』かな序にも「言の心わきがたかりけらし」という事例が知られる。

『平家物語』の、

ある雲客の「竹、湘浦に斑《まだら》あり」といふ朗詠をせられたりければ、この大納言、立ち聞きして、……ぬきあしして逃げ出でられぬ。たとへば、この朗詠の心は、昔、堯の御門《みかど》に、……

『平家物語』六「祇園女御」


とある「心」の事例は辞書に引かれる。「(この朗詠の)意味するところは」ということだろう。「竹、湘浦に斑あり」という朗詠の詩句のうちに、人間が心を持つのとおなじように心が籠っているということから、意味という語義が成立する。

「意味」という語じたいは十七世紀からよく見かける。ことばの含蓄というような語意で、「心」の持つ広いはばを勘案しても、なかなか意味と心とがかさなってこない。中世以前には漢文以外に見ることのない語のようで、初出を知らない。「心」とかさならない理由は簡単なことで、「心」に対応するのは「意味」という二字語のうちの「意」に関してであり、何と言っても「味」を加えその翳りを産み出す、漢語らしさになかなか到達できないということだろう。

3　言外の意味

「意味」という語は端的に言って、

言葉の外に意味ふかし。

『常盤屋之句合』第十七、一六八〇

とあるような、言外の広がりに味わいがあるとする感じ方のうちに生きられる。辞書類によって検

索すると、

……人をして泣かしめ、人に心をつく。万竅怒号、響き替りて、句毎の意味各別也。
「歌仙の辞」『芭蕉文集』大系、天和年間

発句は言外の意味をふくむをよしとす。
『宇陀法師』巻頭併俳諧一巻抄汰、一七〇二

音声しめやかに、調子はひくきかたよし。その分際に応ぜざる調子にては、意味うたひがたし。

『松の葉』五・歌音声、一七〇三

発句長《たけ》たかく、意味すくなからず。
『去来抄』先師評、一七〇二—一七〇五

さればこの里に来ぬが通者なりといひけん金言を意味すべし。
『麓の色』、一七六八

右のおいらんが煙草の火でむすこの顔を見しは、源氏蛍の巻の意味ありて奥ゆかし。
『傾城買四十八手』、一七九〇

意味もない外都の美、それを内部のと混同して、愧《はづ》かしいかな。
二葉亭四迷『浮雲』第十六回、一八八九

従来皆論語を以て徒に平易近情、意味親切なりと為て、
『童子問』巻上、一七〇七刊

あるは風姿の幽艶なる、あるは意味の深長なる、あるは景色のみるがごときなど、
『国歌八論』歌源論、一七四二

などがある。

など、いずれも言の内外に味わいがあり、深みを感じさせるなどの用法としてある。

現代言語学での用例とは徴妙にそれこそ意味のずれを感じないか。現代の「辞書的意味」や、あるいは「意味論」などと言う際の言外の広がりを遮断する、定義という語の語義に近い使い方のほかに、在来の、みぎに見てきたような、含蓄を意味する語感も、つい近世以来、引きずってきた語である以上、りっぱに生きているはずだ。

もう一度言うと、現代語での「意味」という語は、含蓄を許さないという限定的意味と、かえって含蓄に意味の翳りを求める意味との、双方から成っている。

それでは非厳密だと哲学者は嘆くことだろうか。言語とは、概してそうした生き方を普通とすると答えるほかない。外国語にしろ、時代とともにmeaningにしろ、sensにしろ、在来のニュアンスよりは厳密な位相が必要になってきたと見るので不都合があろうか。semanticという語について、それこそ辞書的説明として「言外の意味」を指摘する辞書もある。

4　意味を働かせるキー

自立語は意味の広がりを、語そのものにも、言外にも持ちながら、豊かに文を構成する。〈詞〉と〈辞〉とで言えば、〈詞〉に相当する。

名詞の類（汎名詞、A詞）には直接に助辞（C辞1）が下支えにはいる。

〈A詞〉—C辞1

一方、動態詞（動詞、形容詞、B詞）は活用語尾（E尾）が助動辞（C辞2）と緊密に、あるいはゆるやかに結びつく。

〈B詞〉（D幹プラスE尾）―C辞2

助動辞と助辞とは〈辞〉であり、非自立語として、自立語の意味世界を支えるのに、それぞれの機能を以てする。だから、機能語（C辞1、C辞2）は意味を持たず、豊かな広がりを持たない。

意味語（名詞の類、動態詞……）と機能語（助動辞／助辞）とが、手をさしのべあう。けっして機能語は意味内容に関与することなく、ただ意味語を働かせることにのみ専念する。

自立語（意味語）は、名詞の類、動態詞、それに副詞や連体詞などを含めて、意味の競演、あるいは饗宴というべきか、表層から見えない奥にまで、言わんとする思いや、もどかしい表現の苦心や歓びが広がりやまない。

〈自立語＝意味が言外にまで広がる〉

明瞭な、厳密な、定義に近い用法もあろうし、その一方で、絶えず言外の意味があり、そこから表現が紡ぎ出されてくることもあろう。日本語はそのような自立語を先立てて、表現の海を操舵する。あるいは表現の山ならば、植生の複雑な言語の森に縦横にさ迷い続ける。

自立語が豊かさの広がりだということは、曖昧さや難解さをも含み持つということであって、それは言ってみれば、われわれの生活じたいの日々刻々が、豊かであるはずなのに難問の山、曖昧の野であることをまさに〝意味〟する。

社会は個人に対してさまざまな解決を求めてやまないだろう。そこに、言語行為をわれわれにとり放擲できない理由が存するはずだ。

自立語と非自立語とが日本語だと交互にあらわれる。

〈非自立語＝機能を限定する〉

非自立語はつまり、意味を有さない。自立語が、言外も含めて、豊かな意味の蓄積であるのに対して、助動辞や助辞は、原則として一つの助動辞に一つの機能、一つの助辞に一つの機能と、機能が備えられているに過ぎない。限定する語だと言い換えてもよい。意味をすべて自立語に託して、非自立語はそれらの意味を下支えする機能の明瞭さに徹する。

日本語の文が、模式的に、

〈名詞〉―助辞―〈動態詞〉―助動辞／助辞

を基本にするとは、自立語プラス非自立語プラス自立語プラス非自立語プラス自立語プラス非自立語……という連鎖をずっとたどり進むことを結果する。それは、

意味プラス機能プラス意味プラス機能プラス意味プラス機能……

という連鎖をたどり進むことにおなじだ。意味にA詞あるいはB詞、機能にC辞を適宜配置してみると、

A」C」B」C」A」C」B」C」A……

というように模式化される。

強調してし過ぎることのないこととして、繰り返しになるけれども、機能語（助動辞や助辞）は意味の曖昧さと無関係にある。むろん、意味の豊かさとも関係がない。意味を下から支える機能に徹する役割が非自立語のすべてだろう。

機能語は働きを求めるファンクションキーだ。意味を働かせるキーが〝押された〟。すると、意味が動き出す。壁のスイッチを思い浮かべよう。点灯というボタンをオンにすれば点灯する。オフ

にすると消灯する。点灯を二回押すと消灯する。点灯／消灯はつねにペアとしてある。点灯、消灯という機能がそこにある。

意味と機能とを混同しないようにしよう。機能への〈名づけ〉として、過去と言ったり、完了と言ったり、推量と言ったりする。点灯、消灯とは機能に対する名づけでしかない。名づけがかならず正確な範囲をカバーしているか、心許ないとは絶えざる嘆きとしてある。

非自立（自立しない）とは、（1）自立語に対して非自立だ、ということと、（2）機能語（非自立語）同士が互いに機能を決めるので、それじたいは自立しない、という二面とからなる。（2）はたとえば肯定と否定とが互いに規定する。否定がある（オフボタンを押す）から肯定（押さない、オンボタンを押す、二回押すなど）がある。

過去と現在とで言えば、過去に対して現在であり、現在に対して過去となる。断定と推量とは相互規定としてある。二つの機能のあいだに中間項はつねにあり、いっぽうからいっぽうへ動的であり、移行する。カーソル状のボタンやスイッチと見なしてよい。

5　論理上の主格を支える深層

A詞からB詞へたどると、一文の趣旨が論理的に一貫する。文が主格を有するとは論理的に統一されることで、「何が何する、何がどんなだ、何が何だ」という、三つのパターンがあるとは共通の認識に属する。いずれも、A詞とB詞との関係をたどると論理上の整合性がある。

（a）A詞がB詞する　　（動詞文）

（b）A詞がB詞のようだ　　（形容詞文）

（c）A詞がB詞だ　　（名詞文）

という関係にある。B詞にとってA詞が主格であるとは、これを論理上の主格として認定したい。

（a）北山になむなにがし寺といふ所にかしこきおこなひ人侍る。

「若紫」巻、一―一五二、一―三六四

北山にのう、何某寺という所に霊験あらたかな行人がございます。

これを書き改めると、

かしこきおこなひ人（A詞）〔ガ（C辞1）〕侍る（B詞）（C辞=零《れい》記号）。

となる。（「侍る」には助動辞が付いていないのでここに零記号があるとする。）

（b）かの国の前《さき》の守、新発意《しぼち》の、むすめかしづきたる家いといたしかし。

同、一―一五四、一―三七〇

あの（播磨）国の前国司で在家の人が、娘を愛育している、（そういう）家がえらく羽振りのよいこと、よいこと。

は、

かしづきたる家（A詞）〔ガ（C辞1）〕いといたし（B詞）かし（C辞1）。

と分析できる。

（c）海竜王の后になるべきいつきむすめななり。　同、一―一五五、一―三七四

　　海竜王の后になるはずの函入り娘という噂です。

省略されているA詞を補うと、

〈明石ノ君（A詞）ガ（C辞1）〉海竜王の后になるべきいつきむすめ（B詞）なり（C辞2）。

となろう。「ななり」は「なり（断定）なり（伝聞）」。

以上のように、論理上の主格が述部を従えるという基本の構文（シンタクス）である。もう一つの構文が深層で下支えしているのではなかろうか。つまり、C辞1からC辞2へとたどって、主体的表現を見いだすことができる。（a）～（c）文ともに、語り手が主体として提示したことをC辞1～C辞2で締め括る。語り手の現在に所属するC辞1からC辞2への流れという、もう一つの文法がここにある。

構文はかくして、A詞からB詞へと論理的に流れる一筋と、それをしたから支えるもう一つのC辞1からC辞2への主体的な流れという、表層／深層の関係になっている。

　A詞→B詞　　　論理上の流れ
　C辞1→C辞2　　主体的な流れ

このことは、あまりにも当然のことだと言って済ましてよいことだろうか。詩歌には、一例で言うと、懸け詞という技法がある。懸け詞は文の論理上の一貫性を裏切る技法ではあるまいか。論理

的な文のまとまりに破綻を呼び入れる技法にほかならない。このことを文法的にどう説明すればよいのだろうか。（→二十一章）

あるいは、序詞という詩歌の技法が知られている。枕詞についても議論が進展しそうだ。序詞や枕詞を論理的な文法で説明しきれるだろうか。

C辞1～C辞2とたどる深層の構文には、それを表出する担い手がつねに存在する。A詞からB詞へと流れる統一性を論理の上で破綻させる意志は、じつに担い手に発する。その点で、C辞1からC辞2への流れを積極的に支える担い手もまた文法上の人格でなければならない。もう一人の主格とでも言うべき、この担い手を〈表出する主格〉と名づけよう。真に文法の担い手である人格とは、C辞1からC辞2への流れという深層にいる、その人ではないのだろうか。

（1）岩波書店、一九四一。『国語学原論　続篇』（同、一九五五）がある。いずれも岩波文庫、所収。

二章　時間域、推量域、形容域

1　〈前‐助動辞〉図

アリ ari、アム amu、アシ asi とは何だろうか。アリ、アム、アシ、それにアニ ani も並べることにする。アフ aphu（あるいはアプ apu）も視野にはいってくる。動詞などの活用語尾と、それらのアリ、アム、アシ……、前‐助動辞とが、もともとは分け切れない同質のものだったとすると、アトゥ atu（アツ）、ク語法を成立させると言われるアク aku はそれにかかわりがあろう。語を成立させる要素たちだ。図1はぐるりとアを取り囲んでいればよいので、方向や順序は自由である。ぐるりと、こんな感じの図を作ってみる。

図1

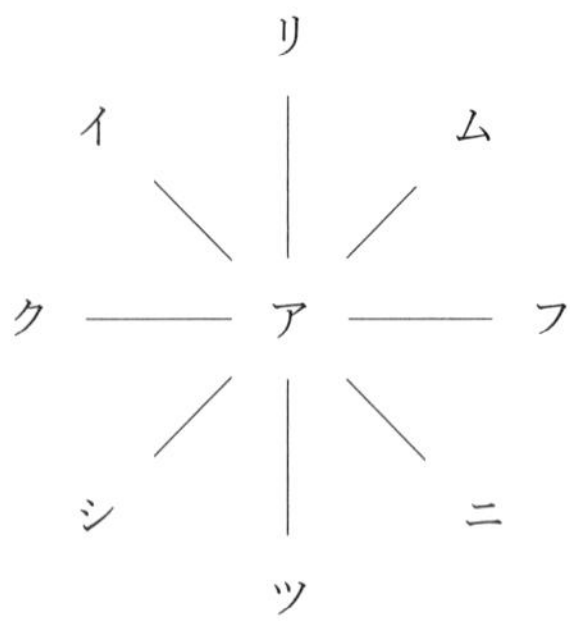

イは ii（＝y）というような二重母音を想定する。

古日本語の非常に古い段階で、ア a を頭部に持つ語が助動辞などの成立に深く関与していたのではないか、とする推定がここにある。その推定によって多くのことが説明できる。アリ ari、アム amu、アシasi、アニani……のような、助動辞以前にある一群を〝前‐助動辞〟と称しておこう。あとにもふれることになる。

・アリ（〜ある）

アリariはまず動詞「あり」（〜がある）となって自立し、大活躍する。「をり」（居る）「はべり」（＝「侍り」、ござる、でございます）「いますがり」（おいであそばす）、「いまそがり」（同）とともに、終止形がイ段となる動詞で、ラ行変格活用（ラ変）と言われる。

アリariはこの動詞「あり」を成立させるとともに、多くの助動辞のなかにもぐり込み、またアaが切れたかたちで「り」という助動辞を成立させる。助動辞は自立できず、自立語に下接してのみ生き始める。

・アム（〜う、〜のようだ）

アムamuはそれだけで独立せず、アaが切れて「む」（推量）という助動辞を成立させる。また、他の推量の助動辞にもぐり込む（「けむ」「らむ」）。さらに、いわゆる仮定表現を見ると、活用語の未然形のあとに「ば」を従えている。それはおそらく、

親王《みこ》となりたまひな〈ば〉、（皇子となっておしまいならば、）　「桐壺」巻、一―二一、一―五四

にくからずかすめなさ〈ば〉、（感じよい態度で遠回しに表現するならば、）

「帚木」巻、一―四三、一―一〇四

の場合のように、

なりたまひ〈なむは〉n-amu-pha　→nampha　→naba「なば」

かすめ〈なさむは〉nas-amu-pha　→nasampha　→nasaba「なさば」

という経過をたどって、未然形プラス「ば」が成立したので、amuを内蔵している。仮定表現が推量を含むことは分かりやすい。

・アシ（〜い、〜しい）

形容詞を成り立たせる「し」の原型はアシasiだったろう。（↓十四章）

ゆくyuku　語幹yuk-　→ゆかしyuk-asi
うとむutomu　語幹utom-　→うとましutom-asi

のような形容詞のできかたにはアシasiが内在すると考えられる。「にほはし」（↑にほふ）、「よろこばし」（↑よろこぶ）、「をかし」（↑をく〈招く〉）、「うたがはし」（↑うたがふ）など、類例は多い。この「し」が種々の助動辞をつくり出す。

・アニ（〜ない）

否定語アニaniは、古く活用語だったろう。（↓十四章）

さよふケて、ゆくへをしらに　『万葉集』一五、三六二七歌
夜が深まって、行く先が知れないので

の「しらに」（知らに）は、
しらアニsira-ani　→sirani「しらに」

というように、「に」だけで否定をあらわす。
アニは朝鮮語を始めとして諸言語にも見いだされるかもしれない。漢文訓読語の「豈《あ》に」（どうして、けっして）はアニが独立した副詞のように思われる。

・アフ（～続ける、相互に～する）

万葉時代に継続の助動辞「ふ」があった。固溶（という語であらわしたい）化して、「かたらふ（語らふ）」、なびかふ（靡かふ）、たらふ（足らふ）、ながらふ（長らふ）」というような動詞を造る。アフ aphu（さらに古くはアプ apu）を内在し、継続、反復、あるいは複数をあらわすと言われる。

かたりアフ katari-aphu　→katar（i）aphu　→kataraphu「かたらふ」
ながれアフ nagare-aphu　→nagar（e）aphu　→nagaraphu「ながらふ」

アフ aphu は〈相ふ、合ふ、逢ふ……〉（動詞）になり、接頭語「あひ（相）」のもととなる語だったろう。前 - 助動辞と見なしてかまわない。

・アク

ク語法は活用語の未然形に「く」が下接する用法をさし、その活用語を名詞化すると言われる。その本性はアク aku で、活用しない（「～こと」と名詞化する）にしても、もとは前 - 助動辞だったろう。

難波方《なにはがた》、塩干《しほひ》勿《な》有りソね。沈《しづ》み（に）し妹《いも》が光儀《すがた》を見〈まく〉くるしモ

同、二、二二九歌

難波潟よ、潮の干るということがあってくれるな。（波の底に）

沈んでしまいし彼女の姿を見ようことはくるしい

の、「見まく」〔原文「見巻」〕（見ようこと）は、

mi-mu（見む）プラス aku アク →mimu-aku →mim（u-）aku →mimaku

という展開をへて成立する。aku の a が落ちて ku となる場合があるとしても〔過去の助動辞「き」の ク語法は「しく」など〕、ク語法を認めるならば応用範囲は広い。

ほかにも考えられるので、ıi（＝y）というような二重母音も想定しておく。

2　krsm 四辺形、krsm 立体

アリ、アム、アシ、アニ、アフ、アトゥ、アクなどから、アが音韻をのこしながら後景化して、リ、ム、シ〔形容詞の語尾でもある〕、ニ、フなどの助動辞やその要素、あるいはク語法のクを成立させていったかと見られる。助動辞は一つ一つ、孤立してあるのでなくて、アにまとめられるなどして互いに緊密に連絡してあり、新たな助動辞を産み出し、活動していったと考えられる。けっして孤立しないそれらの関係図をさきに掲げてしまおう。

「き、り、し、む」を結ぶ

さきに krsm 四辺形を図示しよう。実際に四辺形を描いてみる。

k＝「き」　r＝「り」　s＝「し」　m＝「む」　これを「き／り／し／む」四辺形と俗称する。

これらのうち、「き」と「り」と「む」とは、高校時代の〝古文〟の授業で習った馴染みの助動辞

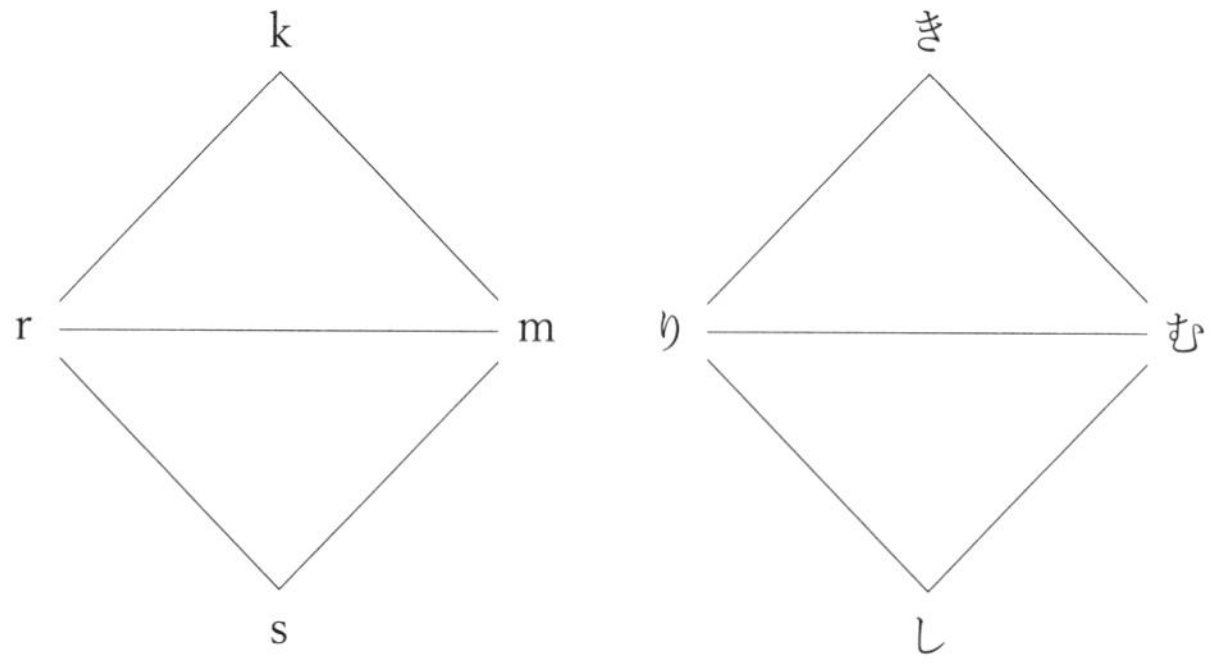

図2　krsm 四辺形

である。

「し」は何か。形容詞の語尾として出てくる、「うつく（＝美）し」「かろ（＝軽）し」などと言うときの「し」をさす。これらの「し」をここでは、形容詞の語尾であるとともに、助動辞の一種として認定したいと思う。だから活用する。

おおまかには、

「き」＝過去をあらわす
「り」＝現存をあらわす（教科書によっては〝完了、存続〟と教わる）
「し」＝形容辞の語尾
「む」＝推量をあらわす

というような説明になる。学校教育の〝古文〟は「き」なら「き」を過去だと、「り」なら「り」を完了（存続）などと、ばらばらにおぼえる。暗記科目になって苦しむこともある。そのような〝ばらばら〟をやめようという提案でもある。

「き」と「り」と「し」と「む」とをばらばらと見ず、ライン（＝線）でつながれてあると見る。「き」

と「り」と「し」と「む」とは孤立していない。文字通り仲間をつぎつぎにつくってゆく。「き」なら「き」は過去でよい。「り」はアリだから、けっして完了ではない。本書では「り」を〝現前〟と見よう。そういう提案にも本書では随所に踏み込む。

「き／り／し／む」を立体にする

四辺形は立体をぺちゃんこにして書いてみせた図形だから、krsm 立体（「き／り／し／む」立体）に書き換えることにする。と言っても、立体としてほんとうに紙の上にあらわすことはできないので、krsm 立体をわれわれの頭脳のなかに想像で立ち上げる。頭中ではCG《コンピュータ・グラフィック》のように左上辺が伸びたり、右端が出っぱったりと、しきりにうごめいているが、それをいわば静止画像としてとらえたと見てほしい。

krsm 四辺形はこのように krsm 立体でもある。上端に「き」（～た、過去）が書かれ、左端には「り」が書かれるというように生きはじめる。四辺形、立体が姿を見せはじめた。krsm 四辺形は未完の生物体である。未完とはいえ、助動辞たちをばらばらで暗記させられる科目から解き放ち、高校生たちの古文の「時間」に楽しさを導入するための一環になるのではないかと思う。

機能語群は孤立すると生きられず、相互に依存して各個の存在を主張するから、一つにまとめられたキーボードを叩きながら、それらの構造を想像して理解するようになると、もうつらい暗記科目でなくなる。

繰り返すと、機能語の一つ一つ、それらじたいでは成立せず、つねにテクストのなかでのみ隣接する別の機能語、助動辞や助辞と依存しあう。ペアを作る。そのペアは傍らに別のペアをつくるから、あたかもコンピュータのキーボード上のように広がる。

図3　krsm 立体

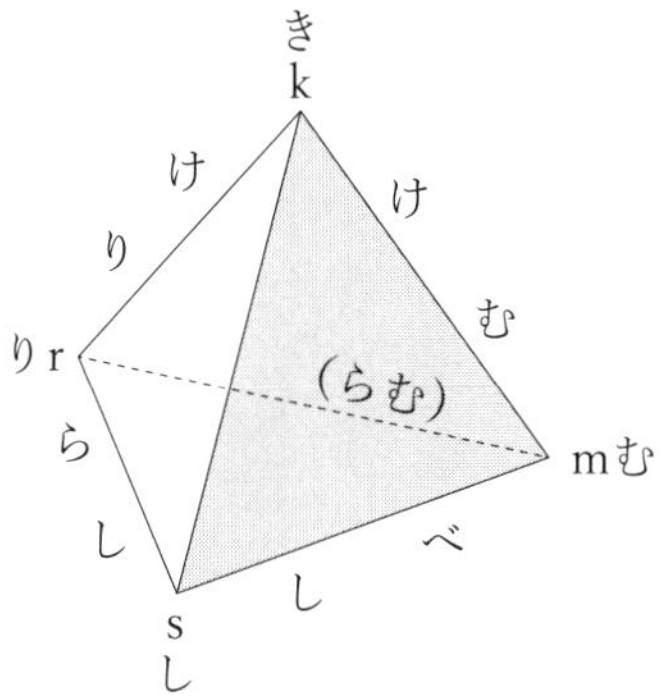

時間域　「あり」ar-i（助動辞）が認定される。「(あ)り」をへて「り」になる。「あ」は多くの助動辞が有する小辞で、前-助動辞というべきか、造語上、薄れたり消えたりすることがある。

「き」と「あり」ar-i（＝「り」）とを上角から左角への一線の両端とする。「き」は「あり」ar-iに隣接する、言い換えれば「あり」ar-iによって隣接される。「き」と「あり」ar-iとは相互依存的に生きられる。機能とは、まさにそうした相互規定に尽きよう。「あり」ar-iに対して「き」があるということは、現存と過去とが分離してきたということでもある。

過去という時間的機能をあらわすために、「き」が持ってこられた。機能語にふさわしそうな語を自立語から持ってきて、ファンクションキーの位置が与えられる。まさに機能と称するのがよかろう。「けり」がこうして、「き」と「あり」ar-iとのあいだに置かれる。「き」と「あり」ar-iとのあいだに置くとは、音韻的に成り立つからおもしろい。

〈ki+ar-i〉→〈k（i+a）r-i〉→ker-i

「き」と「あり」ar-iとのあいだで要請される機能は、（i+a→e）によって「けり」keriが発達させられてくる。

その機能は「時間の経過」であり、「伝来」である。「けり」が「時間の経過、伝来」という機能を持つとは、こうして出てくる。

同様に「けむ」は、「き」と推量域「あむ」am-uとのあいだで成立するカーソルとしてある。音韻的にそれは言えるし、何よりも、機能的に過去推量として発達させられてゆく。

推量域　推量域は「あむ」am-uを中心に、「けむ、らむ、べし」に広がる。「あむ」am-uは「(あ) む」をへて「む」となる。上角から右角へ、つまり右上辺に「き」と「あむ」am-uとのあいだにカーソル状に「けむ」が成立する。おなじく左角と右角とのあいだに、つまり「ありariと「あむ」am-uとのあいだに「らむ」が発達する。そして右角と下角とのあいだ (右下辺)、つまり「あむ」am-uと「あし」-asiとのあいだに懸かるカーソルとして「べし」が出てくる。

それらはすべて音韻的にも言えることながら、活用語の終止形あるいは連体形に下接するという点では、機能上、「らむ」なら「らむ」が成立して使いこなされていることになる。

形容域　形容辞「し」を認めることが要点となる。「あし」-asiが「し」を作ると認めたい。「あし」-asiが「(あ) し」-(a) siとなり、「し」という骨格をもたらす。「し」は自立語にあって形容詞の活用語尾となり、さまざまな助動辞をも産み出す。「べし」も「らし」もそのようにしてもたらされる。

まとめると、左角と右角とのあいだに、つまり「あり」ariと「あむ」am-uとのあいだに「らむ」が発達する。そして右角と下角とのあいだ (右下辺)、つまり「あむ」am-uと「あし」-asiとのあいだに懸かるカーソルとして「べし」が出てくる。「らし」はアリar-iと「あし」-asiとのあいだに置かれる。

「べし」に代えて、一案として「まし」を描き入れるアイデアは容易に思い至るかもしれない。しかしそれには難問があって、「まし」の「し」は「き」のサ行活用に一致する。けっして形容辞の「し」ではない。よって、右角の「あむ」am-uと下角の「あし」-asiとのあいだにはいってくるのは「べし」にほかならない。下半分（図4）は、音韻を顧慮しつつも、おもには機能図だから、助動辞「む」と形容辞とによって右角「む」と下角「し」とのあいだ、右下辺に「べし」がはいってくるのでよい。

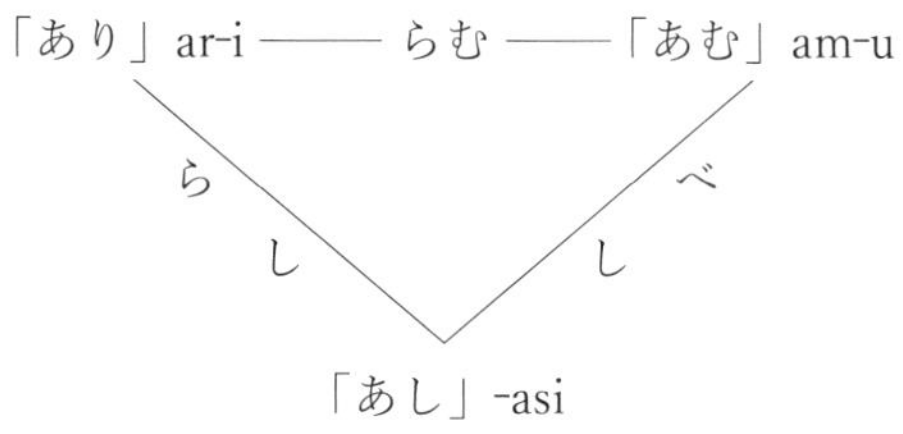

図4

これらを立体化すれば、図3（krsm立体）を得る。稜線ばかりか、面を利用して、あるいはなかをくぐって「けらし」（「けり」の形容辞）をあらわすことも可能となろう。

3　助動辞どうしの機能差——小松モデル

このような機能図は、これまでだれも作成しなかったろうか。じつは敬意を表されるべき著述類の一つに、小松光三『国語助動詞意味論』(注1)がある。氏の意見は明快である。「けり」を持つ文と。

（＝「花咲きけり」）と、持たない文（＝「花咲く」）とが比較されるから、そのちがいを究めてこそ「けり」の「意味の限定」が可能になる。つまり氏は「助動詞」の有無によって二種類に分ける、と。

「けり」の用例をいっぱい、眼のくらむほど集めるといった方法は成り立たなくなる、と。どちらかと言えば、私は物語や詩歌から、テクスト込みで集めるとはいえ、用例をいっぱい集めてくるのが研究だと、がむしゃらをやってきた自分の過去を振り返ると、成り立たない方法だと言われるとちょっと慌てる。

氏の場合、「花咲きけり」と「花咲く」とを、単純に並べるのでなく、後者から前者へ、構文（シンタクス）上の質的な過程があると見る。構文を知るためにとは、表現者の心理過程にまで分け入ることを必要とする、と。構文的機能（統括、接合、終結の働き）や、職能（主語・述語などの役割）では足りないので、氏にとっては言語表現に内在する、まさに「表現のなかの文法」を目指したい、とする。文学の領域への果てしない旅立ちをすることになろう、とも。こうして小松著書はみずからの研究を「表現文法」と位置づけた。

氏には、〈意味機能〉というような曖昧な用語を用いる論じ方があり（著書のタイトルも「助動詞意味論」である）、機能を「意味ではない」とつよく論じたい私としては、氏の言われるそこのところを避けて考察したいと思う。私の思いだと「完了」とか「推量」とかいうのは、すべて機能への〈名づけ〉でしかない。意味と無関係にある。

具体的な説述として、『拾遺和歌集』から氏は一首を引く。

池水や　氷とくらむ。葦鴨の、夜深く声のさわぐなるかな　巻四、橘行頼、二三一歌

池水では氷が溶けているのでは。葦鴨が夜深く声のさわぐのが聞こえる

私もこれを利用させてもらうと、「葦鴨の、夜深く声のさわぐ」というのは、一見、「客体的事象」で、表現行為の第一過程である。〈表出主体の意識を表す行為〉から独立しているかのごとくだ、と。

そこに「なり」が加わって、第二過程までが言語化された。〈事物の存在を表す行為〉と〈表出主体の意識を表す行為〉との対立が顕在化する。「事物」とは空間的環境で、「なり」がそれを表現する。「なり」が加わることで、〈表出主体の意識〉との対立関係を深化させたかたちで表現している。

「なり」の持つ、この二元的性格がだいじで、第二過程についての論はご著書の中心となってくる。（ちなみに氏はこの「なり」を「断定なり」と見ているかもしれない。）

第三過程は、「終助詞『かな』」が加わり、〈表出主体の意識〉のモメントが位置を独占する。それでいながら、究極的な内的統一によって〈事物の存在〉のモメントと両立する。「かな」は詠嘆だとしても、冷徹な事実認識による、冷めた感動としてある、と。

そうすると、「助動詞」は第二過程を言語化する機能を持つ、ということになろう。

「竹取の翁といふもの有り〈けり〉」（『竹取物語』）で言うと、〈けり〉は竹取の翁の存在を表現する機能とともに、表出主体の意識の表現を実現するという。

ここからが氏のユニーク場でもあって、こちらがわに表出主体の意識（認知）があるとすると、

対するに、存在はどのように描けばよいのだろうか。存在は運動する。存在というと静止を思い浮かべるかもしれないが、そうでなく、存在するという運動、「あろうとする」ことをここでは考える。1、それはまず〈出現〉する。認知としてはその〈出現〉を発見する。2、つぎに、事物は事物以外の、すなわち「場」によって規定されている（定位＝場的現存）。3、さらなる過程は〈自立の運動〉で、単独で存在する運動だと言い換えられる。

存在の運動は、事物からの出現と、定位と、自立という経過をたどり、表現主体の意識をも一角として、四辺形を得る。これが基本体系である。氏の四辺形は頂点、右角、下部の角、左角という、菱形で示され、助動詞が配される。

頂点　き・し（つ・ぬ）　出現（実現）の運動
右角　（あ）り　定位の運動
下部の角　―し（じ・ず）　自立の運動
左角　む　むず　表出主体の意識

こうして、氏の四辺形を得られた。

時枝のように、助動辞を主体的表現（＝辞）としてまとめるとなると、助動辞ごとの機能上の差異はどうしても軽視される（時枝理論の難点である）。実際には、機能がいろいろちがっているから助動辞がたくさんあるのであって、助動辞間の個性的関係をしっかりと踏まえたい。その点で、小松が心理過程にまで分け入ろういうのは、「助動詞」間の機能差に分け入ろうとする、一歩を示しているように思われる。

ともあれ、興味深い四辺形が一文法学徒によって、一九八〇年代の初頭にこのように得られた。

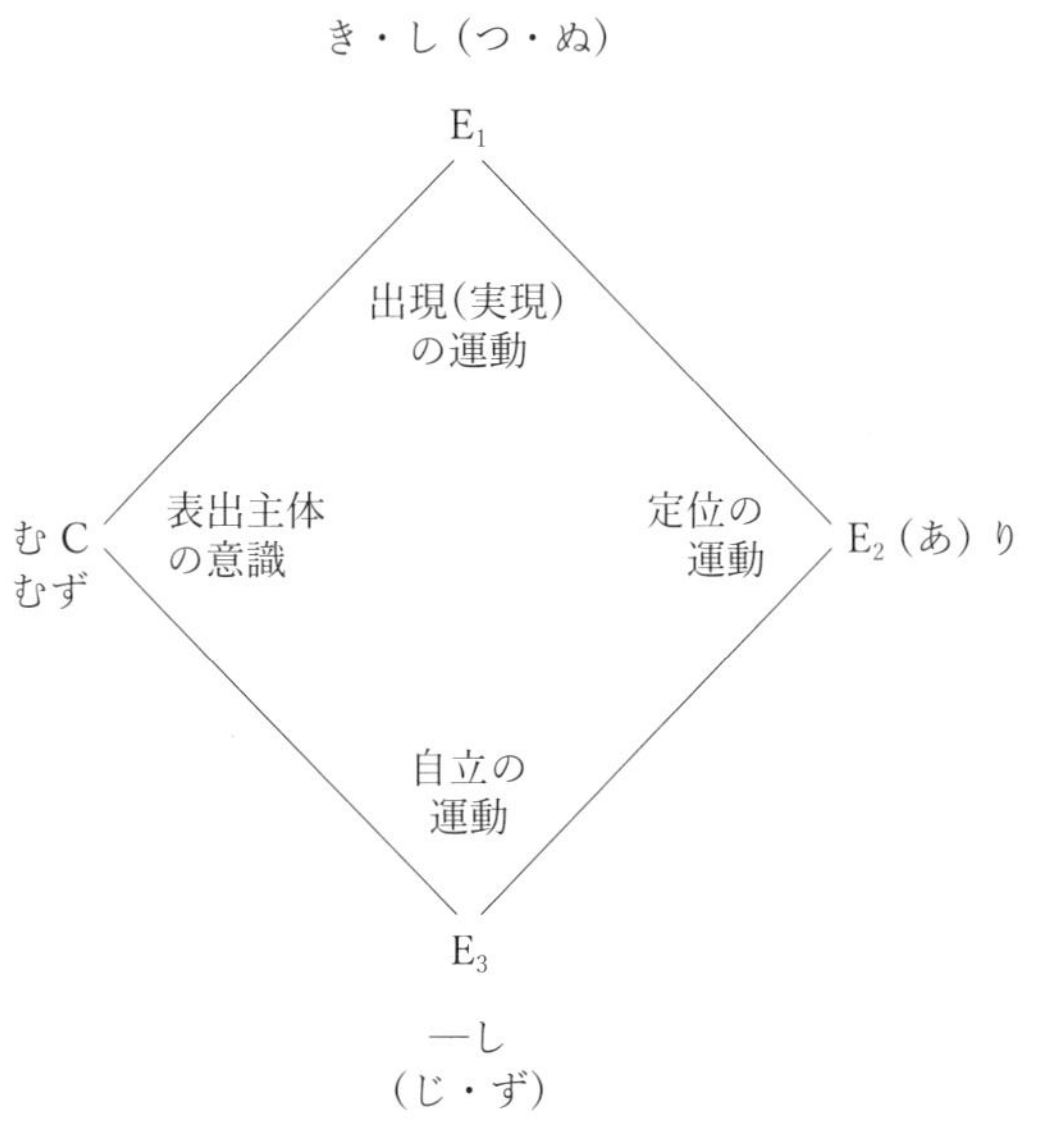

図5（小松著書より）

4　世界の諸言語の〈意味語、機能語〉

助動辞たちは脳内をうごめきやまない動態をなす。めまぐるしく回転し、時間域が前面に出て来たり、推量域が前面に出て来たりする。諸言語を使用するひとびと同士が分かり合える、あるいは翻訳や通訳によって理解し合えるのは、互いにその立体（日本語の場合、krsm 立体）を頭のなかに持っているからではないか。諸言語ごとにずいぶんそのかたちはちがうから、通じ合えないもどかしさがあるのはつねとして、言語活動は人類としての共通遺産であるはずだ。言葉を尽くして理解に到達する努力をわれわれはやめることができない。

どの民族の子どもたちにも、かれらの夜、やすらかに眠りが訪れるとき、脳内で、krsm 四辺形も、krsm 立体も、しずかに回転の度合いをゆるめ、子供たちとともに眠りに就く。すっかり眠るわけでなく、かれらが夢を見るときに、低音でそれらは回転していようし、夢を気づかない、深い睡眠のなかでも、何時なりと起き出せるように、スタンバイの状態にあることだろう。

子供たちは一人一人、krsm 四辺形や krsm 立体の骨格を脳内に持つ。一民族語で育てられようと、別の民族語で育てられようと、機能、働きの基本を共通して与えられている。ただし、民族語ごとに、ソフトでの得意、不得意はあって、子は成長とともにその得意領域を得意とし、不得意領域はよく獲得できないままに成人を迎える。それでも、第二言語を習得するとき、krsm 四辺形や krsm 立体の基本に立ち返って、相応の努力で語学をマスターすることだろう。多分、バイリンガルとは、krsm 四辺形や krsm 立体を多様に駆使できる能力をさす。

古典語と現代語とがわかり合えるのは、古代人も現代人も、krsm 四辺形や krsm 立体を脳内に持つからであり、しかし、それでもわかり合えないとしたら、krsm 四辺形や krsm 立体のどこかが毀れ、さびついているからだろう。もろさ、はかなさが krsm 四辺形や krsm 立体にはあると思う。でも、これらをたいせつにしてゆけば、古典教育はきっと豊かな現場を取り戻せる。

現代詩は、仮に日本語で書かれるとしても、その書き手が日本語を母語にしているから日本で使うに過ぎないので、詩的言語の本性は、何語で書いてもよい国際性にある。翻訳可能性であり、いろんな言語に共通して krsm 四辺形や krsm 立体が棲んでいる。しかし、翻訳できない部位もある。諸言語には固有の音律、リズムがあるから、その音律、リズムは伝わらず、翻訳がならない。

一方、現代短歌は日本語で書かれるしかなく、その音律、リズムを翻訳しようがないから、きわめてナショナルな（＝民族語的な）文学領域に踏みとどまる。俳句は逆に、リズム感が自由で、短くかつ未発達な音数律であるために、国際性がある。krsm 四辺形や krsm 立体を解放しうるのは俳句がいちばんで、現代短歌にはなお軛《くびき》が大きいということか。

（1）笠間叢書151、一九八〇。
（2）岩波書店、一九四一。
（3）小松モデルも、krsm 立体（藤井）も、時間を組み込んで可視化する。真には（過去の）時間を可視化できないように思う。

三章　「あり、り」をめぐる

1　「り」（～る、～ある）の成立

「あり」ariをまん中に置くと〈たこ足〉状の展開図が描かれる（図6）。「あり」は動詞「あり」から転成した助動辞のはずで、多くの機能語の基礎を形成する。

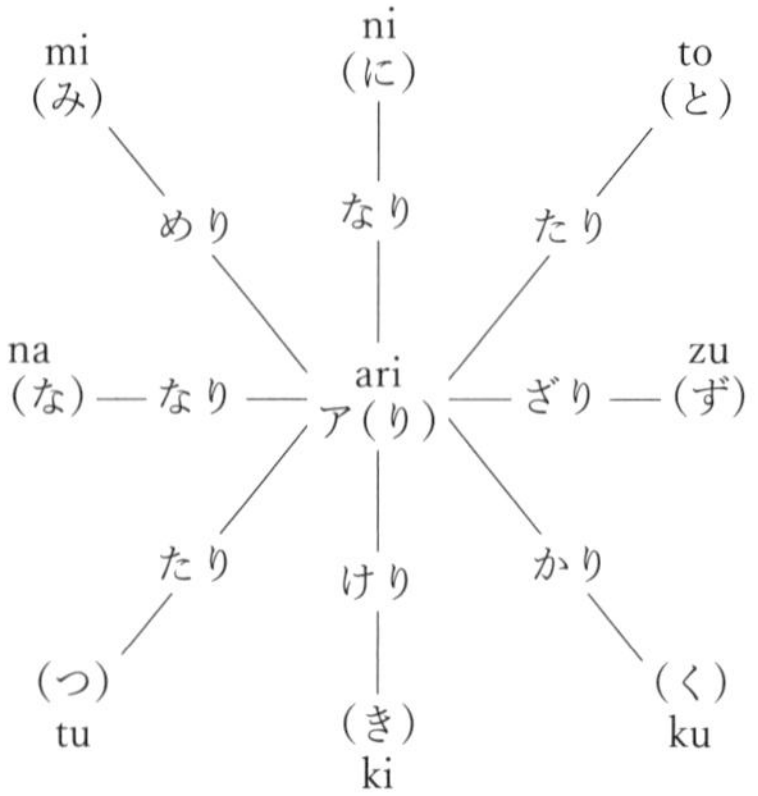

図6　たこ足－図

すこしまわってみよう。「り」はたこ足－図の中心部に置かれる。つまりはari「あり」そのものであり、分けられない。

あり、り（～る、～ある）

一の御子の女御はおぼし疑へ〈り〉。

「桐壺」巻、一―六、一―一八

第一皇子の女御（弘徽殿女御）はお疑いある。

年ごろ、常のあづしさになり給へ〈れ〉

ば、

この数年、病がちがいつものことにおなりあるから、　同、一―七、一―二〇

さるべき人々うけたまはれ〈る〉、こよひより。　同、一―八、一―二四

祈禱の専門家たちがお引き受けしおる、今夜から。

順に「り」（終止形）、「れ」（已然形）、「る」（連体形）の例で、それぞれ、なかにアリ、アレ、アルが詰まってはいり込んでいる。

utagaphi-ari（疑ひ-アリ）→utagapheri（疑へり）〈i-a→e〉
tamaphi-areba（給ひ-アレば）→tamaphereba（給へれば）〈i-a→e〉
uketamaphari-aru（うけたまはり-アル）
　→uketamaphareru（うけたまはれる）〈i-a→e〉

と書いてみる。

〈i-a→e〉は二つの母音イアが融合してエになるという音韻法則で、utagaph〈i-a〉ri（疑ひ―アリ）をutagaph〈e〉ri（疑へり）へ変化させた。その結果、「り」という助動辞が生まれた。「り」は生まれてみると、「疑へ、給へ、うけたまはれ」はすべて命令形（已然形と同形）に〝相当〟するので、説明のしかたとして「り」は四段活用の動詞の命令形に下接すると言うことがある。命令形と已然形とは平安時代文法として同音同形だが、上代音（『万葉集』など）で見ると異なる発音なので、命令形下接とみなすことになる。

活用表を書き出してみると、

ら　り　り　る　れ　れ

というきれいなかたちである。当然のことながら、動詞「あり」と同型の活用表となる。命令形に下接すると言っても「命令」とは関係がなく、音韻上の理由からのみ「り」は誕生した。

始原において、「あり」ar-i以前にr-iという語素があったと見る意見は（吉田金彦『上代語助動詞の史的研究』、明治書院、一九七三）、いろいろなr-を含む語について考察しようとする上で、たいそう便利である。しかし、r-iが原初にあったにしろ、ここではar-iと同質異像polymorphismの関係としてあった、と見てかまわない。「あり」ar-iと「り」r-iとは同一の助動辞に属する。

ある種の動詞――四段活用やサ変やカ変の動詞――つまり「書く、読む、す、来《き》」などに動詞「あり」が付くとは、二連動詞が成り立つことでもある。

kak-i-ar-i（書き・あり）、yom-i-ar-i（読み・あり）、si-ar-i（し・あり）、ki-ar-i（来《き》・あり）

が、（「yom-」は厳密に「yöm-」）

kake-ri（書けり）、yome-ri（読めり）、se-ri（せり）、ke-ri（来《け》り）

へと変化する。i-aはeに容易に変化する。「り」はもともとから動詞以来あって、助動辞「あり」ar-iとなってもからも助動辞「り」r-iであり続ける。助動辞「あり」ar-iは助動辞「り」r-iとまったくおなじ語句としてある。

「来《け》り」と助動辞「けり」との関係は、すこし厳密に言う必要があるにせよ、やはり動詞（+「あり」ar-i）が転身して助動辞となった。以上をまとめて書き出すと、

かき　書き　kak-i　kak（-ia）r-i → kaker-i（書けり）

よみ　読み　yom-i　yom（-ia）r-i→yomer-i（読めり）
たまひ　給ひ　tamaph-i　tamaph（-ia）r-i→tamapher-i（給へり）
き　着　ki　k（i-a）r-i→ker-i（着り）
し　為　s-i　s（-ia）r-i→ser-i（為り）

そして、

き　来　k-i　k（-ia）r-i→ker-i（来《け》り）　（ia→e は音韻融合）

となる。

東国語「る」

筑波ねにゆきかモ　ふら〈る〉。いなをかモ。かなしき児ロがにのほさ〈る〉かモ
『万葉集』一四、三三五一歌

筑波嶺に雪か（なんか）、降ってるのかも。いやいやちがうかな。
いとしいあの娘っ子が布をかわかしてるのかも

というので、「これは、たとえば furi + aru → furaru と、母音連続にあたって i 母音が脱落した形であろうか」、と『時代別国語大辞典　上代編』にある。

助動辞としてのアリ

アリのままで助動辞として諸所に見られるという、時枝誠記による意見がある（『日本文法　古典

篇』、一九五四）。

（ア）美しかりき。（美しく〈あり〉き。）　行かざりけり。（行かず〈あり〉けり。）

（イ）あはれなり。（あはれに〈あり〉。）　悠然たり。（悠然と〈あり〉。）

（ウ）八月十五夜なり。（八月十五夜に〈あり〉。）

（エ）されば（さ〈あれ〉ば）　かかれば（かく〈あれ〉ば）

みぎのような分析することではっきりしてくる〈あり、あれ〉を、時枝は「指定の助動詞」とする。（ア）は形容詞カリ活用や否定の「ざり」に含まれるアリ、（イ）は形容動詞ナリ活用やタリ活用に含まれるアリ、（ウ）は「肯定なり」に化生したアリ、（エ）は「さ」や「かく」と結合するアリ（ここは〈あれ〉）。（イ）について時枝は「あはれなり、悠然たり」を「あはれに―あり、悠然と―あり」と見なすので、形容動詞を認めない立場をとる。

動詞「あり」との区別をつけようとすると、ときに判断に迷うにしても、ほぼテクスト上にあらわれた「あり」は動詞と見なして論を進めよう。「みしメず〈あり〉ける」（『万葉集』一二〇、四四九六歌）、「よふけぬとにや〈あり〉けん」（『土佐日記』、一月七日）、「いとやんごとなき際には〈あらぬが」（「桐壺」巻、一―四、一―一四）は、時枝ならば助動辞とするかもしれない。私としてはテクスト上にあらわれない（「なり、たり、ざり」や形容詞カリ活用などに埋もれる）「あり」を助動辞と認定しよう。

だいじなこととしては、現代語の重要な助動辞「である、だ」が、「にてある、であ〈る〉、ぢや」などを経て、ついにこんにちに大いに行われていることで（「である―文、だ―文」の成立）、アリの〝助動辞〟性を引き継ぐ在り方だろう。英語で to be の be が「存在する」という動詞であるとともに、いわゆるbe動詞（〜である）＝copula（つなぎ）でもあることとおなじ成り立ちとしてある。

2　「断定なり」には「あり」ar-iが潜む

断定なり

文語では、「なり」のうちに「あり」ar-iが潜まっている。

なら　なり　なり　なる　なれ　なれ

と活用するように、「あり」ar-iを内在することを本性とする。

……いよいよあかずあはれ〈なる〉物に思ほして、人の譏りをもえ憚らせ給はず、世のためしにもなりぬべき御もてなし〈なり〉。

「桐壺」巻、一―四、一―一四

……いよいよ飽かずいじらしい人物とと思いあそばして、人さまの指弾にしても遠慮できなさらず、史上の先例にもなってしまうにちがいないご待遇である。

「あはれ〈なる〉」の〈なる〉は、いわゆる形容動詞「あはれなり」の語尾辞であるとも、助動辞「なり」と見るのもかまわない。

英語のbe動詞が、「神がいる」という、「いる」〈＝ゐる〉の本来の「座る、居座る、住む」意や、「山がある」式の、存在する意の「ある」と別に、「ぼくは小学生だ、〜である」式の、繫辞copulaにもなることとおなじで、日本語の場合、前者（＝「いる、ある」）は動詞であり、後者（＝

「だ、～である」）を助動辞とする。「だ、～である」は文語「なり」に相当する。これは「断定なり」と俗称しよう。

潜まっている「あり」ari を助動辞と見ると、定義から（助動辞であるからには）自立できない。それればかりか、原則として、他の語と結合する。独立したかたちではあらわれない。助動辞「あり」ari を認定する。

「なり」は n 音（ンでなく、ンヌ）と「あり」ari との結合で、「あり」ari が「なり」の助動辞性を支えていると認定できそうである。この n 音は、単独だと日本語にならないから（母音を迎えて初めて日本語の基礎音となるから）、母音をもらって「なり」や「に」になる。

n 音＋「あり」ari だろう。n 音から「に（ni）」が生じると考えると、「断定なり」には「に」が含まれるというようにだいたい言うことができる。「～にぞ　ある」「～にこそ　あれ」など、「に」と「あり」とが分離する場合には、「に」を助辞に、「あり」を動詞に所属させて二つの文節にする。

なり、に

「に」が、動作や視点の働きを獲得して、助動辞にもなった、という道筋を考える。「に」は助辞といえば助辞で、助動辞性が感じられれば助動辞であるという変幻性を持つ。時枝は、

世のためし〈に〉もなりぬべき……　　御志の浅からぬ〈に〉……

日もいと長き〈に〉……　　かかることの起こり〈に〉こそ……

八月十五夜なり（〈に〉あり）　　物心細げなり（〈に〉あり）

風静か〈に〉て　　風静か〈に〉して

などを、用例として挙げる。〈「に」と「あり」ari との結合〉というだけでは、「なり」になるかどうか、ニャリとなるかもしれないので、n 音段階を想定する。

口語の「だ」を、

だろ（未然形）だっ・で・に（連用形）だ（終止形）な（連体形）なら（仮定形）○

と憶える。d 行と n 行とにわたるのは、「にてあり」→「である」→「であ（る）」→「だ」の系統と、「なり」の系統とが綯い混ざるからで、一つにまとめてよい。「だろ」（歴史かな遣い「だら」）は「にてあら」（「あら」は「あり」の未然形）だろうし、連用・連体・仮定に n 行が出てくるのは、「なり」を n ＋「あり」ari と見るならそれに由来する。文語の「なり、に」と口語「だ」とは規則正しく向き合う。上方語の「や」は「であ」→ジャ→ヤだろうと言われる。

もう述べた通り、助辞 ni「に」のもととなった n 音と「あり」ari との結合（の活用形）は、たとえば、

コノみきは　わがみき〈なら〉ず、　　『古事記』中、仲哀、三九歌謡
　このお酒は私のお酒でない、

に見ると、「ならず」n-ar-azu、あるいはニアラズ ni-ar-azu（さらにもとは ni-ar-an-i-su）の i- が脱落して、narazu を形成する。一応、大まかに i- が脱落して助動辞として成立したと見てさしつかえない。「に」を連用形に立てることもできる。

あメ〈なる〉や　おトたなばた　　　　　　　　　『古事記』上、六歌謡

天なるや、弟棚機姫

の「なる」も〈n-「ある」ar-u〉という結合で、古代歌謡に見る限り、助動辞扱いでよかろう。「に」を連用形として認定するならば、活用は、

なら　なり／に　なり　なる　なれ　なれ

と、置き直される。

これらの「なり」は「断定なり」あるいは「指定なり」と名づけて、「伝聞なり」（↓十一章）と区別する。

の

「助動詞」の「の」を立てて、連用形と連体形とがあると時枝は言う。

帝王〈の〉上なき位　下臈〈の〉更衣たち

とほ〈の〉みかど　絶えむ〈の〉心

皆しづまれる夜〈の〉（連用中止法）

「の」の語素であるn音がここにもあるから、「あり」ariと結合して「なり」を産み出すのはこれかもしれない。

べらなり

「べらなり」は馴染みにくい語感ながら、漢文訓読文献や古今歌に出てくる。船人の「うた」に、

見渡せば、松のうれごとに棲む鶴《つる》は「千代のどち」とぞ　思ふべらなる

『土佐日記』、一月九日

見渡せば、松のてっぺんごとに棲む鶴は、千年の同士であると思うのがよい

と、「べらなり」のやや古風な感が生かされているのだろう（貫之の作歌かもしれない）。

「べらなり」は一つの助動辞と見てよいが、分析的に見ると「べ」（「べし」の「べ」である）に接辞「ら」がついて「べら」をなし、「なり」がそれにくっつく。

○　べらに　べらなり　べらなる　べらなれ　○

自立語に下接するしかたは「べし」に類する。「～べきことである、ふさわしく見られる」という感じをあらわす。

3 「と」、「断定たり」

と、たり

「断定たり」は漢文訓読系の助動辞で、「と」tö のt音と「あり」ari との結合だろう。たこ足-図で右上に伸びるラインのさきは「と」。あいだに「たり」が浮上する。「たり」（～たる、～だ）の用例は平安初期に漢文訓読語として見える。普通には用例を『平家物語』に求める。

しかるを忠盛、備前守〈たり〉し時、　『平家物語』一「殿上闇討」

そういう状態で忠盛が備前守だった時、

清盛、嫡男〈たる〉によって、

清盛は嫡男であることによって、　同、「鱸」

「と」は「たり」を成立させるとともに、「たり」の連用形におさまる。『竹取物語』に、助動辞らしさの感じられる（活用語らしさの窺える）用例として、匠たちの奉る文に、

御つかひ〈と〉おはしますべき、かぐや姫の要じ給ふべきなりけりと、　『竹取物語』「蓬萊の玉の枝」

お使いになる方（妻妾の一人）とてあらっしゃるに相違なき、かぐや姫が要り用になさるはずであったことと、

と、くらもちの皇子と匠らとが、せっかく協力して贋物《がんぶつ》を造ったのに、ばれてしまうというところ。「ご妻妾であらっしゃる予定のかぐや姫」といったところ。このような「と」は「たり」（～たる）の連用形だと一般に認められる。文法書類では「雪〈と〉降りけむ」「親はらから〈と〉むつびきこえ」「そのこと〈と〉あれば」などを挙げている。

発生的には t 音とアリ ari との結合で「断定たり」が生じた。t（子音）だけだと日本語にならない。「と」to とアリ ari との結びつきに「たり」が出てくるように示す。

to（と）-「たり」- アリ ari　〔上代音は「ト」tö。「と」to に統一させておく。〕

活用は、

たら　と／たり　たり　たる　たれ　たれ

とまとめられる。名詞に下接。

いわゆる形容動詞タリ活用の活用語尾は「断定たり」と別のものでない。

〈漫々たる〉海上なれば、いづちを西とは知らねども、　『平家物語』九「小宰相身投」

漫々たる海上であるから、どちらを西とは知らないけれども、

分離して「と」と「あり」とが離れる事例は、「〜とこそ　あれ」などのほかに、「あり」が「おはします」に置き換わる。

「と」は（断定、指定の）「たり」の連用形だと、一般に認められる。発生的にt音と「あり」ar-iとの結合だとして、母音を迎えて初めて日本語の基礎音となるから、t-だけだと日本語にならない。母音を得て、t-から「と」が生じたと見る余地は大いにある。その「と」が「助動詞」（＝助動辞）性を獲得している場合を時枝文法では考える。『日本文法　文語篇』に見ると、

雪〈と〉降りけむ　親はらから〈と〉むつびきこえ

堂々〈と〉　泰然〈と〉　〜〈と〉あれば

そのこと〈と〉あれば　とて　として

などを挙げる。

4　「ざり、ず」（〜ない）〔否定する〕

たこ足 - 図のアリ ari から右端へ伸びるラインのさきに否定の助動辞「ず」（〜ず、〜ない）がある。その途中に否定語の「ざり」（〜ない）が生じる。

「ず」zu プラス ari アリ　→ zu-ari　→ zari「ざり」

zu（ず）のなかの z 音と ari とがかさなって zari になる、と考えてもよい。

・「ず」の例

それより下臈の更衣たちはまして安から〈ず〉、　「桐壺」巻、一―四、一―一四

桐壺更衣より階級が下の更衣たちはまして安心ならず、

・「ざり」の例

はじめよりおしなべての上宮仕へし給ふべき際にはあら〈ざり〉き。　同、一―五、一―一六

宮仕え当初から並みの殿上雑仕相当をなさるのでよいという分際ではなかった。

普通には「ず」と「ざり」とをまとめて一つの活用表にする。別々に書くと、

ず	ず	ず	ぬ	ね	―
ざら	ざり	ざり	ざる	ざれ	ざれ

（終止形「ざり」を認定する。）

となる。「ず」は古くアニス ani-su だった（ani-su →(a) n (i) su →nsu →zu）。造語成分アニ ani は、

アナ	アニ	アニ（ス）	アヌ	アネ	○
な	に	にす	ぬ	ね	○

となろう。これらを人為的にかさねて適宜整理した活用表が学校文法では示される。

ず／ざら	ず／ざり	ず	ぬ／ざる	ね／ざれ	ざれ

で（～ないで）

否定辞の「で」は接続助辞とする。けっして「ずて」の転化でなく、「あは〈で〉」（逢わないで）、「行か〈で〉」（行かないで）などの「で」で、「あはで」について見ると、apha－ani－te（あはアニて）から来た。

apha-ani-te →apha (n-) te →aphade（あはで）　〔n-te→de〕

5　活用語尾――形容詞のカリ活用

たこ足－図の右下の「かり」もアリ ari 圏にあり、分かりやすいので、ここに述べると、

ku（く）－「かり」－アリ ari

というラインで、形容詞語尾の連用形「く」（あるいは「しく」）と「（あ）り」との連続の、母音が一つ落ちて「かり」となった。

さまかたちなどのめでた〈かり〉しこと、　「桐壺」巻、一―一〇、一―二八
姿かっこうが絶賛に値したこと、

めでたくmedetakuプラスariアリがmedetakariとなったので〔uの脱落〕、これは形容詞のカリ活用の成立として知られる。

多かり

是につけてもにくみ給ふ人々〈多かり〉。　同、一―九、一―二六
（亡き更衣の）加階につけても憎悪なさる方々が多くある。

というように、「多し」は「多かり」という終止形を持つ。めずらしいにしても、カリ活用に終止形がある一つの証拠となる。

活用語尾

活用語尾は日本語の場合、〈動詞、形容詞、形容動詞、助動辞〉において見られる。語幹（語根）と語尾とが分けられない語もあるけれども、助動辞を除いてたいていは語幹があり、それに語尾がくっついて活用語になる。

語幹には意味をとれない（ごく古くは一語だったろう）語もあれば、意味を受け止められる名容語（と名づけよう）もあって、原則、活用しない。語幹にくっついてそれを働かせるのが活用語尾だか

ら、本質上、助動辞とおなじ性格をもつ。

さらには単独で生きられなくなった補助動詞（や補助形容詞）が動詞などのあとにくっついてくるさまは助動辞の成立を思わせる。

助動辞、補助動詞、活用語尾をときに一つの視野におさめるのがよい。

四章　起源にひらく「き」の系譜

1　「さしける、……はへけく」

人工池（＝井）には、杭を立てて水を引き入れる。「ぬなは」（じゅんさい）を育てる。井杭打ちの男の刺しておいた杭がいまもある。じゅんさいを手繰り寄せた男がいた。女（じゅんさい）に言い寄った男がちゃんといた、そういう過去があった、あるいはいまに関係が続いていることを比喩的に言う。

みづたまる、ヨさみノいケノ、ゐぐひうちが、さし〈ける〉しらに、ぬなはくり、はへ〈けく〉しらに、わがココロしゾ　いやヲコにして、いまゾ　くやしき　『古事記』中、四四歌謡

貯水する、依網の池の、（堰き止める）杭打ち（の男）が、刺しておいたのを知らないで！
じゅんさい繰り（の男が）、（手を）伸ばしたのを知らないで！　ああ、おいらの心、馬鹿馬鹿
馬鹿、いまとなって悔しいて

助動辞は語り手の態度から決まる。「さしける」の「ける」はいまに続くことを言い、「けく」の「け」は過去をあらわすらしく、そういうことが過去にあった、じゅんさい繰りの男にしてやられ

たと、悔しがることが眼目としてある。おもしろいのは、杭ならいまにのこりやすい、だからいまにのこっているだろう（いまもあの女は男と関係しているぞ）、じゅんさい取りはいまも取っているか、それはわからない（たしかに彼女はあの男と関係があった……）。そのちがいが「ける」と「けく」とに詠み分けられている。

「あの官女が男の手中に落ちてしまった」というときには、

みやひトノ、あゆひノこすず、おちに〈き〉ト、みやひトトヨむ。さとびトモ　ゆメ
『古事記』下、八二歌謡〈宮人振〉、『日本書紀』一三、安康前紀、七三歌謡

官女の足結いの小鈴が落ちてしまったと、
宮人がどよめく。里人もまた心せよ

というように、「おち」に完了の「ぬ」→「に」を下接させ、「おちぬ」（落ちてしまう、落ちてしまいそう）だけではまさに落ちなんとする状態だから、それを過去完了とするために「き」を附加する。落ちてしまった！

いゆしゝを、つなぐかはヘノ、わかくさノ、わかくあり〈き〉ト、あがモはなくに
『日本書紀』二六、斉明四年五月、一一七歌謡

射られる獣に印しをつける、川辺の若草のような、
若者にもならずに死んだとは、私は信じませぬから……

「わかくありき」は、「わかく」に動詞「あり」が下接する。「わかかりき」ならば、「わかく」に助動辞「あり」ar-iが附いてカリ活用である。「わかくありき」はその前段階を見せた。「いゆしゝ」（射られる鹿か）、「つなぐ」（印しをつけるか）など、難解語はそれとして、『古代歌謡全注釈（日本書紀編）』は、これを古代歌謡中の最も難解なうたの一つだとする。八歳で夭折する建王を、母斉明がそのように過去に言うのはおかしいと言われる。しかし、若くして亡くなったとは信じられない、という取り方でよいのではなかろうか。「わかく」とは若者を言うので、生きていれば若者なのに（折口信夫がこれに近い取り方をしていた—『日本古代抒情詩集』一九五三）（注1）。「き」は一回的な、喪われていまにないはずの過去を認識する。「き」は紛うことなき時制の助動辞で、過去をあらわした。

2　けく、けば、けむ、けり

「け」は「き」の未然形と言われる。「けく」はki-aku（「き」-aku）か、ke（「け」＝「き」の未然形）ku（接辞）か。考え方としては統一されよう。ク語法と言われるのは、動詞未然形に「く」が下接する用法をさし、-akuが動詞などと融合する場合に成立するとされる（大野晋）（注2）。当該例では、ki（き）と-akuとの結合により、i-a融合でkeku「けく」となったとすると、「き」の連用形を認めることになる。「き」のもととなる、ki音（「来（き）」とも関係しようか）の存在を認めることも視野にあってよかろう。

推量がはいってくる例としては、「けば」を見ると、

……しろただむき、まかず〈けば〉コソ　しらずトモ　いはメ
『古事記』下、六一歌謡、『日本書紀』一一〈仁徳三十年一一月、五八歌謡〉もほぼ同じ
白いむき身の腕を、腕枕しなかったのならそれこそ、知らぬとしらを切ろう

の、「まかずけば」（ki-am-pha → keba）のなかにアムを認める。「き」ki-am「あむ」pha（は）からなる。am- は推量で、なかに含まれる m 音により、pha を「ば」へと変えた。ki-am-pha が keba へと変化する。

「けむ」はたしかに「き」を内包する。ki-am-u から来るのが kem-u（けむ）で、

かみ〈けむ〉ひトは
『古事記』中、四〇歌謡、『日本書紀』九、神功摂政五年十三月、三三歌謡
コモらせり〈けむ〉
『日本書紀』二三、舒明前紀、一〇五歌謡

のように見える。ki- は「き」（過去）と見るならば、連用形を想定する。それと推量 am- との結合だと見るのはわかりやすい。融合して、過去推量という助動辞が成立する（→十章）。

「けり」のなかにも「き」は内在する（→四章）。

たふとくあり〈けり〉
『古事記』上、七歌謡、『日本書紀』二、神代下、六歌謡

あケに〈けり〉、わぎも　『日本書紀』一七、継体七年九月、九六歌謡

など、無数にある。

3　二行にわたる活用

活用語（動詞、形容詞、助動辞）の活用表は、類似する語をひとまとめにすることがある。と言っても、人工的にまとめて一つにしたということでなく、長い歳月のあいだに一語としてまとまってきた活用であり、それを活用表に仕立てたということだろう。助動辞「き」の活用表は、カ行に活用する、

け　（き）　き　○　○　○

と、サ行に活用する、

せ　○　○　し　しか　○

とをひとまとめにして成る一覧ではなかろうか。

一応、二行になろう。かといって、カ行とサ行とが、発音上、そんなに離れているとも思えない。古くから成長して、二つの系列を維持してきたのだろう。ここでは「け、き」＝カ行活用（「か」もあるかもしれない）、「せ、し、しか」＝サ行活用としておく。

「き」は「来《き》」kiから来たという感触をぬぐえなくて、それならば「し」は「為《し》（si）」かもしれない。ス・スルには（現代語で言うと）「気がスル、発達スル、どきどきスル」のような、自然状態のス・スルの事例もあり、「し」には奥行きがありそうに感じられる。

自然や行為をあらわす、ス・スルが、連用形を独立させてそこに過去を感じさせるに至るとすれば、それなりの理由がなければならない。「蒔く」は種を蒔くことでよいとして、これを何らかの切実な理由から過去で言いたくなったとき、動詞じたいの変化をできない以上、日本語は「蒔きし」（蒔くことをスル）をへて、その「し」を連体形へと転用する、というような。折口門下の今泉忠義は「其《シ》」を仮定したという（注3）。

過去「し」は用例が多く、古代歌謡では、

まき〈し〉あたねつき　『古事記』上、四歌謡
うゑ〈し〉はじかみ　『古事記』中、一二歌謡、『日本書紀』二、一四歌謡
わがふたりね〈し〉　『古事記』中、一九歌謡

と、挙げきれない。

「せ」は、

ひトつまつ、ひトにあり〈せ〉ば　『古事記』中、二九歌謡
ねむトしり〈せ〉ば　同、下、七五歌謡

のような、〈仮定〉がそれかと認定されてきた。「せば」は『古代歌謡全注釈』が接尾語（仮定）とする。ただし、「せ」と「ば」とに分解すべきであり、「せ」は「き」や「し」の活用形（未然形）

だろう。si-am-pha という推定でよかろう。
「しか」は、木幡おとめを賜って、

……かミノゴト、きコえ〈しか〉ドモ、あひまくらまく　『古事記』中、四五歌謡

などとうたうのが古い事例である。「しか」は「し」と「か」との合成かと推測され、十分に助動辞として成立していたろう。「しか」のあとが濁音「ド」になるのには助動辞として成熟を推定できる。

をちかたノ、あさのノきぎす、トヨモさず。われは　ね〈しか〉ド、ひトソ　トヨモす　『日本書紀』二四、皇極三年六月、一一〇歌謡

遠方の、浅野の雉が、音を立てない。私は（あの娘と）寝たんだけれど、他人がうるさく噂にするよ

4　起源譚としての「し」

「し」には起源譚を特別に担っているような特色がある。

ぬばたまノ、くろきみけしを、まつぶさに、トりヨソひ、おきつトり、むなみるトき、はたたぎモ　コれは　ふさはず、へつなみ、ソにぬきうて、そにドりノ、あをきみけしを、まつぶさ

に、トりヨソひ、おきつトり、むなみるトき、はたたぎモ　コモ　ふさはず、へつなみ、ソにぬきうて、『やまがたに、まき〈し〉あたねつき、ソメキがしるに、しメコロモ』を、まつぶさに、トりヨソひ、おきつトり、むなみるトき、はたたぎモ　コし　ヨロし、……

『古事記』上、四歌謡

ぬばたまノ、黒いお召しを、具さに取って身に着け、沖の鳥みたく、胸もとを見ると、羽をばたばた、これは似合わん、辺の浪みたく、背中にぽい捨て、そに鳥の、青いお召しを、具さに取って身に着け、沖の鳥みたく、胸もとを見ると、羽をばたばた、これも似合わん、辺の浪みたく、背中にぽい捨て、『山の料地に蒔いた、あたねつき、染め木の汁に、染め衣』を、具さに取って身に着け、沖の鳥みたく、胸もとを見ると、羽をばたばた、これはなかなか、……

『やまがたに、まき〈し〉あたねつき、ソメキがしるに、しメコロモ』というところにこだわって見ると、これで起源譚を構成している。黒い衣裳を着てみるがダメ、青い衣裳を着けてみてもダメ、それらを脱ぎ捨てる。つぎに〈山の畠に蒔いた、あたねを搗いて、染料の汁に（漬け）、染め（てできた）衣〉を試着すると、こいつならなかなか上等である。

従来の解釈でも、八千矛神は〈山の畠に蒔いた、あたねを搗いて、染料の汁に（漬け）、染め（て出来た）衣〉を試着するというので、私がみぎに書いたのと、まったくおなじような現代語の書き方をするしかない。しかし、琉球文学の古代や口承からの知見は、歌謡のある種が起源譚を構成していることをわれわれに示してきた（注4）。それを応用するならば、『やまがたに、まき〈し〉あたねつき、ソメキがしるに、しメコロモ』は起源譚なのである。

あたねという植物を用いて、赤か藍かで衣を染めたというのは、だれがどう生産したかという、起源の物語であったと思う。生産を語るということは、起源を想起することでもある。起源を想起して、その生産の次第を詠みこむことで、起源の衣裳と現在の眼の前の衣裳とがかさなり合う。〈し〉という助動辞がしつこく出てくることを以下に確認したい。

歌謡のなかであるから、起源譚の全体を詠みこむのでなく、一部分のハイライトを詠みこめばよい。枕詞がインデクスになりうる理由はじつに起源譚の断片化、そのもっとも凝縮された一句、一語であるからと考えられないか(注5)。

起源譚の「し」の事例をさらに挙げておく。

『おきつトり、かもどくしまに、わがゐね〈し〉』、いもは　わすれじ、ヨノコトゴトに

『古事記』上、八歌謡

『沖の鳥、鴨の棲む島に、私が連れてって寝た』、(そのように)
あなたとの共寝は、一生忘れませぬよ

は、この57577の短歌形式の歌謡が、なぜ『古事記』のなかに取り込まれているのだろうか。このうたを眺めるだけだと、何も思い当たらないが、起源譚から透かしみるならば氷解することがある。『おきつトり　かもどくしまに、わがゐね〈し〉』は起源の説話であって、古人がそのようにして愛人を連れて島渡りをしたことがある、だからいまの自分もそれにかさねて、女を島へ連れて渡るのだ、云々。〈し〉という指標をここに見る時、起源譚が浮上してくる。おそらく、島で繰り

広げられる歌垣的行事があり、そのような行事には起源譚が伴われていたに相違ない。

『みつみつし、くメノこらが、かきモトに、うゑ〈し〉はじかみ、くちひひく』、われは　わすれし、うちてし　やまむ　『古事記』中、一二歌謡

『みつみつし、来目の子らが、垣のしたに、植えた薑、口がぴりぴり』、そのぴりぴりを私は忘れまいよ、撃ってしまい、終わりにしよう（「わすれし」を「わすれじ」と見る）

〝植えた薑〟（＝うゑ〈し〉はじかみ）と、なぜわざわざ〈し〉を詠みこんでいるのだろうか。すなわち、これが起源譚であって、久米（＝来目）の子の物語であることは見やすい。これに現実の戦争をかさねる、二元的な歌謡の成立である。よほど、古い歌謡で、久米歌そのものであって、それでも、古代歌謡の二重的性格を見誤るべきでない。

コノみきは　わがみきならず、『くしノかみ、トコヨにいます、いはたたす、すくなみかミノ、かむほき、ほきくるほし、トヨほき　ほきモトほし　まつりコ〈し〉みき』ゾ、あさずをせささ　『古事記』中、三九歌謡

この御酒は、私の御酒でない、『酒の神、常世に座す、石にお立ちの、すくな御神が、神狂い、狂い称えて、祭り来た御酒』ですぞ、あまさず飲め　さあさあ笹酒を

みぎの酒起源説話はもっとも端的に、古代歌謡の性格を露呈している。つぎの歌謡とともに、私が琉球口承文学にふれはじめたころの、これは〈発見〉だった。このうたにも、つぎのうたにも、〈し〉がうち沈められてあるさまをしっかり見据えたい(注6)。

『つぎねふ、やましロめノ、コくはもち、うち〈し〉おほね』、ねじろノ、しろきただむき、まかずけばコソ　しらずトモ　いはメ　『古事記』下、六一歌謡

『つぎねふ、山城女が、小鍬を持ち、打った大根』、根が白くって、白いむき身の腕、枕にしなかったらそれこそ、知らぬと言おう

大根の起源譚と、いま眼前の白い女の二の腕とを二重にしてみせる。そういう、抒情的技巧と見るのでよいとしても、なお歌謡の持ち伝えられるべき、基本にその起源的性格があり、古代歌謡のいわば存在理由はこれでなければならない。

5　史歌という視野から見る

「し」は「き」とともに、史歌の世界で発達したということだろう。『古事記』の地の文や、祝詞などで、神話的叙述や歴史叙述があると、そこに出てくることはいうまでもない。史歌というのは宮古島の歌謡であり、稲村賢敷『宮古島旧記並史歌集解』(注7)によって概念づけられた。これを記紀歌謡に応用するのである。

あしはらノ、しけしきをやに、すがたたみ、いやさやしきて、わがふたりね〈し〉
『古事記』中、一九歌謡
葦原の、ぼろっちい屋に、菅畳、いやもう、さや敷いて私が二人寝たと……

もとは歌垣歌だったろう。ぼろっちい小屋も二人の天下だ、さあしけこもうというのはよいとして、「わがふたりねし」となぜ過去に言うのか（しかも連体形である）。亡き妻をしのぶということになろう。歌垣のベースになったうたには起源譚が附いていたとすると、悲恋を詠んだその内容だったのではなかろうか。

さねさし、さがむノをのに、もゆるヒノ、ほなかにたちて、とひ〈し〉きみはモ
『古事記』中、二四歌謡
さねさし、相模の小野に、燃える炎の、火のなかに立って、質問した君はああ

○

をトめノ、トコノへに、わがおき〈し〉、つるきノたち、ソノたちはや
同、三三歌謡
おとめの、床の辺に、私が置いた、剣の太刀、その太刀はああ

○

コはたノみちに、あはし〈し〉をトめ、……まよがき、コにかきたれ、あはし〈し〉をみな、かモがト、わがみ〈し〉こら、かくモがト、わがみ〈し〉こに、うたたケだに、むかひをるかモ、いそひをるかモ
『古事記』中、応神、四二歌謡

木幡の道に、お逢いになったおとめ、……眉描き、濃く描き垂らし、お逢いになった女、そうであってほしいと、私が見た子よ、そうあってほしいよと、私が見た子に、夢中になって、向かい座るのか、添いおるのか

○

やすみし〈し〉、わがオホきみノ、あそばし〈し〉、ししノ、やみししノ、うたきかしこみ、わがにゲノボり〈し〉、ありをノ、はりノキノえだ　『古事記』下、九八歌謡

やすみしし、私の大君が、お遊びになった、猪が、病み猪の、唸りが恐ろしさに、私が逃げ上った、在り峰の、榛の木の枝

と、叙事的と言える「し」の出てくるうたをいくらも検索できる。

6　「き」＝目睹回想は正しいか

こうして見ると、著名な細江逸記――いまも引く研究者が多い――の、「き」＝目睹回想／「けり」＝伝承回想という考え方の修正点が見つかる。すぐれた英文法学者であった細江は、主著『動詞叙法の研究』(泰文堂、一九三三)の前年に、『動詞時制の研究』(同、一九三二)なる好著をあらわしている。これがすこぶる英語史を簡明に展望できる稠密な著書で、過去時制について、英語でわからなくなってしまっている「経験回想と非経験回想と」が、トルコ語の文法から感得できること、これらはまた〈目睹回想、伝承回想〉とも名づけられるとし、日本古語での「き」と「けり」との区別に対応する、とした(注8)。

『竹取物語』の、

ある時は風につけて知らぬ国に吹き寄せられて、鬼のやうなるもの出で来て殺さんとし〈き〉。……海にまぎれんとし〈き〉。……食ひかからんとし〈き〉。

ある時は風につけて知らぬ国に吹き寄せられて、鬼のようなものが出て来て殺さんとした。……海にまぎれんとした。……食いかかろうとした。

と、

今は昔、竹取の翁といふものあり〈けり〉。野山にまじりて、竹を取りつつ、よろづのことに使ひ〈けり〉。……

今は昔、竹取の翁といふ者がおったという。野山にはいって竹を取りつつ、よろずのことに使ったという。

との使い分けに、その区別は明瞭だという。漢部のうちまろの差し出す書状に、「つかさをも賜はむと仰せたまひ〈き〉」は、「確かに私共耳で聞きました」であり、一方、「御つかひとおはしますべきかぐや姫の要じ給ふべきなり〈けり〉と承りて」とある、「要じ給ふべきなりけり」は「お求め遊ばすのぢやげな」という、「き」と「けり」との使い分けがあると、細江の指図は一見、みごとである。

「き」はしかし、経験しえない神話時代を初めとして、歴史的過去を述べるのに便利な助動辞であることをずっと見てきたつもりだ。何百年前のことであろうと、異国のことであろうと、「き」で語るのは〈過去の時制〉をあらわす機能として、それが成立していたからではないか、英語学者としては、そこを押さえてくれないと、かえって日本語学習者を迷わせてしまう。

7　「まし」との関係

過去という機能をいま、あらわしたくなったらどうするか。

活用のある諸言語なら、それこそ、時制をあらわすために、活用の半面を発達させてきたのだから、思うまま、活用形によって過去の諸相を表現しよう。活用のない語はどうするか、活用がない、たとえばアイヌ語、カンボジア語、文献にみる限りでの漢文は、過去を文法的にあらわせない。日本語の場合は語幹が変形すると、機能語を附加して過去をあらわす。「来《き》」や「為《し》」から転用された語か、『古事記』の説話や史歌のうちにそれらを発達させて、過去という助動辞を機能語として成立させてきた。

「せば」を追っていると、気になるのが機能語「まし」ではないか。

「き」のサ行活用

せ　○　○　し　しか　○

「まし」の活用

ませ　○　まし　まし　ましか　○

と併記してみると、酷似する活用で、明らかに同類である。「まし」は反実仮想や仮定の機能を持つといわれ、過去という時制と関係しよう。そう、「まし」の「し」は過去にほかならないのではないか。「まし」に過去の雰囲気はあるか。仮定表現である「ませば」(『源氏物語』にも少数ある)や、「ましかば」を凝視していると、過去らしさが見えてくる。英語の If I were〜 のような、仮定表現が「過去」になることも自然、思い合わされる。

「まし」の「ま」は推量の「ま」とかかわりありそうなので、十章「推量とは何か(一)——む、けむ、らむ、まし」でも扱わなければならない。そこでは「まし」(〜よかったのに)そして反実仮想の用例を見ることにする。

---

(1) 口訳に「若者として一人前に成長した」。「今ならば成熟してをつたとでも言ふべき所を、青年《ワカモノ》にもなつてゐない、をさないと思つて……」と折口は注記する。

(2) それでは説明できないケースもあり、「平城ノ宮に御宇し天皇ノ詔しく〈之久〉」(詔一四、『続日本紀』一七、天平感宝元年七月)など、過去と言われる「し」のあとに「く」がくる。-a が脱落することもあるということか。形容詞の活用形に「く」を見ることなども思い合わせれば、これを語法と見ず、接辞「く」の広い振る舞いと見ておくことが無難かもしれない。

(3) 折口「形容詞の論——語尾『し』の発生」(一九三二)。『全集』新一二。

(4) 藤井『古日本文学発生論』、思潮社、一九七八。

(5) 藤井『物語文学成立史』五ノ七、東京大学出版会、一九八七。

(6) 折口信夫は「序歌と聯絡のあるものが正統……」(折口「日本文学の発想法の起り」『古代研究』一)と言う。もう一歩進めて、起源譚の凝縮としての枕詞にまで言及してほしかった。

(7) 稲村賢敷『宮古島旧記並史歌集解』琉球文教図書、一九六二。

（8）細江に拠れば、大正六年（一九一七）九月、英語学者岡倉由三郎（岡倉天心の弟である）との座談で「き」と「けり」との対比が話題になったらしい。早く草野清民が「き」は「対談」、「けり」を「記録」と区別していたよし。また山田孝雄から「回想」という考え方を受け取ったようである。

「き」および「けり」をめぐり、『源氏物語』の全容例を調べあげた吉岡曠の労作があり（『物語の語り手』笠間書院、一九九六）、近年では井島正博による検討がある（『中古語過去・完了表現の研究』、ひつじ書房、二〇一一）。会話文のそれらと地の文のそれらとでは、大きく様相を異にすること、したがって、地の文では直接体験と非体験との差異というようにけっして言えないと、細江説を批判する。井島の意見は、物語時と表現時とを分けるという、氏の立論の根柢にかかわる。

五章　伝来の助動辞「けり」——時間の経過

1　動詞「来《け》り」との関係

助動辞「けり」が、本書の大きな湖のようにして登場しようとしている。そこへゆく前に、通らなければならない入り江がある。助動辞は一般に動詞その他からおもに転成して誕生する。『万葉集』には〈やって来る〉意味の動詞「けり keri」（来《け》り）が成立していて、助動辞「けり」がこの動詞「来り」から転成したということは疑いない（注1）。

……冬木成《こもり》、時じき時ト、見ずて往かば、益して恋しみ、雪消《ゲ》する山道すらを、なづみゾ　吾（が）来《け》る
『万葉集』三、三八二歌

……冬籠り、時季でもない時なのにと、見ないで往くならば、まして恋しくなって、雪消えの山道でさえ、難渋しながら私は来《き》ある

は、歌末「名積叙吾来煎」を「なづみゾ　吾が来《け》る」と読んで、「吾が」のあと、ただちに「来《け》る」とあることにより、この「ける」を動詞と認めたい。やって来る意（空間を移動して来る意）と見るほかない。動詞「けり」はこのように『万葉集』にたくさんあって、助動辞「けり」のはるかな

原因となった語としてある。
その三八二歌に続き、

築羽根《つくはね》を、外《ヨソ》ノミ見つつ、有りかねて、雪消ノ道をなづみ来有《け》るかモ　同、三、三八三歌
筑波嶺を、外部からだけ見ながら、がまんできなくて、
雪消えの道を難渋してやって来るのかな

という事例もある。前歌を受けるからには、歌末「名積来有鴨」（なづみ来有《け》るかモ）の「来有」をも動詞と取るべきなのか、それとも「なづみ」という動詞に続くから助動辞の扱いでよいのか、答えは容易に出ないけれども、このような三八二・三八三歌の事例こそは、助動辞「けり」がもとと動詞「来《け》り」とかかわりあったことの有力な結果である。
ただし、助動辞「けり」は、私見だと時間の助動辞と思えるのに、三八二・三八三歌は空間の隔たりにかかわる。三九五七歌のようなかな書き例は空間の移動としてある。

……見まくほり、念ふ間に、たまづさノ、使ノけれ（家礼）ば、……　同、一七、三九五七歌
……会いたいことよと思っておると、手紙の使がやってくるので、……

「玉梓の使がやって来るので」という動詞として使われる。

久堅ノ雨（ノ）零る日を、我（が）門に、蓑笠蒙《き》ずて来有《け》る人哉《や》　誰れ
同、一二、三一二五歌

ひさかたの、雨の降る日を、うちの門に、
蓑笠を着けないで来ある人はだれかしらん

も、空間を移動してやって来る意の「来」に ar-u「ある」がくっついた。この「ある」は文字通り動詞を助ける助動辞としてある。

かたり継ぎ、いひつがひけり（〈原文〉伊比都賀比計理）
同、五、八九四歌
……語り継ぎ、言い継いでいまに至る

古ゆ、人ノ言ひ来《け》る（〈原文〉人之言来流）
同、六、一〇三四歌
いにしえから、人が言って来ある

のような、「いひつがひけり」の「けり」や、「言ひ来る」の「来《け》る」は、時間的なかなたから伝って来る意の〝動詞〟かと思うと、「あり」ari と十分に熟合して、時間の経過を示す助動辞として成立していると見る余地が十分にある。古代人にとり（われわれもまた）空間の移動はかならず時間の経過を伴うから、そこに助動辞を成長させてきたということだろう。

私の素案だと（注2）、来ることをあらわす〝祖語X〟があった。そのXが、動詞「来」（連用形「き」を認めたい）にもなれば、助動辞「き」にもなる。助動辞はそれ以前の自立語から転成してできた

のであり、助動辞「き」の場合、動詞「来（き、く）」との未分化な段階があったはずだというのが見通しとしてある。

したがって「けり」は、動詞「来」の連用形「き」との結合だとも、過去の助動辞「き」と「あり」ar-iとの結合だとも、どちらとも見られる。事実としては、『万葉集』にはなはだ多い「〜にけり」があるから、助動辞「に」（「ぬ」の連用形）に下接する「けり」は、明らかに助動辞としてできあがっている。つまり「けり」は助動辞として成立してきたと認定するほかない。

2　「けり」の機能は時間の経過

「けり」のなかには「あり」ar-iがしまわれている。「けりkeri」は分解すると、「き」ki（過去）プラス「あり」a-ri（現在）で、ki＋ari＝keriとなる。活用は「あり」ar-i系で、連用形を欠くと言われるものの、必要ならば「復活」させればよい。

けら（けり）　けり　ける　けれ　○

「過去（―すギに）けらずや」（『万葉集』二、二二一歌）のような未然形のかたちが上代にはあり、「けり」の東国語に「かり」があることも知られている。

「けり」は物語文学や古典詩歌に無数に見つかる。古代歌謡に見ると、

たふとくあり〈けり〉　『古事記』上、七歌謡、『日本書紀』二、神代下、六歌謡

つキたちに〈けり〉　『古事記』中、二七歌謡

さし〈ける〉しらに　同、四四歌謡

かみ〈けれ〉かモ
あケに〈けり〉、わぎも

同、中、四〇歌謡
『日本書紀』一七、継体七年九月、九六歌謡

と、すべて動詞に下接するか、助動辞「に」→「ぬ」に下接するかである。後者の場合、助動辞への下接であるから、「けり・ける」をも助動辞と見なしてかまわなく、動詞へ下接する場合にしても、〈~してきたり、いまにある〉の助動辞であると判断してさしつかえない。

たふとくありけり　　貴く（いまに）ありきたる
つキたちにけり　　月が立ってしまい、いまにある
さしけるしらに　　刺してあった（いまにある）ことを知らずに
かみけれかモ　　醸してきた（いまにある）のかよ
あケにけり、わぎも　　（夜が）空けてしまい、いまにある。吾妹よ

と、しつこく「いまにある」としてみるとわかるように、時間の経過をあらわす助動辞が、このように日本語にあるということだ。「けり」は伝承か、あるいは以前から続く時間が継続し、現在に至っているとの基本をはずすことがない。

本来の使用法とは、「き」（過去）プラス「あり」（現在）と見られ、そんなところが私なりの出発点となった。『万葉集』の伝承関係歌が特徴的な助動辞「けり」とともにあるとは、これも私として論じ尽くしてきた思いがある（注3）。

3　「科学的ないし客観的方法」（竹岡）

竹岡正夫という『あゆひ抄』研究者が、一時、「けり」論争へ身を乗り出して、いくつもの重要な突破口をひらいた。乗り越えられる必要のある竹岡理論であっても、理論の名に値する竹岡学説から、われわれは安易に退転すべきでない。ごく基本のところで立ち止まりたい。

「助動詞」（助動辞）とは何か。言語主体（話し手・作者のこと）の「認識・判断、あるいは思考のしかた」（以下「認識のしかた」と略称する）の種別を表わす単語だ、と氏は考える。言語主体を「話し手・作者のこと」とするのはむしろ逆であって、言語じたいから規定しなければならないことだろうという点に、最初に竹岡への私なりの不満が起きるけれども、いまは不問に付してよい。氏が「認識のしかた」に「助動詞」の本性を見るというところには、時枝理論の延長だと私は受け取ることができる。助動詞（助動辞）が主体的表現であるとは、そのような観点においてであって、竹岡によって適切に時枝が受け取られていると私は痛感する。

竹岡は、

内より御使あり。三位のくらゐ送り給ふよし、勅使来てその宣命読むなんかなしき事なり〈ける〉。　「桐壺」巻、一―九、一―二六

内裏より御使がある。三位の位を贈りなさる旨、勅使が来てその宣命を読むのは悲しいことであったよ。

について、〈物語口調〉の「けり」だとする。〈……かなしきことなりける〉というのが一段中の小段落で、そのために〈物語口調〉である「けり」が出てきたのだろうとする。私も〈物語口調〉という言い方には賛成といえば賛成で、こういう場面で出てくる近世以後の「けり」詠嘆説を排除したい。

竹岡によれば、たとい「気づき」や「詠嘆」のようなことが文脈的に醸成されていようと、科学的な手続きをへずに、「ここは詠嘆だ、ここは気づきだ」などと、名人芸的に自己陶酔するような読みを学問的に不毛と言う、と。「認識のしかた」は、語の選択や語順、テニヲハ、文型、文章の種類とその型に表現される。誤解なきように言えば、「助動詞の本義」を明らかにするための科学的ないし客観的方法がどこにあるか、氏は尋ねようとしている。(「本義」という言い方を私は取らないが。)

竹岡の言わんとする「けり」はじつに明快であって、〈物語中の現場からは別世界での事象を、言語主体が「あなたなる世界」における事象として認識していることを表わす語である〉。このことを空間的にも時間的にも言えるとするのが竹岡だった。

竹岡が空間的なかなたの世界とするのは、

(光宮ガ誕生シ、桐壺帝ガ)急ぎまゐらせて御覧ずるに、めづらかなる児《ちご》の御かたちなり。一の御子は右大臣の女御の御腹にて、寄せ重く、疑ひなき儲の君と世にもてかしづききこゆれど、この御にほひには並びたまふべくもあらざり〈けれ〉ば、おほかたのやむごとなき御思ひにて、

……

「桐壺」巻、一―五、一―六

（光宮が誕生し、桐壺帝が）急ぎ参上させて御覧になると、めったにないちごのおすがたである。一の御子は右大臣の女御の所生で、後見がどっしりして、まちがいなくお世継ぎの君であると、世にもてかしずき申すけれど、新しい皇子のお美しさには並びなさることもできないさまだから、一通りの放っておけないおいつくしみで、……

が一例だ。一の御子について「けり」を使い、光宮には「けり」を用いない。「けり」の使われてない部分（つまり光宮中心）が物語中の現場だから、他者（一の御子）の「あなたなる」場での事象は「けり」で示される、と。まことに巧妙な説明で、さきに生まれた一の御子が資質の点で光宮に及ばなかったと、比較して明らかになる事象であるという。もう一例をも見ると、

……弘徽殿には久しく上の御局にも参《ま》うのぼりたまはず、月のおもしろきに夜ふくるまで遊びをぞし給ふなる、いとすさまじう物しと聞こしめす。このごろの御けしきを見たてまつる上人、女房などは、かたはらいたしと聞き〈けり〉。……　同、一—一七、一—四六

……弘徽殿女御にあっては長らく清涼殿の上の御局にも参上なさらず、月のおもしろいのに夜がふけるまで管弦の遊びをなさるのを聞くと、まことに興ざめで不快に聞きあそばす。このごろの御けしきを見たてまつる上人、女房などは、かたわらにいて気の毒だとはらはらしたことだ。

は、帝が弘徽殿方から音楽が聞こえてくるのを、不愉快と思うよりずっと前から、当てつけがまし

いその音楽を上人や女房たちが気にしており、帝に対してきのどくだと思っていたと、時間的な既往からいまに至るまでを「けり」があらわしていると取るならば、まことに「けり」にふさわしい箇所である。

竹岡はこうして「あなたなる」場での事象が「けり」で示されると明言する。私はそこにやや修正を加えたいので、そのような空間性のうちに〈時間〉を含ませて、〈時間的なあなたからやってくる事象〉であるというように統一することはできないかと考える。物語文学の大枠の時制は非過去つまり現在にあって、刻々と、現在なら現在の時間が流れている。そこへ〈あなたなる時間がはいりこむ〉と考えればよいのではなかろうか。

さらに一例を出すと、

父の大納言は亡くなりて、母北の方なんいにしへの人のよしあるにて、親うち具しさしあたりて世のおぼえ花やかなる御方々にもいたうおとらず、何ごとの儀式をもてなし給ひ〈けれ〉ど、取りたててはかぐ〵しき後見しなければ、こととある時は猶寄り所なく心ぼそげなり。

同、一―四、一―一六

父の大納言は亡くなって、母北の方がのう昔ふうのたしなみのある人で、親がそろいさしあたって世の評判が花やかな御方々にもあまりおとらず、何ごとの儀式をもてなしなさったけれど、取りたててはかばかしい後見がいないから特に要り用という際には、やはり寄りどころがなく心ぼそげである。

と、宮仕えの当初から、ずっと何くれと儀式はあったわけで、母の才覚でやるだけのことはやってきたし、いまも続けているけれども、いざと言うときの不如意は如何ともしがたい。遡る時間から筆を起こしていまに続けるという、「けり」の用法に不明瞭さはない。

「けり」は時間の流れ、経過をあらわす助動辞なのである。そこをはずしてはならない。上接する動詞に、いろいろと経過や反復をあらわす場合が圧倒的に多いことをも、見のがしてはならない。五十八例なら五十八例にわたって、二、三例を除き、処置に困るような事例はない。二、三例にしろ、時間経過の「けり」という前提で処理すれば、何の困難もない。

命婦は、まだ大殿籠らせ給はざり〈ける〉、とあはれに見たてまつる。

同、一―一五、一―四〇

命婦は、帝がまだ御寝あそばされなかったことよとしみじみ見申す。

と、帝は命婦が宮中へ帰還する時点でそれよりまえから起きていた。

「けり」は、こうして見てくると、伝承をあらわす〈物語口調〉(とは竹岡の言い方であった――)として、いくらも使われ、以前の事象が現在などあとの場面へ流れいる際に、大いに用いられる。「けり」は〝時間の経過〟をあらわすというガイドラインでまとめ上げられる。名づけるならば、〈伝来の助動辞〉というのに尽きるのではないか。「気づき」は文脈上、派生的に生じた感情でしかない。

詠嘆や気づきらしさを多くの人の感じてしまうのが、

……物の心知りたまふ人は、かゝる人も世に出でおはする物なり〈けり〉、とあさましきまで目をおどろかし給ふ。　同、一―七、一―二〇

ことの筋目をわけ知りなさる人は、かようなる人も世に生まれいらっしゃるものであったことだと、あきれるぐらいにびっくりさせられなさる。

とあるような箇所だろうか。「物の心知りたまふ人」が、以前を振り返り、かような理想的人材がこの世に出現したことがいままでにあるか否か、思いをめぐらして改めておどろく、というところだろう。五十八例中、驚きの場面はけっこう少ないのに、そこに出てきた「けり」から、詠嘆や気づきを助動辞に感じて理解することには、何と言っても疑義をおぼえる。竹岡すら、ここは詠嘆のきもちが自然に添うところなどと言っているけれども、「けり」の本性はあくまで〝時間の経過〟としてある。

4　確定的な未来へ注ぎ込む時間

確定的な未来へ注ぎ込む時間という場合がある。著名な事例に、

式部卿宮、明けん年ぞ五十になりたまひ〈ける〉。　「少女」巻、二―三二一、三―五三〇

式部卿宮は来年が五十におなりだったという。

とあって、確定的な未来の時点へ向かって時間がいまから流れいることを示す。

三月二十日あまりのほどになむ、みやこを離れ給ひ〈ける〉。

「須磨」巻、二―五、二―三九〇

三月二十日あまりのほどにのう、都を離れなさったという。

もそうだろう。光源氏出立の予定をあらかじめ読者に提示する。実際の出立は二十ページあまりあとになって、開始される。「けり」はけっして過去の助動辞と一概に言えなくなる。極端のように見えて「けり」の本性をよくあらわした事例と称してよいのではないか。

---

(1) 春日政治『西大寺本金光明最勝王経の国語学的研究』(丁字屋書房、一九四二)に、『万葉集』が「来有《ける》」(二、三八三歌など)と記したごときがあるのを取り上げて、「この語源を考へる上に先づ省みるべき」だという。春日はケリをぜんぜん過去と関係がないとしつつも、「来アリ」が継続的存在をあらわすと認めて、「前カラシ(アリ)続ケテ今ニアル」の義だとする。動作が過去から継続して現在に存在することをあらわすことが「過去のケリ」をつくっていったとも論じられる。

(2) 私は『物語文学成立史』(東京大学出版会、一九八七)に、春日説を取り上げたほか、原初の想定される「来《き》」が「き」(助動辞)にもなり、「来《く》」(動詞)ともなり、アリと結合して「けり」にもなったかと論じた。有効な説だといまも思っている。(↓図7)

(3) ↓注2。伝承関係歌と名づけた。

（4）竹岡、「『けり』と『き』との意味・用法」『月刊文法』一九七〇・五。同「助動詞『けり』の本義と機能」は『国文学・言語と文芸』一一〈一九六三〉。

六章　フルコトの過去、物語の非過去

1　叙事文学の語り

叙事文学の語りについて、一章を差し挟みたい。前章（＝「けり」）の延長である。

縄文という時代が推移し、水田耕作がもたらされるころになると（弥生時代である）、いま見るような昔話がさかんに語られるようになる。それら口承の語りはどんな文体で人々の囲炉裏ばたを楽しませてくれたのだろうか。

ついで、国家のような在り方が一国の神話的起源を求めたり、歴史語りを成長させたりするようになると、「古事、古語、旧辞」などと書かれるフルコトが、六世紀代には文献化され出して、八世紀初頭に『古事記』（フルコト記）を誕生させる。それらにのこる古い歴史語りの文体はどんなだったのか。

人々は歴史語りから離れて自由に物語に興じるようになり、しだいに物語文学とでも称すべき作品へと押したかめていった。それらはどのような語られ方の物語や小説だったろうか。たとえば『竹取物語』の語り方や『源氏物語』の語り方はどんなだったのだろうか。

概観をさきに与えてしまうと、
口承文学の語り（昔話）　　　伝承の語り（過去から現在へ）

歴史語り（『古事記』など）　過去の語り

物語叙述（『源氏物語』など）　非過去の語り（物語の外枠は伝承の語り）

というような流れではなかったかと思われる。

叙事文学の語りというと、われわれの現代文学に慣れきった感覚では、ほぼ過去時制の文学としてあるだろう。翻訳される物語や小説類もまただいたいは過去という時制のものとしてあり、それが一般だと思われている。

しかし、物語や小説が過去時制が優勢になったのは、せいぜい百数十年このかたである。物語や小説は以前からずっと非過去の文学だった。

2　口承語りの文体――昔話

昔話は、言ってみれば、徹底して「けり、けり、けり……」と、文末、文中にしつこく「けり」を見いだす。といっても、昔話は地域語の、そして現代語の語りだから、古典語の「けり」でありえない。以下に見るように、「ったってや、ったってや」や、「ててんて、ててんて」のしつこい繰り返しで語られる。これがまさに古典語の「けり、けり、けり……」にほかならないと見抜きたい。

あっ〈たってや〉。

あるところに、働き者の一人もんがあっ〈たってや〉。そんで、毎日毎日、一所懸命で働いていく〈たって〉。

そしたら、ある時、若い女の人が来て、

「おれを、ここの嫁さんにしてくんなさい」
〈って〉。……

「18喰わず女房」、野村純一編『（増補改訂）吹谷松兵衛昔話集』（注1）

ある山の中にな、時鳥《ほととぎす》の兄弟がな、住ん〈でてんて〉。へたあな、兄は体が弱いさかいな、いつでも弟《おとと》がな、兄の食べ物《もん》もな、一緒に運んで来てな、兄に食べさして上げ〈てんて〉。
……

「5時鳥と兄弟」、京都府立総合資料館編『山城和束の昔話』（注2）

のように、「ったってや、ったって」「ててんて、ててんて」の繰り返しに終始する。

これらの文末や文中は再話によって消える実質だから、昔話に話型などの興味で近づく人にはあまりよく理解されないことかもしれない。「ったってや、ったってや」あるいは「ててんて、ててんて」は、伝承の語り手が、たとい荒唐無稽な、まさに神話的な話題であろうと、御伽話であろうと、ストーリーの中身に対して関与しない、責任をとらない、ただ語り伝えるだけだ、という表明としてある。伝承とはそのことにほかならない。

昔話の採集は、かつて、話型に偏重していたため、語り口をのこしている資料に乏しかった。私に欲しいのは、

むがし。兄《あん》ちゃど弟《おど》ちゃど二人の兄弟あっ〈たずもな〉。薬も何もねえ時分だから、弟ちゃは唐の国さ行って、漢方のごど勉強して来〈たど〉。その薬が売れで売れで、金持ちになっ〈たずもな〉。兄ちゃは焼餅やいで、

「兄弟だがら教《お》せだら良《え》がんべ」て言うし、弟は、「苦労して覚べで来たんだがら、教せられねえ」て大喧嘩なって、弟ば殺してしまっ〈たずもな〉。そうして何という草がわがんねども、弟が売っでだ草取って、いい薬草だって売って、金儲げし〈たげど〉。……（下略）

「弟切草」、佐々木徳夫『遠野の昔話』（桜楓社、一九八五）（注3）

というような、語り口を伝える聞き書きである。

遠野つながりで、『昔話を語る女性たち』から、語り手の正部家ミヤの語りもすこし引くと（口演の記録である）、

むがーし、あっ〈たずもな〉。ある所《どご》に、なにもかにも、けちくせ、ほーんとに、口のあるものば要らねず男《おどご》い〈だったど〉。この男ぁ、独り者だがら、みんなあだりの人〈だづ〉、「なんたら、お前《め》、いづまでも独りっこいねで、嫁御もらったらなんた（どうだ）」ってすっつども（言うけれども）、その男ぁ、「おれ、口のあるものば要らねます。もの食う嬶《がが》なんどば、もらわねがら」って、聞かねがっ〈たずもな〉。

そうしていだっ〈たずが〉、ある時《どぎ》、そごさ立派な女《おなご》訪ねて来たっ〈たど〉。

……（注4）

と、「人さもの食《か》せたくねえ男」の昔話に、「たずもな」や「たど」がさいごまで繰り返される。昔話が伝承であることを、みぎのような事例の文末で確認できる。つまり、だれかから聞いた伝承話であると、しつこく話者は繰り返す。

これに相当する文体を、古文読みの人たちは馴染みのはずではないか。説話文学や歌物語、また物語文学の冒頭部その他の、「…けり、…けり、…けり」（「…ける、…けれ」を含む〈以下おなじ〉）と続く展開が、伝承文学に負うとは最初の確認としてある。文中の「けり」を統一して考察する必要がある。

3　フルコトの語り――『古事記』

『古事記』は「き」を基調として語られた。「き」はすなわち過去という時制の語りである。なぜそれが分かるかというと、たまたま八箇所だけ、文末の語られ方をのこした箇所が見つかる。それは「たまたま」だから、『古事記』ぜんたいに引き及ぼしてたぶんかまわないだろう。原文（漢文を基調とする）でその八箇所を書き出してみる。

1　故、各、随二依賜〔之〕命一、〔所〕知看〔之〕中、速須佐之男命、〔不〕治〔所〕命〔之〕国〔而〕、八拳須、至レ于二心前一、啼《なき》伊佐知伎也。　上、須佐之男命の涕泣

……八拳須《やつかひゲ》、心前《ココロさき》に至るまで、啼きいさちき。（「き」過去）

2　於是、八百万神共議而、於二速須佐之男命一負二千位置戸一亦切レ髪及手足爪〔令〕レ抜而、神夜良比夜良比岐。　上、天の石屋戸

3　故、其八上比売者、如二先期一美刀阿多波志都（此七字以レ音。）。

髪及び手足の爪を抜かしメて、神《かむ》やらひやらひき。（「き」過去）

先に期りし如く、みとあたはしつ。（非過去）　上、根国訪問

4　畳畳（音引）志夜胡志夜。此者伊能碁布曾（此五字以レ音。）。

畳《あ》畳《あ》しやごしや。此は「いノゴふソ」。（非過去）　中、神武天皇・東征

5　自二其地一幸行、到二忍坂大室一之時、生レ尾土雲（訓云二具毛一）八十建、在二其室一、待伊那流、（此三字以レ音。）。

其の室に在りて待ちいなる。（非過去）　中、同右

6　故、美和之大物主神見感而、其美人為二大便一之時、化二丹塗矢一自下其為二大便一之溝上流下、突二其美人之富登一（此二字以レ音。下敷レ此。）。爾其美人驚而、立走伊須須岐伎（此五字以レ音。）。

爾に其の美人驚きて、立ち走りいすすきき。（「き」過去）　中、同・皇后選定

7　然、是御子、八拳鬚至レ于二心前一、真事登波受（此三字以レ音。）。

真事トはず。（非過去）　中、垂仁天皇・本牟智和気王

8　故、能見二志米岐其老所在一（志米岐三字以レ音。）。故、其地謂二志米須一也。

故、能く其ノ老の在る所を見しメき。（「き」過去）　下、顕宗天皇・置目老媼

みぎはその八箇所を『古事記』から原文で取り出してみた。1で言うと「啼きいさちき」という文末が原文の漢字表記に埋もれているのが見つかる。このような書き方のために、文末がどのようだったかを知ることができる。「啼きいさちき、神やらひやらひき、みとあたはしつ、いノゴふソ、待ちいなる、立ち走りいすすきき、真事トはず、見しメき」のうち、半数が「き」文末であることを知る。この半数というかずは『古事記』全体に引き及ぼしてかまわないだろう。『古事記』（のもととなったフルコト）は、じつに「き」（過去）を基調とする文末で語られていたとわかる。

4　説話文学の「けり」と物語文学

説話文学は、

今は昔、道命阿闍梨とて、傅殿の子に、色にふけりたる僧あり〈けり〉。和泉式部に通ひ〈けり〉。経を目出たく読み〈けり〉。それが和泉式部がり行きて、臥したり〈ける〉に、めざめて、経を心をすまして読み〈ける〉ほどに、八巻読みはてゝ、暁にまどろまんとする程に、人のけはひのし〈けれ〉ば、「あれはたれぞ」と問ひ〈けれ〉ば、「おのれは五条西洞院の辺に候ふ翁に候」と答へ〈けれ〉ば、……

『宇治拾遺物語』、一ノ一

というように、「けり」があふれる。

「……僧ありけり。……に通ひけり。……読みけり」以下、文中でも「……たりけるに、……読みけるほどに、……けはひのしければ、……問ひければ、……答へければ」と、過去の出来事を現在での語りへ持ってくるアピールとして、しつこく繰り出される。〈過去から現在へ〉という伝承の時間であって、けっして過去そのものでなく、「〜た（過去）ということだ（現在）、〜た（過去）ということだ（現在）」と繰り返す。

「今は昔」とあるように、〈昔と言えば昔、まあ今に近い昔〉というような、近い過去をさす言い回しで、物語文学でも冒頭に見るところ。

今は昔、竹取の翁といふものあり〈けり〉。野山にまじりて竹を取りつつ、よろづのことに使ひ〈けり〉。名をば、さぬきのみやつことなむ言ひ〈ける〉。その竹のなかに、もと光る竹なむ一すぢあり〈ける〉。あやしがりて……

『竹取物語』「かぐや姫の生い立ち」

とあるように、「…けり、…けり、…ける、…けり」はまさに口承文学の文体であることを確認したい。

歌物語や物語文学は、

むかし、男あり〈けり〉。奈良の京ははなれ、この京は人の家まだ定まらざり〈ける〉時に、西の京に女あり〈けり〉。その女、世人にはまされり〈けり〉。その人、かたちよりは心なむまさりたり〈ける〉。ひとりのみもあらざり〈けらし〉。それをかのまめ男、うち物語らひて、かへりきて、いかが思ひけむ、時は三月《やよひ》のついたち、雨そほふるにやり〈ける〉。……

『伊勢物語』二段

帝、おりゐたまひて、またの年の秋、御ぐしおろしたまひて、ところどころ山ぶみしたまひて行ひたまひ〈けり〉。備前掾にて橘の良利と言ひ〈ける〉人、内におはしまし〈ける〉時、殿上にさぶらひ〈ける〉、御ぐしおろしたまひ〈けれ〉ば、やがて御ともに、かしらおろして〈けり〉。人にも知られ給はでありきたまう〈ける〉御ともに、これなむおくれたてまつらでさぶらひ〈ける〉。……

『大和物語』二

むかし、藤原の君ときこゆる一世の源氏おはしまし〈けり〉。

『うつほ』「藤はらの君」巻

いづれの御時にか、女御、更衣、あまたさぶらひ給ひ〈ける〉なかに、いとやんごとなき際にはあらぬが、すぐれてときめき給ふ有り〈けり〉。

「桐壺」巻、一―四、一―一四

とあり、説話文学とおなじく伝承の文体をとる。この「けり」は何かということだが、口承文学――昔話――の文体とおなじで、過去から現在への伝来をあらわす。ずっと昔から語り伝えられて現在に至るということをしつこく繰り返して示す。

説話文学や、物語文学に見ると、大枠としての説話（ストーリーの内容）は神話的過去であったり、古い過去の話であったり、つまり過去のことだから、「けり」で語り出すと、その内容を語る現場へ持ってくる（現在にする）。

物語文学のなかには「けり」でなく、露骨に「き」という、過去の事実だと明示する場合もあっ

て、

　いまはむかし、中納言なる人の、むすめあまたもたまへるおはしき。　『落窪物語』一

というようなのもある。冒頭のこの一文は「……おはしき」と、「き」（過去）を露骨に明示するから、目立つ「き」というほかないが、しかしまさにこの物語の冒頭部において外枠（過去）を明示し、あとは物語叙述のなかへはいってしまえば、第二文の末尾は「……かしづきそしたまふ」（非過去）、第三文の末尾は「母もなき御むすめおはす」（非過去）と続く。

5　物語の叙述は非過去

『源氏物語』の全体はたしかに〈昔〉のことを語る。

　六条わたりの御忍びありきのころ、……　「夕顔」一―一〇〇、一―二三四

光源氏は過去にいた人のこととして書き出されているであろう。しかし、物語のなかにはいってみれば、現在、現在、現在……と、非過去であり続ける。つまり、日本語の古来は自由時制（基本としての非過去）で語られる。

　……内よりまかで給ふ中宿《なかやど》りに、大弐《だいに》の乳母《めのと》のいたくわづらひて尼になり〈にける〉とぶらは

むとて、五条なる家、訪ねておはし〈たり〉。　　　　同

みぎの〈にける〉は乳母がここで語られる時間以前に尼になってしまってあることをさし、いま病床にある。文末の〈たり〉は、光源氏について、いまここにいらっしゃり、五条なる家の前に立つというシチュエイションをあらわす。大弐の乳母が、病気のあげくに、尼になり病床に臥せっているので、見舞いに来ているという光源氏を、動画でいうと画面に映す。映画やＴＶドラマの画面じたいが「過去」であることはできない、３Ｄは可能かもしれないが、「過去」という時間を映す技術はまだ発明されていない。

……五条なる家、訪ねておはしたり（非過去）。御車入るべき門は鎖したりければ、人して惟光召させて待たせ給ひける程、むつかしげなる大路のさまを（光源氏ガ）見わたし給へ〈る〉に（ゴ覧ニナッテオルト＝非過去）、このいへのかたはらに、檜垣といふもの新しうして、……をかしきひたひつきの透影《すきかげ》、あまた見えてのぞく（非過去）。（女性タチノ）立ちさまよふ〈らむ〉（非過去）下つ方（足元ヲ）思ひやるに、あながちに丈高き心地ぞ（光源氏ハ）する（非過去）。いかなる者の集へるならむと、様変はりておぼさる（非過去）。　　　　同

物語の時間が非過去であることを、「たり」や「らむ」あるいは「のぞく、おぼさる」という非過去であらわす。「たり」はいまに至る状態が存続するので、けっして時制ではない。

いま、男主人公の光源氏は五条大路にいる。かたわらに檜垣の家があり、すだれの向こうの女性

たちの透き影が眼に飛び込んでくる。彼女たちはこちらを見ようとウロウロして、えらく背が高いのは背伸びをするからららしい。なんでそんなに私のことを見ようとするのか、興味をいだかされる。

時々刻々と時間が進むとは、つぎの瞬間に何が起きるか、どんな行動を起こすか、何が起きるかわからない。映画館などで観る映画や、ディスプレイ上の動画におなじで、日本社会がだいすきな漫画や劇画でもおなじこと、齣から齣へ、ページからページへ、つねに〈現在〉が続く。古代日本人がうちこんだ漢文学にも時制はない。現代のわれわれの漢文の教科書に過去の時制を見たことがない。

膠着語の日本語には動詞などに活用があるから、「き」(過去)や「けむ」(過去推量)を活用語のお尻にくっつけたり、「けり」(過去から現在へ)を利用して遡る時間を示したりして、非過去を基調としながら、でこぼこでこぼこ(現在—過去—現在—過去……)と時間を進めることができる。繰り返して確認すると、物語(そして説話)の外枠は〈けり〉(過去を現在へ伝承として持ってくる機能)であるとしても、物語内の叙述は〈非過去〉になる。

当該の場面で言うと、光源氏はもっとよく見ようと、物見の窓に貌を近づける。それは、そとから貌を見られてしまうことになる。「あれはたしかに光の君だわ」と彼女たちが言ったかどうか、こうして事件は始まる。引用部分だけでも、「おはしたり、給へる、のぞく、立ちさまよふらむ、心地ぞする、集へる、おぼさる」と、物語文学は非過去で語る。続く場面には何が起きるか、わからない。

（1）野村純一編『（増補改訂）吹谷松兵衛昔話集』刊行会、一九七五。

（2）京都府立総合資料館編『山城和束の昔話』、一九八二。

（3）佐々木徳夫『遠野の昔話』桜楓社、一九八五。「弟切草」は高木史人「オトギリソウの話」（『学生研究会による昔話研究の50年』、二〇〇五）にも引かれるところ。「たずもな、〜たど、ずもな、たげど……」と文末が続く。

（4）石井正己編、三弥井書店、二〇〇八。『正部家ミヤ昔話集』（小澤昔ばなし研究所、古今社、二〇〇二）に「人さ、もの食《か》せたくねえ男」として出る。

七章　「はや舟に乗れ。日も暮れぬ」

1　「ぬ、つ」を二つの焦点に

「ぬ、つ」および「たり」とkrsm立体との関係をさきに表示しよう（図7）。時制から解放されている以上、「ぬ」や「つ」をkrsm立体のそとに求める。しかも、それの周囲を回り続ける楕円体――「ぬ」と「つ」とを二つの焦点とする――ではないかと思う。むろん、こういう図示は〝遊び心〟の産物なので、もしそれらが推量の助動辞「む」に近づくならば、「て・む」や「な・む」が活性化するだろうといった、各自の書き入れはまったくの自由裁量のうちにある。

「たり」は「つ」と「あり」ar-iのあいだに置いてよいか、この表示ではそのようにしてみた。後述するように別の考え方もあるかもしれない。

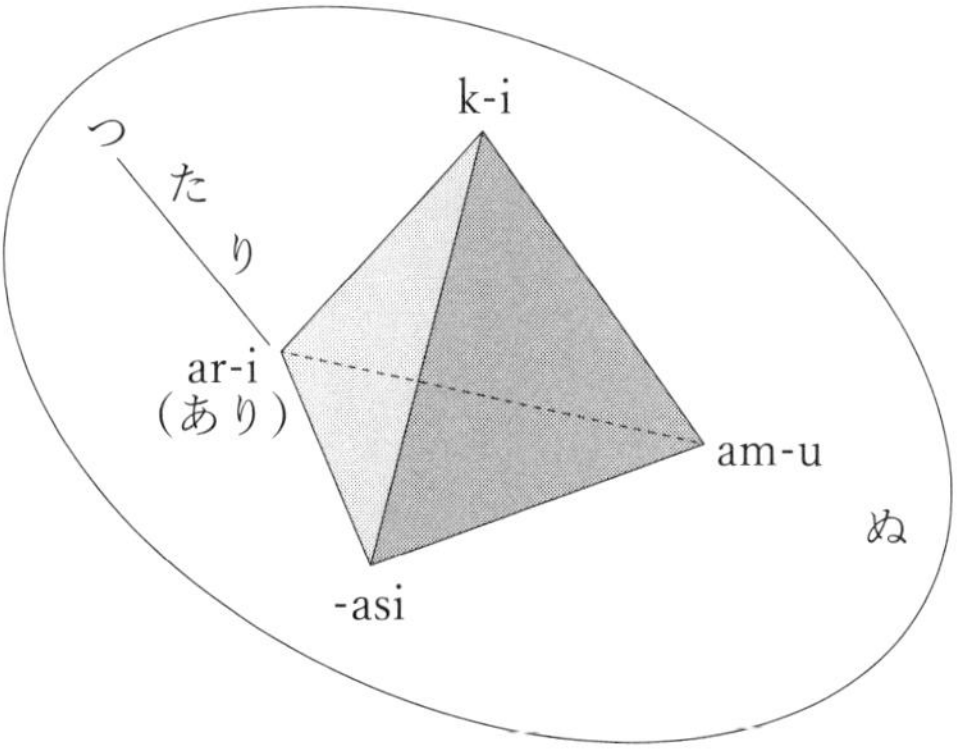

図7　楕円　ぬ　つ　たり

2　急げば舟に間に合うか

『伊勢物語』の著名なくだりを取り上げよう。

なほ行き行きて、武蔵の国と下つ総の国との中に、いと大きなる河あり。それをすみだ河と言ふ。その河のほとりに群れゐて思ひやれば、「限りなくとほくも来にけるかな」とわびあへるに、渡し守、「はや舟に乗れ。日も暮れ〈ぬ〉」と言ふに、乗りて渡らんとするに、みな人ものわびしくて、京に思ふ人なきにしもあらず。　　『伊勢物語』、九段

それでも行きすすんで、武蔵の国と下総の国との中間に、えらく大きな河がある。それを隅田河と言う。その河の岸辺にむらがりすわってきもちを馳せると、果てしなく遠くにも来てしまいあることよな、と（たがいに）心細くしていると、渡し守が、「さあ（急いで）舟に乗れ。日も暮れてしまう」と言うから、乗って渡ろうとすると、全員何かと気落ちして、京に愛する人がいなくもない。

このなかの、「はや舟に乗れ。日も暮れぬ」と渡し守の言う語は、日が暮れたのだろうか、それともまだ暮れていないのだろうか。『古今和歌集』にも「はや舟に乗れ。日暮れぬ」とある。

限りなく遠くも来にけるかなと思ひわびて、ながめをるに、渡し守、「はや舟に乗れ。日暮れ〈ぬ〉」と言ひければ、……

名にし　負はばいざ言とはむ。宮こどり、わが思ふ人は　有りや　なしやと

『古今和歌集』九、四一一歌

日が暮れそうで、まだ暮れないうちに、急いで河を渡ろうというのであろう。だからまだ明るいといえば明るい。「暮れぬ」という、さし迫りながら、暮れる前の段階で「ぬ」と言う言い方に、違和感はない。これが基本の用法であろうと考えて、現代語に言い換える際に「〜てしまう」としてみた。

「〜てしまう」は、完了をあらわすつもりでの言い回しとして口訳する。日が暮れるまえを〈完了〉と言ってかまわないのだろうか。「日が暮れてしまうよ」と。でも、さし迫る日没直前で、まだ明るい、急げば間に合う、急ぎたくなるきもちを表現できる。完了というのは「ぬ」の機能に与える〈名づけ〉だから、別の言い方を探してもよい。〈未完了〉と言う場合には完了を見越して言うことになる。未来完了という考え方もあろう。

「〜てしまう」（あるいは「ちまう」）は、

さきに出かけてしまいますからね！
このお菓子、食べちゃうよ！（「〜ちゃう」＝「〜てしまう」）

というように、時間についてのある種の態度として、「もう待っていられない、出かける時間だ」、あるいは食べられる直前で机の上にまだ置かれている状態を言う。

なんなんとする、押しつまる、せっぱつまる時間は「ぬ」の領域だろう。「ぬ」の活用は、

　な　に　ぬ　ぬる　ぬれ　ね

というようになる。

3　鳥たちが鳴き出さんとする

やちほコノ、かミノみコトは　やしまくに、つままきかねて、トホトホし、こしノくにに、さかしめを、ありトきかして、くはしめを、ありトきコして、さよばひに、ありたたし、よばひに、ありかよばせ、……おソぶらひ、わがたたせれは、ひコづらひ、わがたたせれは、あをやまに、ぬえは　なき〈ぬ〉、さのつトり、きぎしは　トヨむ、にはつトり、かけは　なく。うれたくモ　なくなるトりか。コノトりモ　うちやメコせね。いしたふや　あまはせづかひ、コトノ、かたりゴトモ　コをば

『古事記』上、二歌謡

　八千矛の、神のみことは、八島国、妻を求めかねて、とおどおし、越の国に、さかし女を、ありとお聞きになり、くわし女を、ありとお聞きになり、さ婚いに、あり立たし、婚いに、あり通わされ、……(戸を)押しゆさぶり、私がお立ちになると、引っぱって、私がお立ちになると、青山に、ぬえはまさに鳴かんとする、さ野の鳥、雉はどよもす、庭の鳥、鶏は鳴く。いまいましくも鳴くこえがする鳥か。この鳥をも、打ってだまらせてほしいな。いしたうや、天馳せ使、ことの、語りごとも、これですよ

「あをやまに、ぬえは　なきぬ」は、ぬえの鳴きそうな時間がもうさしせまる、ということであ

って、まだ鳴いてないか、鳴くけはいが確実に始まるか、という感触だろう。あるいはもう鳴いてしまっていてもよい。鳴くことの一部分がそこにある。

さゐがはよ、くもたちわたり、うねビやま、コノはさやぎ〈ぬ〉。かぜふかむトす　同、中、二〇歌謡

さい川から雲が立ち渡り、畝傍山は木の葉がまさに音をたてようとするところ。風が吹き出そうとする

「このはさやぎぬ」はまさにさし迫る気配をうたう、と取るしかない。風が起ころうとする、と直後にあるから明らかだろう。

やたノ、ひトモトすゲは　こモたず、たちか　あれ〈な〉む。あたらすがはら。コトをコソすゲはらトいはメ。あたらすがしめ　同、下、六四歌謡

八田の一本菅は、こもたず、立ちがれてしまいそう。もったいない一本菅。ことばをこそ菅原というけれど、もったいないね、清し女

盛りのすぎてしまおうという女性を誘うことか、歌垣などの際の男歌であろう。立ち枯れしよう（＝む、将来）ということと、荒れてゆく、荒れて終わる、荒れるに任せる、ということとをかさねる。

4　「秋来ぬと」「おどろかれぬる」

「ぬ」を「～てしまう」と訳すと、どうにも落ちつかないらしい場合もある。

秋立つ日よめる

秋来〈ぬ〉と目には　さやかに、見えねども、風の音にぞ　おどろかれ〈ぬる〉

『古今和歌集』四、藤原敏行朝臣、一六九歌

ここには「秋来ぬと」と「おどろかれぬる」と、二箇所に「ぬ」を見ることになる。詞書に「立秋の日」と言うから、「秋来ぬと」はもう秋が来たということではないか。後者「おどろかれぬる」は「気づかされてしまう」でよいとしても、前者「秋来ぬと」は「いよいよ秋になりました」とでも口訳したくなる。むろん、それで正解値であって、けっして時制の表現ではないというところに要点がある。

暦の上で立秋の日なのに秋らしくないという、季節の二元的成立（注1）として知られる現象を、好んで詠んだり、興味をかきたてられたりする、古代人の感興が詠まれた一首だ。和歌らしい個人の感懐を詠むから、季節感はけっして秋でないのに、自分ひとりには風の音に秋だと自然と受け取らされる。

「秋になりました」と、目にははっきり見えないけれども、

風の音にはそれこそ、はっと目を覚まさせられてしまう

「ぬ、つ」それに「たり」を含めて、それらは時間の細分ないし時間に対する、何らかの態度を示す助動辞であって、単にこれを確認だとか、判断だとか見るのは、やはり言い当てていない。確認、判断とは、助動辞一般の性格を言う程度のことで、機能としてある時間的差異の諸相をこそ、われわれは言い当てなければならない。

5　仮に身を事件の現場に置いてみる

現代語「た」をめぐっての考察ということになると、日本語からの言語学として松下大三郎の説明(注2)を引いてみよう。

a　御覧なさい、綺麗な月が出ました。　現在の完了
b　私は子どもの時は国に居りました。　過去を完了に表す
c　借りたものは還さなくてはならない。　不拘時の事件の完了
d　明日伺つたらばお目に掛れませうか。　未来の事件の完了

と、事例を挙げて、

文法上「完了」といふのは事件の真の終結をいふのではない。仮に「我」をその事件の完了後

へ置いて考へ、その事件の完了を表すのである。dの例で言へば、「我」を明日へ置いて考へるから「伺ふ」といふ動作は完了した動作と考へられる。aに於ては「我」が現在に置かれてゐるから、その完了は実際の完了と一致する。

とする（番号をａｂ……に差し替える）。

完了という考え方は、諸言語から立ち上げられる言語学で、かならずと言ってよいほど必要である。およそ人類が言語を必要としてきたとすると（逆に言うなら言語が人類を人類にしてきたとすると）、いくつか、言語が言語であるためのいくつかの条件を要しよう。一つには完了という考え方を発達させてきた、ということがある。〈終わる、終わらない〉または〈続く、続かない〉という動作や推移を予測しなければならないこととして、人類の想像力が発達させられてきた、ということではないか。

みぎの松下の言い方には、したがって興味をそそられる考えが出揃っている。そこに、

仮に「我」をその事件の完了後へ置いて考へ、その事件の完了を表すのである。

とあるように、「我」を想像裏に実際の時間からはずし、別の時間へ飛ばしてみる。このことは、「我」を中心にして考えるというより、時間を〈仮に〉動かしてみる、というように、時間から見ることであろう。こうして、仮定といったことが精神的に発達させられ、言語の基本要素となっていった、という説明ではなかろうか。仮定にはつねに推測、疑念、さらには現認などの精神作用を背景とする。

6　〈完了〉と〈過去〉と

松下の説明はこのような未来完了について、わかりやすい。bは、事件が過去に属することを「子どもの時は」という「時」によってあらわす、と松下は言う。

私は子どもの時は国に居りました。

というのは、過去の事件を完了として扱う。「子どもの時」というのは、仮定というより、実際にあった時間である、いま話題のなかで時間をそこへ飛ばしてみることをするという提示であり、こういうのをも大きく仮定してみる、という考え方かもしれない。

御覧なさい、綺麗な月が出ました。

という、aにおいては「我」が現在に置かれて、その完了は実際の完了と一致する、というのが松下の説明である。b〜dから類推すると、aは現在という時間に（実際に）身を置くという確認がここにあることになる。

このような事態は、世界的に見て諸言語でも起きるとすると、過去と完了とを混乱させる理由となろう。完了の助動辞が過去を代行することの理由となるばかりか、過去をあらわす接辞のたぐいを持たない言語が、世界に少なくない理由となろう。アイヌ語の動詞は活用を持たないが、時間の前後をあらわす表現は発達していて、それが完了である。古代漢語で見る限り、時制を漢字があらわせないことはいうまでもない。

「な・む」は未来完了、「に・き」は過去完了をあらわす、と機能を名づける。「つ」は「て・む」が未来完了、「て・き」が過去完了、と整然としている。これを要するに、「ぬ、つ」は完了であり、

「む」や「き」と併用される以上、これら「ぬ、つ」じたい、時制でありえない。

7　一語動詞からの転成

「往ぬ」から「ぬ」が生じたという説明は、よく行われるものの、よいのだろうか。「ぬ」も「つ」も、助動辞の原則から見ると、もとは動詞だったはずだから、「ぬ」あるいは「つ」といった一音動詞がさきにあってよかろう。「ぬ」という一音動詞に「い（接頭語）」が付くと、「い（接頭語）＋ぬ」から「いぬ（往《い》ぬ）」という動詞になる。

「い」という接頭語をもつ動詞がけっして少なくないからには（い隠る、い築く、い組む、い帰る、い立つ、い寄る、い積る、い向ふ、い行く、……）、「いぬ」が「い」（接頭語）プラス「ぬ」であることを推定できる。「ぬ」という動詞を想定して、そこからの転成として助動詞「ぬ」の成立を考えることはけっして不自然でない。

動詞「ぬ」は、「いぬ（往ぬ）」から類推すると、

去る、行く、終りになる

というような意味だったか。動詞の意味を希薄化し、抜き去りながら機能語としての助動辞が成立する。

終わろうとする、終わってしまうというせっぱ詰まった感触が機能性として強調され、そのような感触が前に出てきて、助動辞らしさとして成立してきた、ということではなかろうか。起こるという経過のなかで、事態が推移して終末が予測される状態である。終わっていないという点では未完了だが、未完了とは完了の一変形なのだろう。

「つ」も一音動詞だったろう（次章）。動詞「つ」は、通す、逃げる、やめる、し終えるというような意味ではなかったかと推定する。

8　「た」の発達と「ぬ」の消長

口語資料をすこし覗くと、「た」が、

重五ト云《いふ》ハ、五月五日ノ事ゾ。湯山《ゆのやま》ノ湯ニ折節入ラレ〈タ〉日、セラレ〈タ〉ゾ。サテ重五ト云字ヲ置〈タ〉ゾ。　『湯山聯句抄』寒韻

◯

……その里に名をばエソポというて、異形不思議な人体がおぢやつ〈た〉が、その時代エウロパの天下に、この人にまさつて醜い者もおりなかつ〈た〉と聞え〈た〉。　『キリシタン版エソポ物語』「エソポが生涯の物語略」

◯

有若衆の念者と寝て、暁方に、身を唾にてぬらし、「さてさて夢を見て、汗をかひたる」といはれ〈た〉。……と語られ〈た〉。……といふ〈た〉。　『きのふはけふの物語』上

と、発達してゆくのを見るのに対し、「ぬ」はしだいに姿を見せなくなり、「つ」もまた、ほぼあらわれることがない。「つ」はまだしもである。現代語との連絡を喪って、数百年を経てきた「ぬ」

は、われわれの正確に復元しようがないかなたへ消えた、ということではなかろうか。

「ぬ」は、古代をさいごにして、口語からかたちを消す助動辞であり、地方語——方言——からもほぼ消滅する。ほかの古代語に対しても、多かれ少なかれ襲う死であるけれども、「ぬ」はほとんど言語体系から抜き去られ、文語としてでも成長を許されなかった、という点で徹底的である。

感覚的に手がかりがなく、どうにも復元しようのない「ぬ」を、多量に抱える古文をあいてに、われわれは『古今和歌集』でも『万葉集』でも、あるいは『源氏物語』でもを、何とか読もうとし、あるいは読んだことにしなければならない。漠然と時間関係の助動辞ということで処理しているもの の、「ぬ」は本来、時制（テンス）と関係がなかったとすると、いったいどんな時間の助動辞なのか。言われるところの完了とはどういうことか。いや、そもそも「時間の助動詞」という処置でよかったのだろうか。ないような手がかりを、テクストの繰り返し繙読によって、手がかりらしき形姿へ変えてゆく、という作業に終始することになる。

「ぬ」は古代歌謡、『万葉集』などに頻見する助動辞で、早く発達を遂げてしまっている。歴史上、あらわれるころには、もう下降線をたどり進んだということだろう。「つ」の連用形「て」が接続助辞となったらしい（あるいは接続助辞を取り込んで行ったらしい）のに対し、「ぬ」の連用形「に」は、ついに連用中止の用法を持たなかった。「て」が「〜て、〜て、〜て」と継起的に事件を記述してゆけるのに対し、「〜に、〜に、〜に」という用法はおろか、「〜に、」という中止法もなかった。「ぬ」には起動的な要素がなかったということを、そのことは如実に示している。起動的でないとすると、事件がつぎからつぎへと継起するという描写も期待できない。

(1) 立春について、ベルナール・フランク「〝旧年〟と春について」(一九七一)がある。田中新一『平安朝文学に見る二元的四季観』(風間書房、一九九〇)のなかに翻刻があり、田中著書もまた旧年のうちに春が来ることの興味を論じる。

(2) 松下大三郎『(増補校訂)標準日本口語法』(徳田政信編)、勉誠社、一九三〇序、一九七七。

八章　〈いま、さっき、つい先刻〉――「つ」

1　いましがた起きた

いましがた起きたことが、いまに影響し、さらにはその影響が続くかもしれない、という緊迫感を「つ」は最大限にあらわそうとする。

……と、やうやう天の下にも、あぢきなう、人のもてなやみ種になりて、楊貴妃のためしも引き出で〈つ〉べくなりゆくに、いとはしたなきこと多かれど、かたじけなき御心ばへのたぐひなきを頼みにて、まじらひ給ふ。　「桐壺」巻、一―四、一―一四

……と、ようやく国土ぜんたいにも、（これは）よくないことと、人さまの扱いかねる材料になって、楊貴妃の例も（きっと）引き出してしまいかねないまでに（事態がどんどん）進むと、えらく気まずさばかり積もるけれど、身に余る（帝の）ご執心が格別であるのを頼りにして、（桐壺更衣は宮中に）お勤めになる。

「つ」は「いましがた」と言うものの、今朝以来のことであって、心理的な〈いま、さっき、つい先刻〉である。みぎの事例は、起きたとしてもしかたのない状態を「べし」とともに支えている。

ためらい、懼れ、未練、決心など、複雑な心理が伴ってくる。
楊貴妃のためしも引き出で〈つ〉べくなりゆくに、……
と、「つ」の持つ緊迫感を利用して、いま進行する事態がさらなる状態を引き起こしてしまいそうである。

……「けふ始むべき祈りども、さるべき人々うけたまはれる、こよひより。」と聞こえ急がせば、わりなく思ほしながらまかでさせたまう〈つ〉。　同、一―八、一―二四

……「本日、始めなければならない祈禱のかずかずを、しかるべき筋の人々が請け負いまして、今夜から。」と申し急がせると、どうにもならず思いあそばしながら退出させておしまいになる。

桐壺更衣をようやく退出させてしまうという、あくまで物語内現在での帝の逡巡であって、過去のことと受け取ってはならない。

御さか月《づき》（＝盃）のついでに、
（帝の歌）いときなき初元結ひに、長き世を契る心は　結びこめ〈つ〉や
御心ばへありて、おどろかさせ給ふ。
（左大臣の歌）結び〈つる〉心も　深き元結ひに、濃き紫の色し　あせずは
と奏して、長橋より下りてぶたふし給ふ。　同、一―二五、一―六四

盃を賜るついでに、

幼い初元結いに、長き将来を契る心は、結びこめたところかしらね

と、お心ざしがあって、不意におっしゃる。

結んだばかりの、心も深き元結いに、濃い紫の色が褪せぬのならば！

と奏して、長橋より下りて舞踏なさる。

桐壺帝の贈歌と大臣の返歌とに「つ、つる」を見る。元服そして婚姻の予約であるとともに、将来にかかわる帝位の希望を、帝としては冗談めかして、左大臣としては真剣にやりとりするところ、「つ」の役割が躍如としている。

地の文は物語の場合、大きなフレームが過去であるとすると（巻頭に「いづれの御時にか」とある）、そのようなフレームの過去と、物語内部での過去（時制など）とが、まさにまぎれやすいということがあり、「歴史的現在」という考え方が出てくる落とし穴もそこいらへんにあろう。

時制から切り離されるから、予想される「これから」についても、「いましがた起きた」という事態を仮定できる。

ししこらかし〈つる〉時はうたて侍るを、とくこそ心みさせたまはめ。

「若紫」巻、一―一五二、一―三六四

こじらせてしまうときは重症かもしれません、早めに呪法をお試しなさりませ。

のような、まだ病気をこじらせてない段階での心配をあらわしうる（注1）。

2 「つ」と「ぬ」と

「つ」も「ぬ」も基本的には「〜てしまう」であるものの、起きたことを引きずる「つ」と、ついに起きてしまう「ぬ」との相違は判然とある。

御使の行きかふ程もなきに、なほいぶせさを限りなくのたまはせ〈つる〉を、「夜中うち過ぐるほどになん絶え果て給ひ〈ぬる〉。」とて泣きさわげば、御使もいとあへなくて帰りまゐり〈ぬ〉。

「桐壺」巻、一―八、一―二四

御使がしっきりなしに行きかうあいだ、それでもたえがたい鬱屈を限りなくお話しあそばした（その）矢先に、「夜中を少し過ぎるころにのう、絶え果てておしまいになる。」とて泣きさわぐから、お使いもたいそうあっけなくて帰り参上してしまう。

「なほいぶせさを限りなくのたまはせつる」の「つる」は、「依然として鬱積する思いを際限なくお話しになったばかり、その矢先に」。「お話しなっていたところが」（新大系）よりは、もうすこし緊迫感のほしい憾みがのこるところ。「ぬる、ぬ」は、「絶え果て給ひぬる」がついに亡くなる感じ、「帰りまゐりぬ」の後者は帰参するほかない使者のよんどころなさである。

基層の日本語に時制がなくて、完了（というアスペクト）を二種使い分けるのみで進む絶妙な展開を味わわれよ。

……車よりも落ち〈ぬ〉べうまろび給へば、「さは思ひ〈つ〉かし」と人々もてわづらひきこゆ。
同、一―九、一―二六

……車からでも落っこちかねないぐらいに転がるから、「だから思った通りでしょ」と、侍女たちまでもがもてあまし申す。

さっきから心配していたことが起きてしまう時の、侍女たちのせりふとしてある。「ぬ」のもともとは一音動詞だったろう、とさきの章に述べた。「つ」もまたそう考えるのがよいと、やはり述べておいた。とは、複合動詞を成立の前提に考えようということにほかならない。模式的に言うと、

〜（動詞）十ぬ（動詞）
〜（動詞）十つ（動詞）

という複合動詞を想定して、ついで「つ、ぬ」が自立性をなくして助動辞になると見る。想定される一音動詞「つ」および「ぬ」は、助動辞「つ」や「ぬ」となっても動詞連用形に下接する。もとの「つ」や「ぬ」の差によって、上部に自動詞が来やすかったり、他動詞が来やすかったりするので、その逆ではあるまい。「つ」および「ぬ」じたいにもともとの動詞が揺曳するかもしれない。助動辞になっていっても、それらの揺曳によって、いましがた起きる「つ」や、さし迫っている「ぬ」の位相を持ち耐えているということだろう。助動辞とはそういう性格の非自立語化なのだと見られる。

す。

3　～となむ名のり侍りつる

浮舟に匂宮が近づき、離れないというところ、「つ」がいくつか出てくる。現代語訳をもほどこ

（右近ハ）まゐりて、御使の申すよりも、今すこしあわたゝしげに申しなせば、動き給ふべきさまにもあらぬ御けしきに、（匂宮ノ言）「たれかまゐりたる。例の、おどろおどろしくおびやかす。」とのたまはすれば、（右近ノ言）「宮の侍《さぶらひ》に、たひらの重経となん名のり侍り（1）〈つる〉。」と聞こゆ。出で給はん事のいとわりなくくちをしきに、人目もおぼされぬに、右近立ち出でて、「この御使を西面にて。」と言へば、申しつぎ（2）〈つる〉人も寄り来て、「中務の宮まゐらせ給ひ（a）〈ぬ〉。大夫はただ今なん。まゐり（3）〈つる〉道に御車引きいづる、見侍り（4）〈つ〉。」と申せば、げにはかに時々なやみたまふをりをりもあるを、とおぼすに、人のおぼすらん事もはしたなくなりて、いみじううらみ、契りおきて出で給ひ（b）〈ぬ〉。

「東屋」巻、五―一五八、八―三九〇

（右近ハ匂宮ノソバニ）参上して、お使の申すよりも今すこし急を要する感じに（誇張して）申すと、（それでも）動じなさりそうなさまでもないお顔つきで、（匂宮ノ言）「だれが参上しているのかね。いつもの、おおげさにおどかす。」とおっしゃりあそばすから、（右近ノ言）「中宮職の侍で、平の重経とのう、名のってござりましたよ。」と申し上げる。出てゆかれることがまことにもって残念（なうえ）に、人目も（避けようと）お思いでないから、右近（は簀子

へ）立ち出てきて、「このお使を西面で。」と言うと、（先刻）申しつぎした（ばかりの）人も寄りきて、「中務の宮（が）参上しあそばしてしまわれる。大夫（中宮職の長官）はたったいまです。参上の途次に、道にお車引き出すのを見たばかりでござります。」と申すから、なるほど急にときどきご病気になるときどきもあるのだからとお思いになると、他人が（いま）想像することもきまりわるくなって、たいそう未練がましく約束し置いてお出になってしまう。

みぎは「て」を除き、「つ」1・2・3・4と、「ぬ」a・bとを見る。ここは「つ」を見ると、

1　いましがた名のりをしたひとがいる。名のりをしたことは一回的な行為だとしても、その影響下に時間がいまある

2　申しつぎをしたばかりの人（家臣）というのも、行為として直前であり、一回的なことながら、その行為をしたひとがいま目の前のいることとの関係で「つ」と言われる

3　おなじく参内途上

というところ。

これらをみると、一回的な行為遂行性として見ることができるが、もっと重要なこととして言えば、その行為遂行者が行為を終えてそこにいるということだろう。行為から抜け出たその人がすっくとそこに立ちいまにある、という事態を迎えている。このことは時間中心に見る、ということであって、いわば時間という主体があって、その担い手として人なり事態なりがある、ということでなければならない。

4　想像と行為、あるいは未来

「つ」は「て・む、つ・べし、つ・らむ」などとして使われるように、けっして時間的過去をあらわす性格を有しない。さきほど挙げた「ししこらかしつる時は」（「若紫」巻、一―一五二、一―三六四）のように、これからのことにも使いうる。つまり、けっして過去でなく、人々や事態にとって直前の行為は、それを未来に置いてみることが可能である。

「て・けり、て・き、て・けむ」などをも、ここで視野にいれるのがよいかもしれない。あるいは接続助辞ともされる「～て」の、すべてがどうかわからないが、「つ」の投げ出された状態であることを考慮にいれる必要がありそうである。直前に一回的な事件の起きたことが、いまにおける状態としてある。談話の分析として言うと、「いま」が発話の現在になる。「いま」をずっと未来へもって行くなら、「つ」についてまわる〈直前の過去〉もまた未来へ行くことになる。未来における直前の行為であり、いわゆる〝未来完了〟と見ておく。同様に「いま」を過去へ持ってゆくなら、「つ」に〝過去完了〟らしさが生じる（注2）。

これらの現象は、談話の分析の範囲内でごく普通に起きることだ。「て・む」は未来完了（＝「む」は未然）である。直前の過去を未然に組み合わせることで、「きっとそうなる、～てしまうことだろう」という、つよい未来での実現や、主節と従属節との関係で、どちらかでの実現を示す。「む」をいま未然と称しておくと、「む」に未来という時制を認めることができるか、ここでは意志や推量という、モーダルな状態がかならず未然であるとまでは認めたい。

「つ・べし」はそのような意志や未来予測を直前の過去と結びつけて、つよいモダリティを完成させる。

「つ・らむ」は現在推量と直前の過去との組み合わせ。この言い方からは現在と過去とを組み合わせるようで、ありえない文法の言い方になるが、現在推量という文法用語にくらまされてはならないので、「らむ」の場合、「(あ)り」(a) r–i と「(あ)む」(a) m–u とからなる。「て・む」と「あり」ar–i との組み合わせを考えてみると、現在に直前の行為が伴っていっこうにおかしくない。t– (ツ) と「あり」ar–i との組み合わせプラス「(あ)む」(a) m–u に、「たらむ」があることもおなじ問題としてある。

「て・けり」は時間の経過 (=「けり」) を直前の過去でつよめる。「て・き」が文字通り過去完了であることは言うまでもない。「て・けり、て・き」および「て・けむ」(過去推量) において初めて過去なら過去という時制が出てくるのであって、「つ、て」がけっして時制でないとはぜひ強調してみたい。

「つ」が行為一回性だということは、あくまで時間関係の助動辞としてそうだということであって、「いま」というときの充実や凝縮を、直前からの時間に求める。逆に言うと、直前の過去をぬけだして現在の意義ある状態があることを、何とか言いあらわそうとして「つ」に至る。その「いま」が、想像のなかで未来へ飛ぼうと、過去へ飛ぼうと、人間の精神活動が自由で想像的であるからには、縛られるいわれもない。

5　上接する語から「ぬ」と「つ」とを区別する?

「ぬ」も「つ」も、「〜てしまう」というような現代語訳になってしまい、区別がなくなる。上接する動詞に大きなちがいがある、ということはよく指摘されてきた。上接する語で「ぬ」と「つ」との差を説明できるか、間接的な説明という限界を承知の上で言えば、『源氏物語』で見ると、「成りぬ」は三百例あるのに、「成りつ」は一例もない、とか、逆に「言ひつ」は五十数例で、「言ひぬ」が一例もない、とかいった指摘である。『万葉集』で「ぬ」に上接する動詞は、「成る、咲く、濡る、散る、明く、荒る、吹く」などの自然現象や起こり、「来《く》、過ぐ、経《ふ》、寄る、近づく」などの移動、「(自然に)立つ、別る、鳴く、合ふ、恋ふ、知る」などで、自動詞が多いとしばしば言われる。

「咲いてしまう、濡れちまう、明けちゃう」というように、「〜てしまう、ちまう、ちゃう」を附ける、「(はやく見にゆかないと蓮の花が)咲いてしまう、(ぐすぐずしていると雨で)濡れちまう、(急がないと夜が)明けちゃう」と、時間の推移のなかで動作をうながしたいきもちになる。

『万葉集』で見ると、「つ」に上接するのは「かぬ(不能)、見る、聞く、言ふ、嘆く、かざす、告ぐ、結ぶ、泣く、見ゆ、暮らす」など、他動詞が多いと言われる。「見てしまう、言っちまう、泣いてしまう、見えちゃう、(思わず)見てしまう、(つい)言っちまう、(もらい泣きに)泣いてしまう、(自然と)見えちゃう」というような動作や、「(断固として)言っちまう、(隠さないと)見えちゃう」などのように言われる。

「日が暮れてしまいそうだ、急がなくっちゃ」。これは『伊勢物語』九段に見たように、「暮れぬ」。では、

ひぐらしの、鳴きつるなへに、日は　暮れ〈ぬ〉、と思ふは　山のかげにぞ　ありける

『古今和歌集』四、二〇四歌

ひぐらしが鳴いたばかりのところで、その上に日は暮れてしまう、と思うと、お日さまはですね、山のかげにおったというわけ

はどうしようか。「鳴きつる」は鳴いたばかりで、「日は暮れぬ」も日が落ちて、山の端に隠れた直後だということか。「なへ」（「な」は「の」におなじで「へ」は「上」、「〜の上」とは、同時に、の意）があるから、蜩が鳴いてしまい、同時に日暮れになってしまう、と思うと日輪はまだ山のうらがわにあって、すっかり暮れたわけでない。

坊やがわめく、「おしっこがでちゃう!」。お母さんは慌ててトイレをさがす。「おしっこがでちゃった!」。お母さんはもう急いでトイレをさがす必要がないか。こんなシチュエイションも「ぬ」が引き受けてよかろう（「でちゃった」は「〜にき」）。

完了は未完了のように見えても、完了する状態を仮定するのだから、けっして未完了（過去から現在への経過、半過去など）に止まる性格規定ではなかろう。

(1)「し・しこる」〈やる〉→「し・しこらかす」〈やらかす〉→「し・しこらかし・つ」〈やらかしちまう〉と発展してできた語。

(2)〝未来完了、過去完了〟あるいは〝現在完了〟という語を利用することは、むろん、かまわない。助動辞の機能の〈名づけ〉なのだから、〝未来完了、過去完了〟あるいは〝現在完了〟に相当する機能を見いだすならば、そ

のように称してよい。「つ」は未然形「て」に下接して、「て・む」（〜てしまおう）「て・ば」（〜しまうならば）「て・まし」（〜てしまうならよいのに）などが〝未来完了〟や仮定の類であり、連用形「て」に「き」の下接する「て・き」（〜たところだった）が〝過去完了〟となろう。そのような承接関係にない、「つ、ぬ」だけで投げ出されたかたちはどうか。「〜したばかり、なんなんとする、〜てしまう、終わったばかり、〜たところだ、〜てくる、虞れがある」といった幅広いエリアを、「つ」と「ぬ」とで受け持つ。「つ」と「ぬ」とを利用しながら、情報の発信者と受け手とが、細かいニュアンスを含むその場面の会話や合意をつくり上げてゆく。「〜したばかり、なんなんとする、〜てしまう、終わったばかり、〜たところだ、〜てくる、虞れがある」といった状況を、大まかに完了ないし〝現在完了〟だと言えば言えるだろう。

九章　言文一致と近代――「た」の創発

1　古典のなかの「た」のあらわれ

「たり」が『万葉集』中に、万葉がなで「たら、たり、たる、たれ、～にたら」など、大量に用例を見いだすことはいうまでもない。「たり」は「～て・あり」だと、手元の参考書のたぐいは説明するかもしれない。「～て」は「つ」の連用形だから、「つ・あり」と説明するのならばまあまあで、「つ tu」の、t-音に「あり」ar-i が付いたと言うのがより正確な感じを与える。

「た」という助動辞が古くからあったとするならば、「た・あり」→「たり」と説明する説明のしかたはありえてよいだろう。あるいは「たり」から「た」を取り出してもよい。古語には「つ、て」といった助動辞やその活用形が見られるのだから、「た」というような語彙もあったと考えてみたいように思う。

過去をあらわすらしい「た」が、古いところで十二世紀前半に見いだされる。その時点で東《あずま》びとの語だった。二通りの考え方をここで立ててみよう。一つは、基層日本語が鉱脈の露頭となってあらわれた、つまり「き」と別に、過去をあらわす「た」があったという（「東」地方にのこったという）考え方である。

ゐたりける所のきたのかたに、こゑなまりたる人の物いひけるを聞きて、

永成法師

あづまうどのこゑこそ　き〈た〉（北、来た）にきこゆなれ

権律師慶範

みちのくによりこし（越、来し）にや　あるらん

『金葉和歌集』一〇、雑下、連歌

座っている所の北の方向に、声の訛っている人が何か言ったのを聞いて、

永成法師

東びとの声はそれこそ北だから「来た」に聞こえるようだよ

権律師慶範

道の国（陸奥）より来た、越から来たんでしょうねえ

の、きた（北）に懸けられた「来た」のうちに見られる「た」は、平安後期の用例となる（注1）。返しに「こし（＝来し）」（越の国）とあるから、「来た」という、かれらにとっての方言（東国語）を京ことばで釈義してみせた、という趣向だろう。

鎌倉時代の『為忠集』の和歌の用例は現代の国語辞書類にしばしば引用される（注2）。

時来ぬと、古里さしてかへる雁。こぞ来〈た〉みちへまた向かふなり

時が来ましたと、古里をさして帰る雁よ。

去年来た、北の道へとまた向かうのです

「た」が「こぞ（去年）」とともに使われている辞例であるから、過去をあらわすと言える。しかし、十二世紀以前に用例を求めることができず、たとえば『万葉集』の東歌には、少ないながら「たり」があって、それと平行する「た」（過去）が生きていたとは、なかなか推定しがたい（否定するわけではない）。

もう一つの考えということになるが、談話のなかで、多くの言語で起きる現象として（注3）、完了は本来、過去などの時制と無関係であるにもかかわらず、実際のところ、完了と過去とが区別しにくくなってしまう、ということがある。「た」の説明として、松下大三郎に、

文法上、「完了」といふのは事件の真の終了をいふのではない。仮に「我」をその事件の完了後へ置いて考へ、その事件の完了を表すのである。

（『（増補校訂）標準日本口語法』勉誠社）（注4）

というのがあって、この考え方じたいはよい。これによれば容易に過去と完了とがかさなる。事件は以前の時間に起きたことになるのだから、話者が現在に立つ限りにおいて、行為遂行は過去へとどんどん送りこまれてゆくことになる。「たり」からタッをへて「た」タになりながら、完了と過去との混然状態が起きるという説明である。

二つの考え方は、後者だと「たり」から「た」への変容のうちに過去を獲得するか、やや論旨の

不自然さもあり、ここは前者の、古い「た」という過去をすなおに推定する方向に向かうことにしたい。

2 古典の口語文に見る「た」

古典のなかの口語文は「た」の温床となる。

今結《ゆ》〈た〉髪が　はらりと解け〈た〉　いかさま心も　誰《た》そに解け〈た〉　『閑吟集』

○

あまり見たさに　そと隠れて走てき〈た〉……　同

というような「た」がある。

第四ノ句ハ人ノ覚ユル句也。此詩ノ心モ底心アリト見エ〈タ〉。…サレドモ、用ユルモノナイホドニ、追従ガ無用也。口ヲ緘テ居〈タ〉ガヨイ也。『中華若木詩抄』

「見エタ、居タ」とあるのは、講義録にあらわれる「た」の例で、「つ」に通じる、タルとの連絡を感じさせられる。

……今日はおだんなの、お心ざしの日じやほどに、ぐそうに参り、だんぎをのべよ、きかせられたいとおほせられ〈た〉。かしこまつ〈た〉とおうけは申たれ共、此ぐそうはなにをもぞんぜぬによつて、いまゝでだんぎをものべ〈た〉事がおりない。「なきあま」、虎清狂言本

「おほせられた、かしこまつた、のべた」などの「た」もまた、日常語の場面で、動作がつぎつぎに継起するさまを「〜た、〜た、〜た」と叙述する。

キリシタン文献の記録者から見ると、〈タ〉は過去ということになる。

Abare, uru, eta アバレ、ルル、レ〈タ〉(荒、暴れ、るる、れた)　『日葡辞書』、一六〇三

の「アバレタ」は動詞過去形だろう。アバイタ(暴)、アビタ(浴)、アブラギッタ、……など、『日葡辞書』は動詞過去形をすべてかかげる。一五八〇年代には実質的に完成した文典(『ロドリゲス小文典』岩波文庫)に、

curabeta(比べた)、motomenanda(求めなんだ)

などあり、タは過去時制をあらわすと言う(ついでに言うと「〜テ、」は過去分詞となる)。天草本『平家物語』(一五九二)には、

この忠盛の時までは先祖の人々は平氏を高望の王の時くだされて、武士となられてのち、殿上

の仙籍をば許させられなん〈だ〉。しかるを忠盛に鳥羽の院と申す帝王、得長寿院と申す寺を建て、三十三間の堂をつくつて、一千一体の仏をするゑよ、その御返報にはどこなりともあかうずる国をくだされうずるとおほせられ〈た〉。

「〜た、〜なんだ」と続けられる文体をこのように見る。叙述における過去時制と見てよかろう。キリシタン文献の書き手が（過去時制だと）意図して認定したときに、過去時制が成立する。記述文法とはそういう認識の所産でなくてはかなわない。

「〜た」文末を見せる、講義本（抄物のたぐいや『源氏物語』の講義など）、咄本（『きのふはけふの物語』『鹿の巻筆』など）、軍談（『雑兵物語』『おあむ物語』など）、道話（『松翁道話』など）、随筆（上田秋成『胆大小心録』など）といった、上方から江戸にまで、かず多くそれらの辞例がある（注5）。会話文はむろんのこととして、会話を除く語りの地に「…た」が頻繁にあらわれる。講義本、咄本、軍談、随筆そのものが、会話文からなる全体だ、ということでもあろう。草双紙類ではかえって会話文以外の箇所が、律儀な、あるいはパロディックな文語体、物語的な和文体で多く書かれる。

すこしまとめるならば、花ひらく談話の世界が写本文化や出版機構と出会ったとき、「た」を擁する文献が多量にもたらされた。そして京阪語や江戸言葉から言文一致の時代へという過程にあっても、意図的にえらび取られていった。キリシタン資料、さまざまな口語資料のたぐい、講義録・抄物、咄本・談義本その他において執拗に生き延び、会話体などではごく普通の描写として頻出し、近代に至って言文一致という動きが「た」との出会いのなかで進んだ。

3　「だ」調常体とは

明治の言文一致運動が単純に文章の改良運動のように見られているのは、よいのだろうか。その本性は近代散文が、1、「た」という時制を獲得したこと、2、人称を確立したこと、3、地の文の成立、といった文法問題や、文の構造化ではなかったのだろうか。

2、3について言えば、「言文一致」体の文末表現の一つである「た」は、野口武彦(注6)によって、明治時代にはいり発見された「三人称」＝人称詞だ、とする見解が示された。「地の文」での登場人物についての叙述形式が成立したというようにそれを受け取るならば、興味深い意見である。氏の場合、やや意地で論じ切られた感もあり、すこし見直してみたい。

おもに、1について、以下に思うところを述べてみよう。山本正秀『近代文体発生の史的研究』(注7)に、山田美妙の作品集『夏木立』(短編集、金港堂、一八八八)前後の文体を「だ」調常体時代と名づけている。たとえば『風琴調一節』(連載、一八八七)を引いて、美妙のいわゆる下流に対する語法(「だ」調)によって文末問題が解決されている、と山本は言う。しかしながら、その一部引用を見ると、句点で終わる文末は順に、

～形容。　～美《うつくし》い。　～分らない。　～束髪。　～驚いた。

というようにあって(第壱曲)、「だ」をなかなか見ることがなく、第二曲に至って、

～であつた。　～で有つた。

に続き、

～論評だ。

というような文末を見る。

　このことについては、美妙そのひとがくわしく弁説していることで、批判を受けて「です」調へ急速に変化してゆく（注8）。批判というのは、たとえば内田魯庵の「山田美妙大人の小説」（注9）に、

　「何々ダ」「オイ何々」など大に風韻《ふうゐん》に乏しく……

とあるようなのをさす。むろん、魯庵は好意的に美妙を支持したうえでそのように言うので、それよりすこしまえに、石橋忍月の批評にも、

　……文語尾の「だ」の字、例之ば旅行の体だ、貴人だ、有様だ等の如きは、矢張り「いらつめ」や何かの如く、「です」と書き直された方が穏当ならんと考ふ。

とある（注10）。

「武蔵野」（『夏木立』所収）（注11）を見ると、文末形式は順に「……武蔵野。」「広さ。」「活計《くらし》を立て居た。」「であツた。」「生草《なまくさ》。」……というように続き、その他、非過去、倒置、「だらう。」など、文末を多様に展開する（白ゴマ点もある）。なるほど「有さまだ。」「旅行の体だ。」「居るのだ。」「騎馬武者だ。」など、「だ」をいくつも見る。「です」調や、遅れて成立する「である」調との対比から「だ」調と言える、ということであって、それよりも、華麗なそれら文末形式の多様性にこそ評価を与えたい。

二葉亭四迷がのちに「余が言文一致の由来」(一九〇六)で、自分は「だ」主義だ、「だ」調だ、と言ったために、そう類推されることになった。私としては「た」を確立させたか、そうでなくとも多様な文末が展開されるなかに「た」に収束されてゆく、ある種の時制の成立に注意を向けたいように思う。

小説の言文一致運動の底力というべきは、時制を近代小説に〈創発〉させたということだろう。創発というほどの語を用いたいというのがわが論旨となる。野口の話題にしようとした人称といったこともまた深く進行して、表面において気づかれにくい近代での底雪崩が起きていた、ということだったろう。

4 「たり」からの距離

「た」というのが、江戸言葉で、草双紙類の会話文でのごく普通のことであることは、湯澤幸吉郎『江戸言葉の研究』(注12)を引いて野口武彦の言うところで、東京語は江戸の話し言葉の延長にあったとされる。

タはなるほどタリから生じたものかもしれない。しかし、終止形タリはもう存在していない。いわんや、キ、ケリはとっくの昔に消滅してしまっている。あったとしても、それは俳諧の切字である。坪内逍遙が言っているように、キやケリは江戸戯作でも「地」の部分に雅文体として用いられた。(野口)

湯澤は「た」について、「過去」を認めるとともに、動作・作用の実現する「完了」をもあらわす、とする。いずれも、会話文の用例で、後者は未来や過去について、その動作、作用が実際に行われたうえでのことをあらわす用法である。

しかし、江戸言葉に限ることでは全然なくて、京阪語（上方語）においてもまったくおなじように、室町時代から江戸時代前半にかけて、口語資料のなかで「た」は過去ないし完了として進展していた（湯澤）(注13)。

ちなみに、逍遙は『小説神髄』「文体論」(注14)で、このごろの「傍訓新聞紙《ふりがな》に掲載せる所謂続話《つづきもの》の雑報の如き」は「おほむね草冊子体の文章」に「多少の改良を加へたるもの」だと言う。京阪風の俚言を廃して東京語となしたことであり、東京が首都となってから、自然と起きてきた変更だ、とは半面の真実だろう。口語にあっては室町時代以後、「き、ぬ」は早くより消滅し、「つ」もほぼ消滅して、「たる、た」のほかにのこらなかったのだから、時間表現に関してならば、西日本でも東日本でも「た」を育てるしかなかった。

「タはなるほどタリから生じたものかもしれない」と野口の言うのは通説だが、タリ、タル（さらにタッ）をへてタとなったと言われるのは、やや疑いをいだいてよいことだ、タに「あり」がくっついて、タ・アリがタリになったという道筋を考えるのが自然だろう。タリ→タは保留しておくことにしよう。

「た」を優勢とする文体を選んだというのは、いわば「明治の賢さ」だろう。長い（京阪語を中心とする）物語の伝統だと非過去の文体で書いてきたのを、「た」で書くようにするとは、自然にそうなったということでは済まされないと思われる。明治の言文一致が現在時制を選択するということとだって、可能性としてけっしてなくはなかったのだから。

山口は左手を衝いて右肩を斜《はす》に突出し。ぬつと頭《くび》を伸して。
「お種さん。」
「はあ。」と眉を揺《うご》かして顔で嬌態《しな》をする。
「あの娘ね。」と頤《あご》で箝《すく》つて眼で見当をつける。

尾崎紅葉『二人女房』、一八九一（注15）

「あひゞき」（初版に「あいびき」と書かれる）（注16）以後の二葉亭が、『浮雲』（注17）において「た、た、た、た」文体を確立したあとであっても、雅文体の時制（非過去）を引き受けたかのようなかたちでの、みぎのような在りようは、可能性としてならけっして引けをとらなかったはずだ。非過去の文末（「てゐる」を含めて）を中心に、「て」止めと、それに連用中止、「～なり。」や「～ば。」や、まれに「である、のである、のだ」も見え、かと思うと文語文の数ページもあり、多様な文末表現が展開する（過去形もわずかにある）。

事実は非過去の言文一致体の試みを投げ捨てて、このあと「た」優勢の時代へと近代文学はひた走りに走ることになる。

5　〈歴史的現在〉とは

柳父章が、「思うに、過去形とは、書きことばにおけるいわば約束事として、翻訳文を通じて作られたのである」と、「あひゞき」について、書き出しの「……た。……た。」という表現をさして、第一に「原文が過去形であるために使われたのである」と説明している(注18)。「あひゞき」をへたあとの『浮雲』が「た、た、た」……という文末形態を見せる、という如実な事情は、柳父の言うところを深くうべなわざるをえない。

柄谷行人が「漱石と『文』」のなかで、「語尾にかんしてさらに重要なのは、二葉亭四迷が「た」という文末詞を定着させたことである」と述べたのも(注19)、みぎのことの指摘にほかならない。ともに、『浮雲』を引いて、「このように、文が『た』で終わっていることは、たんに過去形を意味しているのではない。それは回想というかたちで語り手と主人公の内部を同一化するのである」と柄谷は敷衍する。過去か回想か、ということでは水掛け論みたいであるものの、「内面の発見」がここにはある、という次第だ。しかし、過去ないし回想の文体によって語り手と主人公とが「同一化」するとは、いささか困った議論に落ちて行くことにならないだろうか。

古代文学の三谷邦明は、「近代文学の言説・序章」(注20)を、「散文小説は過去形式の文学である」と書き始める。これもいささかわかりにくいもの言いだ。「散文小説」というのがもし近代文学や現代文学をさすのならば、それらは過去時制で書かれているから、何ら問題でない。堂々めぐりですらない自明のもの言いだろう。

けれども、三谷は古代物語文学の研究者である。氏が「散文小説」のなかに古代文学をも組みいれているのではないか、という不安がよぎる。そうすると、俄然、「散文小説は過去形式の文学である」という書き出しの明瞭性が曇ってくる。『物語文学の言説』を見ると、「散文小説は異質な言葉・文体等が出合うことで活性化する」として、『竹取物語』、『源氏物語』そして『浮雲』を併記するところがある。つまり古代物語を三谷は「散文小説」で「過去形式の文学」だ、と述べたことになる。事実は六章に述べた通り、非過去こそは物語の文体の本性である。
これを言うと、それらは「〈歴史的現在〉の文学」だという答えが、ただちに〈外国文学〉研究者から跳ね返ってくる。本末転倒とはこのことだろう。叙事文学は「過去形式の文学」だという欧米式の前提に立って、現在時制の文学を「歴史的現在」だと認定する本末転倒である。日本文学の『竹取物語』も『源氏物語』もけっして「過去形式の文学」ではない。日本語に現在時制があるかどうか異論もあろうから、非過去とのみ述べておこう。日本語の古典物語は非過去の文体で書き切られている。

6　地の文の成立ということ

「(西洋怪談) 黒猫」(饗庭篁村訳、『讀賣新聞』附録、一八八八)(注21)は言うまでもなく翻訳である。言文一致が過去の時制を取り込むことによって成立するさまは、欧米文学から容易に得られることだろう。二葉亭の「あひゞき」についで、この「黒猫」一編があることには喫驚させられる。

私しハ明日《あす》死ぬ身今宵一夜の命なれバ望《のぞみ》も願《ねがひ》も別にない只心に思ふ偽《うそ》も飾《かざ》りもない真実を今ま書残すなれども決して此事を世間の人に信じて貰はうといふ了簡ではない。又此事を信じて呉れと望むのハ狂気の沙汰《さた》だ。……私しは子供のうち誠に内気で柔弱《にうじやく》であつたゆゑ子供仲間にも弱虫と笑はれ外へ出て遊ぶより内に居て小鳥でも飼《かふ》のを何よりの楽みと仕たので両親《ふたおや》も其好みを許していろ〳〵の鳥や犬を飼つて呉《くれ》たゆゑ夫《それ》を友達遊び合手として私の多くの時間ハ其うちに費した。大人になるに付て生物好《いきものずき》ハます〳〵進み私の楽みと云ツてハ此事の外ハない。

ここにも文末表現の変化を求める苦心が見てとれる。嵯峨の屋おむろの「薄命のすゞ子」（一八八八）（注22）は、

遠寺《ゑんじ》で突く鐘《かね》の音が四方に立込《たてこ》めて居る夕霧を潜《くゞ》ツてさも重々《おもく》とさも悲しさうに夜の来たことを触《ふ》れ廻ハツて地底に深く沈んで仕舞《しま》ツた。ツイ今しがたまでヒラリ〳〵と風に翻《ひら》めいて居た乳屋《ちゝや》の旗も何時《いつ》の間《ま》にやら下《おろ》されたと見えて早や音もしない。唯何処《どこ》でやら余程の遠い所で雷鳴の様な音がホンの幽《かすか》にして居る計《ばか》り。是《これ》は大方《おほかた》街道を馬車が通るのでもあらう。

とあって、みぎに二作品を並べると文体がよく似る。言文一致体の成熟とでもいうべき、多様な文末形式の展開を窺うことができる。文末表現の形式とは、ただちに——認識の所産として——地の文が成立した、ということにほかならない。「地の文」という語を『小説神髄』「叙事法」などに散見する。その一つに、人物の性質を叙するに陰手段、陽手段がある、として、後者（陽手段）は、

あらハに地の文もて叙しいだして之《これ》を読者《よむもの》にしらせおくなり西洋の作者は概して此法を用ふるものなり

と見える。会話文以外の描写や説明を引き受ける、地の文という概念は、もしかしたらこのようにして日本語文で成立させられてきた。草子地という中世の物語学用語があって、「地の文」の先鞭

であった。『当世書生気質』（連載、一八八五～六）では語り手の語りを「地の文」と称するところがある。

以下また読者《どくしや》の煩《はん》を思ひて。地《ぢ》の文《ぶん》の如くものしたれど。其実《そのじつ》は守山《もりやま》の言葉《ことば》をもて写《うつ》すべき筈なり。読者宜《どくしやよろ》しく諒察《りやうさつ》あるべし。　第弐拾回「大団円」（注23）

口語文ではないが、われわれは地の文に「た」という過去の時制が成立してくることをもって、小説の言文一致の完成と見てよかろう。かならずしも「だ」や「である」によって完成と見ることなく、「（西洋怪談）黒猫」や「薄命のすゞ子」のような、多様な文末形式のなかに基調というべき「た」を見る、という提案である。

多様性ということは、非過去の文末形式を適宜、織り込むということでもある。日本語本来の叙述形式と妥協することであったかもしれないが、現代にまで引き継がれる在り方だろう。

（1）『金葉和歌集』は一一二七年（大治二年）、草稿のまま「嘉納」された。
（2）ただし藤原為忠（?～一一三六）とは別人のようで、不明である。
（3）藤井貞和「『た』の性格」、『新 物語研究』五（一九九八、）所収、『平安物語叙述論』、東京大学出版会、二〇〇一。
（4）『（増補校訂）標準日本口語法』勉誠社。
（5）→注3

(6) 野口武彦『三人称の発見まで』筑摩書房、一九九四。国際比較文学会(青山学院大学、一九九九)では「超越的一人称」という氏の用語であった。
(7) 『近代文体発生の史的研究』、岩波書店、一九六五。
(8) 「蝴蝶」一八八九、『明治文学全集』23。
(9) 『明治文学全集』24。
(10) 『石橋忍月評論集』岩波文庫。
(11) 一八八八、『明治文学全集』23。
(12) 『江戸言葉の研究』、明治書院、一九五四。
(13) 湯澤『室町時代言語の研究』風間書房(再版)、一九五五、同『徳川時代言語の研究』、刀江書院、一九三六。
(14) 『明治文学全集』16。原文は総ルビ。
(15) 『新日本古典文学大系 明治編』19。原文は総ルビ。
(16) 序文に「このあひゞきは先年仏蘭西で死去した、露国では有名な小説家、ツルゲーネフといふ人の端物の作です」云々と。始まりは、「秋九月中旬といふころ、一日自分がさる樺の林の中に座してゐたことが有ツた。今朝から小雨が降りそゝぎ、その晴れ間にはおりおり生ま煖かな日かげも射して、まことに気まぐれな空ら合ひ。」(一八八八、『明治文学全集』17)というようにある。
(17) 初篇、金港堂、一八八七、二篇、同、一八八八、三篇、連載、一八八九。
(18) 『翻訳学問批判』日本翻訳家養成センター、一九八三。
(19) 『群像』一九九〇・五、『漱石論集成』平凡社ライブラリー402。
(20) 『日本文学』一九八四・七、『物語文学の言説』有精堂、一九九二、ほか。
(21) 『明治文学全集』7。
(22) 『明治文学全集』17。
(23) 『明治文学全集』16。

十章　推量とは何か（一）――む、けむ、らむ、まし

1　人類は疑心暗鬼する動物

「む」はkrsm四辺形（krsm立体）の右端に見いだされる。「ん」と書かれるのは表記が定まらないからで、現代語では「う」と発音される助動辞となって、いまにしっかり生きている。「う」からさらに変化して、口語だと、

〜だろ！　〜行こ！

などと、「だろう、行こう」の「う」を略して（あるいは促音化して）さえ「む」の内容が生きるのだから、文法はおもしろい。

「う」とともに現代に使われる「〜よう」に至っては、どこから生まれてきたのか、よく分からない。九州方言などに「見ゅう」というような中間形態もある。あとにみる「むず」には「うず、うずる」とともに「ようず」というようなのも見かける。

「む」の活用形は、

○　○　む　む　メ／め　○

という、ちょっと寂しい並びをなす。未然形に「ま」を認めれば、「まく、まほし、まうし」あるいは「まし」に含まれる体言的な「ま」との関係が、一筋見えてくるかもしれない。命令形の「め」

もどこかにありそうに思える。

むず、んず（〜う、〜よう）

「夕顔」巻に「むず」（「んず」）が見られる。右近が語る、

右近は亡くなりにける御乳母の捨ておきて侍りければ、三位の君のらうたがり給ひて、かの御あたり去らず生ほしたて給ひしを、思ひたまへ出づれば、いかでか世に侍ら〈んず〉らん。

「夕顔」巻、一―一四〇、一―三四二

わたくし（―右近）は、もう亡くなったお乳母があとにのこした子でございましたので、三位の君（夕顔の故父）がかわいがってくださいまして、あの女君（夕顔）のあたりから離さず育ててくださいましたが、思い出し申すと、（これから）どうして生き長らえましょうか。

「これからどうして生き長らえようか」と嘆くところ、青表紙他本には「とすらん」とある。

この御格子はまいらでやあら〈んずる〉。

『落窪物語』一

このみ格子は閉《た》てないでおこうかしら。

くだけた言い回しとしてある。活用は、

○　○　むず　むずる　むずれ　○

とまとめられる。「むとす」が平安時代以後に「むず」を産み、のちには「うず」に至る。

婉曲

〈婉曲〉は「遠回しに言う」ことで、日常生活上、ごく普通にあって、英語では will を would にするというような、過去形の利用によるなど、文法的な説明が可能である。日本語では「〜ですか」をやわらかく言うために、「〜でしょ〈う〉か」と〈う〉（＝「む」）を利用する場合がある。その限りで、「む」には用法として〈婉曲〉を示すということができる。「む」じたいは推量や意志という機能で、その用法に〈婉曲〉があるということか、機能と用法とをどう区別するか、やや面倒な課題かもしれない。

2　音韻が結合する

時間系の助動辞とおなじように、推量系の助動辞もまた音韻の結合をへてふくざつな機能に向かう。「む、けむ、らむ」は、それぞれ（a）m– を内包する。–u なら –u を迎えて（a）m–u →「（あ）む」（a）m–u（終止形）となり、ki–am–u は「けむ」kem–u に（i–a → e）落ち着き、（a）ra–（a）m–u は「らむ」ram–u をかたどる。過去や現在、そして未来の時間とのかかわりを避けられないようで、推量という心意は深く時間的営為と渡り合う。am– のようなのを小接辞と言おうか、子音で終わる音のブロックは日本語にないから、母音を迎え、「あむ」am–u となり、「む」m–u という推量の助動辞を成立させてくる。

心みに、なほ下りたた〈む〉。涙河。うれしき瀬にも　流れ（泣かれ）あふや　と

『後撰和歌集』一〇、恋二、敏中、六一二歌

（あなたの）心を見るために、試みに、それでも下り立とう、涙の河に。流れ流れても、うれしい逢瀬に、（ついに）逢うのでは、と

「下りたたむ」は、「or–i–tat（–u）–am–u」と書くとわかるように、am–をうちに含むと確認できる。「たつ」tat–u の –u と –am の –a という、母音が二つ並ぶ場合に、一母音の普遍的脱落が起きるということは、それらの並ぶことがつよく嫌われるか、と見ておく。下二段已然形の、

思ひ河、絶えず流るる水の泡の、うたがたひとにあはで消え〈め〉や

同、九、伊勢、五一五歌

思いの川を、絶えず流れる水の泡、うたかた。かりそめにもあなたに逢わずして消える？　いえいえ何で消えなどしましょう（わたしは）

という事例で言うと、ki–（y）e–m–e–ya は ki–（y）e（–a）m–e–ya からの（–a）の脱落と見る。そのようにして、ついに「む」m–u の已然形「め」m–e だけで助動辞を形成するに至る、という経緯だろう。

助動辞は、もと自立語だったとすると、am– の原義をふと知りたくなる。きざし、予測、時間からはみだしてゆく何ものか、ということを突き詰めると、アマス（余す）、アマタ（あまた）、ウ

ム（産む）などに通じるか、そういう「アム状態」を考えてみる。つよい精神作用が介入して、それらの「意味」がぬきさられ、語り手の主体的機能としてのこる。成立した助動辞「む」は活用語の未然形に接続して、未来予測にかかわる語り手の態度を、ある限定の範囲内で示そうとする。そんな経緯で機能語が成立するのではあるまいか。

3　推量と意志と未来

つらから〈ば〉、おなじ心につらから〈ん〉。つれなき人を、恋ひ〈む〉とも　せず
『後撰和歌集』九、詠み人知らず、五九二歌

私につれないなら、私も同じくつれなくなることだろう。
つらくあたるひとを、恋いようともしません

ここには「む」（表記上、「ん」とも）が三つある。

a「つらからば」　→「つらから〈む〉」＋「は」
b「おなじ心につらから〈ん〉」
c「恋ひ〈む〉」

a例は「は」と融合する「む」で、活用語の未然形に付いて仮定をあらわす。「つらからば」は、かりにひらいてみると、

turak–ar（–u）–am–pha

となって、このなかに am– がある。am– がはいるだけで、turak–ar–u–pha「つらかるは」を仮

定条件に変えることに注目する。「つらかるは」と「つらからば」とのあいだはam–があるかないかという差異に尽きる。

「〜ば」には「む」がかならず含まれていることを確認しよう。他人についてはb例のように「だろう」という推量となり、自分についてはc例のように「恋いよう」という意志になる。他人についても自分についても、自分の立場からの主体的表現であることに変わりなく、前者では推量の機能が働き、後者は自分について言う。

図8

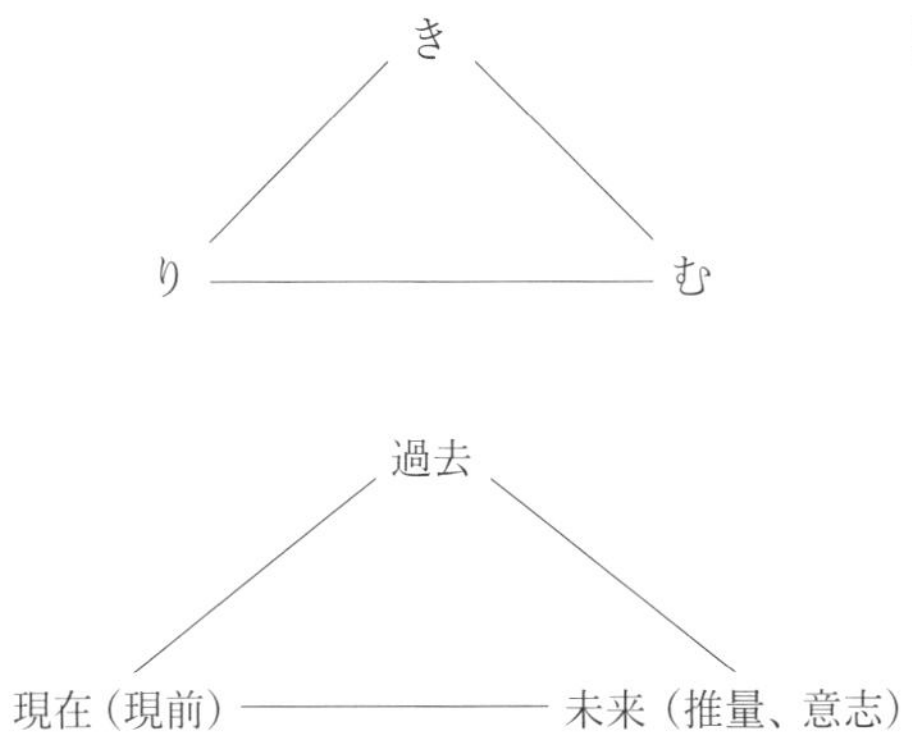

「む」が推量かつ意志という両義性を持つことは、しばしば言われるところで、人称表示でもある。

意志……一人称
推量……三人称

推量にしろ、意志にしろ、〈名づけ〉であって、機能的なはばということになる。「〜しよう」という意志と、「〜だろう」という推量とは、どちらも未然である点で未来的なテンス（時制）とする考え方の余地がある。

未来という時制を認めるとしても、意志と推量とのはばは消えない。あるのは推量であり、意志であって、それらが時間に対する態度を産む。過去に向き合うのはつねに現在（現前）である。

推量と意志との幅は「べし」についても、「まじ」についても観察される。おなじ現象は、よく知られることとして、英語の will にも見られる。一語が人称的に分化して機能を持つことはそんなに不思議なことでもないように思われる。

4　まく、まほし、まうし

まく

ク語法と言われる「まく」は『源氏物語』にないようである。大野晋「校注の覚え書」(『万葉集』一、大系、一九五七)を応用すれば、(a) m- と -aku との結合かということになるし、それとも (a) m-a と -ku との結合かという議論になる。あとの「まほし、まうし」あるいは「まし」をも思い合わせると、「ま」という体言的な語素を考えてしまうのがよいかもしれない。「ま」は「む」から生じたであろう。「く」は形容詞の語尾などに見られるところであり、これをも考え合わせる必要がある。

まくほし、まうし（まく欲し、ま〈=憂〉し）

「春日山、朝立つ雲ノ、居ぬ日無く、見〈まく〉ノ欲しき、君(に)モ　あるかモ」(『万葉集』五、五八四歌)のように、「見まく」(見ること)を「ノ」の受ける主格の例があるから、「まくほし」が「まほし」になったという通説は疑問に付してよいだろう。「まくほし」が「まほし」になったと見ると、maku-phosi → ma'phosi というように、一つならまだしも、k と u という二つの音素を落とすことになるので抵抗がある。

限りとて、わかるゝ道のかなしきに、いか〈まほしき〉は　命なりけり

桐壺更衣、「桐壺」巻、一―八、一―二三

命の限りとて、お別れする道がかなしいにつけて、（死出の道に行きたいのでなく、）
生きたきは、命であったことです

「まぅ〈＝憂〉し」をも見ると、

この君の御童姿いと変へ〈まぅく〉おぼせど、

「桐壺」巻、一―二四、一―六二

○

数ならぬ身を見〈まうく〉おぼし捨てむもことわりなれど、

「葵」巻、一―三〇〇、二―一五〇

というように、気の進まぬ登場人物の内心を語り手が忖度する。maku-usi → ma'usi という理解でよいのか。k と u と二つを落とすということには抵抗感がある。抵抗感のバーを下げるためには、「ま」ma- という準体言的な小接辞を考えて、「ま―ほし」ma-phosi、「ま―ぅし」ma-usi の成立をすなおに認めることでよいのではないかと思われる。

5　けむ（～たろう）

「けむ」は「き―あむ」ki-amu だったろう。右上稜線上に位置させる。過去の「き」と「あむ」-amu との結合で、過去推量を必要とする精神が「けむ」を得て発達していった。過去推量とは、過去の事実として受けいれた上で、さまざまな推量をかき立てられるのであって、事実であることじたいを疑うわけではない。

いにしへも　かくやは　人のまどひ〈けん〉。我（が）まだ知らぬ篠《しの》の目の道

「夕顔」巻、一―一一八、一―二八〇

昔にも、さようにだれかさんの迷いいったことではないか。
わたしがまだ経験せぬしらじら明けの恋の道に

かつておなじようにこの女との恋の道に迷いいった男とは、頭中将のことを推量しているらしい。「さぞかし迷ったろう」という推量は頭中将が迷いいった事実そのことを疑わない。

「けむ」kem-u は、ケとムとを要素とすると判断するならば、ケは何ものかということになるが、まちがいなく、もと、キアム（ki-am-u）だったろうとするならば、キ ki- は「来《き》」あるいは過去の「き」で、それとアムとの結合である。過去推量を必要とする精神の働きが「けむ」を得て発達していった。成立すると、連用形接続であることは自然だろう。

コノみきを、かみ〈けむ〉ひトは　……
　これの御酒を、かもしたろう人は　……

『古事記』中、四〇歌謡

醸造を「かむ」（四段）というのは「噛む」と同語で、kam-i-ki-am-u が kam-i-kem-u となる。i-a は e（甲類）になる。

……うらみを負ふ積りにやあり〈けむ〉、いとあづしくなりゆき、物心ほそげに里がちなるを、いよいよ飽かずあはれなる物に思ほして、人の譏りをもえ憚らせ給はず、世のためしにも成りぬべき御もてなしなり。

「桐壺」巻、一―四、一―一四

（女性たちの）怨恨を背負う蓄積から来たのでは？　えらく篤くなってゆき、何かと心ぼそい感じで引きこもりがちであるのを、いよいよ飽くことなく、いとしい存在よと（帝は）思いあそばして、人さまの非難までをも遠慮なさることができず、世上の前例にきっとなるにちがいないご待遇である。

物語内の現在における、それまでの時間にあったかもしれないことについての推量である。過去推量ということについて、厳密にしておこう。物語のなかが過去であるとは、大きなフレームがそうだということであって、物語のなかへ一歩はいってしまえば、いまという舞台で刻々と事件は進行する。非過去の時間に物語は身をゆだねる（六章）。「うらみを負ふ積りにやありけむ」とは、そういう非過去の、刻々と流れる時間を前提として、それより前から起きていることを推量する。女性たちの「うらみ」がずっと蓄積してきてあったのだろうと、遡り推測するから「けむ」が生きられる。物語内容にいま立つ語り手の推量であって、物語を過去のこととして語るわけではない。

先の世にも御契りや深かり〈けむ〉、世になくきよらなる玉のをの子御子さへ生まれ給ひぬ。

「桐壺」巻、一―五、一―一六

前世にもお約束が深かったのかしら、絶世の玉光る超美男子までもお生まれになってしまう。

地の文で桐壺更衣の前生を推量するものの、推量するのは物語内の語り手で、「けむ」は主体的表現をなす。推量される客体的内容と主体的表現とが出会うとでも言えばよいか。

愛宕《おたぎ》といふ所にいといかめしうそのさほふしたるに、おはしつきたる心ち、いかばかりあり〈けむ〉。むなしき御骸《から》を見る〳〵、……

同、一―九、一―二六

愛宕という葬所に、まことにいかめしく葬送の作法をしていると、到着される際の（母君の）心内は、（到着される直前まで）どんなだったことだろう。（いよいよ）亡きがらを見る見る、……

更衣の母君についての語り手の推量ながら、単純に過去推量と言ってしまうと、物語の舞台（葬送の場）が過去のことで、それを語り手が推量的に回想し語っていることになる。しかし、そう考えることには困難が伴う。なぜなら、葬送の儀が挙行されたかどうか、推測するまでもないことで、物語ぜんたいは非過去の刻々と進む叙述であるから、いま悲しみとともに行われつつある。そのことをわざわざ推測するはずがない。推測する内容は、いうまでもなく更衣の母親の内心という、外から見えない悲しみを、であって、お送りの女房たちの車に同乗して、ここまで来るあいだや、それよりずっとまえから、母君の内面はどんなにか張り裂けるばかりだったろう、と推測する。いま火葬を直前にして遺骸を見るや半狂乱になる。〈けむ〉を解するとはそういうことではないか。

大液芙蓉、未央柳もげに通ひたりしかたちを、唐めいたるよそひはうるはしうこそ有り〈けめ〉、なつかしうらうたげ成りしをおぼしいづるに、花鳥の色にも音にもよそふべき方ぞなき。

同、一―一七、一―四四

長恨歌の文句にもなるほど通じた、更衣の容姿は、唐めいている衣裳なら、まあまあ麗人という感だったかもしれないが、親しみ深く、愛らしげだった実際を思い出すと、花や鳥の色にも音にも比較できる方法がないよ。

ここには「き」と「けむ」とが交錯する。生前の更衣は唐風に装わせても端麗だったろう、楊貴妃のようだったが、実際の更衣のなつかしい可憐さは喩えようがない、という、和風の装いだったにちがいない。

……荒れたりし所に住み〈けん〉ものの、われに見入れ〈けん〉たよりにかくなりぬること、とおぼしいづるにも、ゆゝしくなん。

「夕顔」巻、一―一四五、一―三五四

……荒れていた所に棲んでいたろう霊的存在が、私にとりついたのでは？　そのせいでかような結果になってしまうことよと、思い起こすにもゾッとしてのう。

この屋敷に棲みついていたもののけが夕顔の君を取り殺した。光源氏はそいつの棲みついていたろうことを推量し、そいつが取り殺したのだろうと推量する。

活用は、

けま　○　けむ　けむ　けめ　○

となる。

6　らむ（いまごろは～だろう）

「らむ」は終止形に下接する。結論から言うと「あらむ」ar-amu から来て「らむ」ramu が成立すると、使い回されて「あるらむ」のような〝誤用〟を許可していったのだろう。とかげのしっぽのように切れて、語として成立するというのが助動辞（そして助辞）ではなかろうか。「あり」ar-i と「あむ」am-u とのあいだに見いだす。

潮《しほ》満たぬ海と聞けばや　世とともに、みるめなくして、年のへぬ〈らん〉

『後撰和歌集』九、恋一、五二八歌

琵琶湖は、塩水の満ちることのない海と聞くから（だと思うよ）、この世のある限り、海松布《みるめ》なくして、見る目がなくて年が経ってしまうのであろう

現在推量という状態を示すために、「らむ」という助動辞が成立して、使い回されていった。もともとは「あり」ar-iプラス「む」-muだったろうという推定がここにある。推定の根拠を示すことはかならずしも易しくないが、ラはar-から来たと見るのが自然だろう。

ar (a) -am-u

現代語に置き換えれば、もともとの「のであろう」から広がり、連体接続(もともと「あらむ」だとすると自然だろう)によって現在推量(いまごろは何々していることだろう)を被っていったかと思われる。いまの不可視の状態にまで、想像を拡大して、「(いまごろは)どうなっているのだろう」という状態に意識が至る。

いかでかく、心ひとつをふたしへに、憂くも　つらくも　なして見す〈らん〉

同、九、伊勢、五五五歌

どうしてかように、心(は)一つであるのに、二重に、いやだとも、つれないとも思わせてみせているのであろう

「いまの推量」という状態を示すために「らむ」という助動辞が発達し、使い回されていった。「む」とのちがいは、見えない心のなかの現在を推量するという強調があるのではないかと思われる。疑問辞とともに使われることが多い。いまの更衣は亡くなってどこにいるのか、その幽冥所を推量する。

かの御おば北の方、慰む方なくおぼし沈みて、おはす〈らん〉所に尋ね行かむと願ひ給ひししるしにや、つひにうせ給ひぬれば、またこれを悲しびおぼすこと限りなし。

「桐壺」巻、一—一八、一—一五〇

○かれ、おん祖母北の方は、慰む方法なくお思い沈みになって、（更衣のいま）いらっしゃろう幽冥所に、尋ねて行こうと願いなされた結果であろうな、ついに亡くなられてしまうと、またこのひとを哀悼しあそばすことが限りない。

つれなきをうらみも　はてぬしのゝめに、とりあへぬまで、おどろかす〈らむ〉

光源氏、「帚木」巻、一—七〇、一—一七四

○（あなたの）薄情さを、恨み尽くさぬ（あわただしい）しらじら明けに、鶏が、取りも取りあえぬほどにまで、私の眼を覚まさせているのだろう

夢にや見ゆ〈らむ〉と、そらおそろしくつゝまし。　同

空蝉の女君は、不倫のさまを夫の夢に見られるのかと恐ろしい思いになる。単なる推測でなく、その夜に夫の夢に見られているのではないかと恐れる。

活用は、

○　○　らむ　らむ　らめ　○

と、ちょっと寂しい。

7　「まし」（〜よかったのに）

「まし」と「き」

「まし」についてはすでに四章に「し」（「き」のサ行活用）でふれたところで、

「き」（過去）のサ行活用

せ　○　○　し　しか　○

「まし」の活用

ませ　○　まし　まし　ましか　○

と並べると、明らかに同質性がある。

「まし」の「ま」は推量の助動辞「む」とかかわりあるように考えられる。「む」じたいに「ま」を内包する活用はないものの、ク語法の「まく」などとともに、「まし」の「ま」は「む」から生じたと推定する。

「まし」は上代（『万葉集』など）から平安（『源氏物語』など）へと、変遷史をたどるとなかなか厄介で、成立に関する学説も複数ある。「ませ」（未然形）は『源氏物語』に和歌のなかにのこり、一方、「ましか」（未然形か、已然形か）は上代に見られず、平安文献に見つかると言われる。だからと言って、「ましか」を新しく平安から生じたと見る理由はまったくない。

年経つる苫屋も　荒れて、うき波の返るかたにや　身をたぐへ〈まし〉

明石の君、「明石」巻、二―八四、二―五七六

年輪を加えて今に至る、海人のとま苫屋も荒れさびて、
つらい波が帰る方向にわが身をかさねればよかったのかしら

立ち添ひて、消えや　しな〈まし〉。憂きことを思ひ乱るゝ煙くらべに

女三宮、「柏木」巻、四―九、六―二八

立つ（煙に）並んで、消えてしまえばよかったのに。
つらいことを思い乱れる、煙くらべに

今日来ずは　明日は　雪とぞ　降りな〈まし〉。消えずは　ありとも、花と見〈ま〉し〉や

『伊勢物語』十七段、『古今和歌集』一、春上、在原業平、六三歌

今日訪れないならば、明日は雪とばかりに降って（散って）しまったかもしれないよな（桜は）。

（たとい）消えずに（枝にのこって）いてもですよ、花の盛りとは見たことかしらね

寓意としては「花の盛り」に訪ねてきましたよ、という挨拶である。散る直前の女性に喩える、たいへん失礼な「うた」かもしれない。

「まし」の反実仮想

仮定がつよくなるといわゆる反実仮想になる。

これを見て、なりひらの君の、「やまのは逃げて、いれずも　あらなん」といふうたなん、おもほゆる。もしうみべにてよま〈ましか〉ば、「なみたちさへて、いれずも　あらなん」ともよみて〈まし〉や。

『土佐日記』、一月八日

……もし海岸で詠むであろう、とそうだったとすると、「波が立ちじゃまをして（月を）入れないでもあってほしい」とでも詠んでしまったかもね。

とあるのは反実仮想と見てよいだろう。物語のなかに多様な反実仮想を見いだす。

ませ・ば～まし・やは

心いる方なら〈ませ〉ば、弓張りの、月なき空に、まよは〈まし〉やは

朧月夜の君、「花宴」巻、一―二八四、二―一一六

心が入ってゆく（射る）方向であろう、だとしたら、ゆみはりの月ではないが、手がかりのない、空中に迷いもしよう、なんてありえない（実際にはさ迷うばかり）

まし～ましか・ば

ひたふるにうれしから〈まし〉。世の中にあらぬところと思は〈ましか〉ば

浮舟、「東屋」巻、五―一七一、八―四二四

ただひたすらうれしかったことでしょう。（ここが）世間ではない別の世界だと思うこと、

そう思えるのだったら（実際には煩わしい世間そのものだ）

ましか・ば〜や〜まし

君がをる嶺の蕨と見〈ましか〉ば、知られや　せ〈まし〉。春のしるしも

大君、「椎本」巻、四―三七二、七―三七八

父君（八の宮）が手折る嶺の蕨と見よう、可能だったら。知ることができもしよう、それを。春の到来を告げる証拠として（亡き今はもう実感することも不可能だ）

せ・ば〜まし・やは

花の香に誘はれぬべき身なり〈せ〉ば、風のたよりを過ぐさ〈まし〉やは

匂宮、「紅梅」巻、四―二四一、七―七四

梅の花の香りに（きっと）導かれるにちがいない身であったなら、風のつてをやり過ごしましょう、などするわけがない（わたしだ）

な・まし〜せ・ば

胡蝶にも　さそはれな〈まし〉。心ありて、八重山吹をへだてざりせば

秋好中宮、「胡蝶」巻、二―四〇六、四―一八四

（「来てふ」と）胡蝶にまでもいざなわれてしまえばよかった、わたしだ。心がとどまって、八重山吹をへだてることがないとするならば

十一章　推量とは何か（二）――伝聞なり、めり

1　伝聞なり〔耳の助動辞〕

「伝聞なり」（〜聞こえる）は〝耳〟の助動辞というか、「な」naに「あり」ariがついて「なり」（伝聞なり）になった。

na プラス ari　→na-ari→nari

「な」は〈鳴《な》る、鳴《な》く、泣《な》く〉などの〈鳴《な》、泣《な》〉で、〈音《ね》、哭《ね》〉の音韻交替でもあり（ne→na）、〈名《な》〉（名まえ、評判）もそれらとおなじかと思われる。

「なり」には「断定なり」（三章）と「伝聞なり」と、まったく別種の「なり」があって、紛れない。接続も、そしておそらくアクセントその他によっても明瞭に聞き分けられ、混同されることがなかった。著名な『土佐日記』の事例がある。

男もす〈なる〉日記《にき》といふものを、女もしてみむとてするなり。　『土佐日記』、巻頭

男性もすると聞く日記というものを、女（の私）も試みようとて書くのである。

の〈なる〉は「伝聞なり」で、聞き伝えとして知っていることをさす。活用語の終止形に下接する。

……うれたくモ　なく〈なる〉トりか、
『古事記』上、神武、二歌謡
……いまいましく、ええ、鳴く声が聞こえる鳥か。

葦原中国《あしはらノなかつくに》は　伊多玖佐夜藝帝阿理〈那理〉。
同、中、神武
いたくさやぎてあり〈なり〉。

伊知比尓恵比天美奈不之天阿利〈奈利〉。
万葉仮名文書、『書道全集』九
いちひにゑひてみなふしてあり〈なり〉。

聞喧擾之響焉〔左揶霓利〈奈理〉〕。
『日本書紀』三、神武
……さやげり〈なり〉。

闇《やみ》（ノ）世に鳴く〈なる〉鶴ノ……
『万葉集』四、笠女郎、五九二歌
暗黒の夜に鳴く声のする鶴が……

梶〔之〕ノ音ソ　髣髴《ほノか》（に）為《す》〈鳴《な》る〉。……
同、七、一一五二歌
梶の音がほのかに聞こえる。……

一一五二歌の〈鳴る〉は宛て字で、しかも〈なり〉の機能をあらわした。

活用は、

○　なり　なり　なる　なれ　○

とされる。

従来、ラ変型の連体形に下接するという説明が、教科書などにあるかもしれない。その場合、みぎのような「ありなり」は例外ないし古い事例とされてきた。しかしながら、平安時代に降りてもラ変型の語の終止形に下接するという判断で困らない。

「声や音がするのを聞く」という機能が、どうして助動辞になるのだろうか。音（な）＋「あり」ari を出発形として、聴く態勢を惹起し、声や音の醸す雰囲気に浸るからに相違ない。「鳥が鳴く、鹿が鳴く、騒ぎが起きる、声がする」方向に、聴く人の意識が向いて、何をか確認したり判断したりしようとする。

聴いて判断することから、「何々だそうだ、～と推定させられる」というような、推定の助動辞として働くと言われる。耳に拠らない純粋な推定について「なり」と言う事例があるかどうか。ないのではなかろうか。

2 「ななり、あなり」——活用語終止形への下接

平安散文でお馴染みの、

あなり、ななり、多かなり、おはしたなり、べかなり

などと表記される「なり」は、

なンなり、あンなり、多かンなり、おはしたンなり、べかンなり

の「ン」（撥音）の無表記だと説明されてきた。これらの「なり」がすべて「伝聞なり」で、しかも「あなり、ななり、……」と表記されるにあたっては理由がありそうだ。

すべてにぎはゝしきに因るべきなむ〈なり〉。　「帚木」巻、一―三七、一―九〇

何でも勢力のあるほうに近寄るのがよいとか。

新大系に、「なんでも豊かに揃っている所（受領家）に近づくのがよいという話のようだ」とある。話を聞いてそのように判断される、という光源氏のまぜっかえしである。現代語でも判断することを「〜のように聞こえる」と言うことがある。「ななり」とあってもよい表記が「なむなり」とあって、促音「ッ」を「ん」と表記したか、あるいは促音だったたか、普通ならば「ん」字は書かれず「ななり」となるのでよい（明融本は「ななり」）。

これらの書き方は、「なり」がラ変型活用語の終止形下接であったからではなかろうか。つまり、原型は、

ありなり、なりなり、多かりなり、おはしたりなり、べかりなり

だったのではないか。終止形下接「ありなり」の語例があることはみぎに『古事記』に見た通りで、それに類推させる。

教育の現場だと、「伝聞なり」はラ変型の活用語に限って連体形に下接する、つまり「あるなり、なるなり、……」というかたちに「伝聞なり」はなるのだと教えてきた。しかし、（1）ラ変型の活用語の場合に連体形に下接するとは、ほとんど証拠のない説明である上に、それが（2）促音または撥音になるという音便説も単なる推定で、さらにそれが（3）無表記になるというのも推測でしかない。（1）〜（3）という三つの推測をかさねてまで、「あるなり、なるなり、……」にしなければならない必要があるだろうか。

「ありなり、ななり」は「ありなり、なりなり」の転化でよく（注1）、もし本文に「あるなり、なる

なり」とあるならばすなおに「断定なり」だと認めれば済むことだ。

時枝を引いておく（注2）。

○動詞、助動詞の終止形に附く（指定の助動詞の「なり」は、連体形に附く）。四段活用に接続する場合には、終止形連体形が同じであるために、指定の助動詞と区別することが、外形上は出来ないが、指定の「なり」が附く場合は、上の連体形は、体言相当格になる。

○ラ変動詞及び指定の助動詞「あり」に附く場合には、その語尾が撥ねる音になるが、表記の上には表はされない。

あなり（ありーなり……あンなり）

ざなり（ずーありーなり……ざンなり）

（時枝誠記『日本文法　文語篇――上代・中古』）

3　「はべなり」と「侍るなり」

「はべりなり」は「はベッなり」「はベンなり」そして「はべなり」となろう。「～である」（断定）の「なり」ならば「はべるなり、侍るなり」と書かれてかまわない。したがって、表記上、「伝聞なり」は「侍なり」となり、「なり（＝である）」（断定）が「侍るなり」になるのと書き分けられていると推測できる。

われわれに分からないだけで、かれら平安時代人にとり、「伝聞なり」と「断定なり」とは音便のあるなしによって、発音のぜんぜん異なる別の語だったろう。というより、別の語だったから自然に聞き分け、書き分けたので、後世からは乱れやすい、誤記されやすい事例だとしても、『源氏物語』などの研究上、混同できない指標となろう。

新大系を見ると、

いとかやうなる際は際とこそはべ〈なれ〉。　「帚木」巻、一―六八、一―一六八

まことにかような身分の女はそれにふさわしい関係があると聞きます。

のようなかな書き例は「伝聞なり」であることがよくわかる。

これなんなにがし僧都の二年隠《ふたとせこも》り侍る方に侍る〈なる〉。　「若紫」巻、一―一五三、一―三六八

この住まいは何某僧都が「二年隠り侍る」というのは、「でござる」（断定なり）でよいとすると、それに続く「侍る〈なる〉」は、困る例かもしれない。ラ変型である「侍り」の連体形「侍る」に附く例である。「侍なり」とありたいのが、「侍るなり」とあるのは、たしかに誤記されやすい語例であって、これは誤記かもしれない（なにしろどちらも「なり」なのだから）。しかし、ここは供なる人（のちによしきよと名のる播磨守の子）のせりふらしさで、「……何某僧都が二年籠りおりまする方でござるです」式の断定的な言い方にも受け取れる。

すぐあとに「心はづかしき人住む〈なる〉ところにこそあ〈なれ〉」とあるのは「住む〈なる〉、

あ〈なれ〉」ともに伝聞であり、聞いての光源氏の判断である。

つづく供人の、「(明石の君は)かたち、心ばせなど侍る〈なり〉」や「(明石入道が明石の君に)「海に入りね」と常に遺言し置きて侍る〈なる〉」(同、一—一五五、一—三七四)は、伝聞で知るだろう内容だから「侍なる」とあってほしいのにと、これも困る例かもしれない。

しかし、ここもよしきよとしてぜひ断定的に語りたい箇所ではないかと思え、そういう会話のリアリズムではなかろうか。推測を断定的に語ることは現代にも多い。代々の国司どもが「さる心ばへ見す〈なれ〉ど」(同)というのは、伝聞の「なり」の已然形でよい。明石の君や入道についてては断定的に語る。僧都が光源氏に訊かれて「うちつけなる御夢語りにぞ侍る〈なる〉」(同、一—一六一〜二、一—三九二)とうち笑う「なり」は「である」(肯定)でよい。

原文(写本)の絶対多数は「侍なり」というように書かれる。だからその「侍」字を「はべ」と訓むか、「はべり、はべら」と訓むかは、物語を読む上で〝大きな問題〟だ。とは、テクスト作りの上で「侍」字の訓みを決定できない場合があるということだ。世に「侍なり」字をぜんぶ「はべる」にひらいているテクストを見るのは、伝聞をすべて断定に変えて読んでいることになり、残念というほかない。

4 「めり」(〜みたい)〔見た目〕

めり
「めり」(〜みたい)は見た目を言い、〈「み(見)」mi— 「あり」ari〉ではないかと思う。
mi プラス ari → mi-ari → meri (i-a → e)

「み」は〈見る〉の連用形で、それに「あり」ari が附いて「めり」になった。「めり」を〈目―アリ〉と考えて、そのように論じたこともあるけれども、音韻融合〈mi-ari→meri〉という説明のしかたでよかろう。学校などで教える〈みえ（＝miye）あり〉説には、ye（え）が消えると説明しなければならないステップがあるので、保留する。

「めり」（～みたい）

a　我、あさごと夕ごとに見る竹の中におはするにて、知りぬ。子となり給ふべき人な〈めり〉。　竹取の翁、『竹取物語』「かぐや姫の生い立ち」

わたしが朝ごと夕ごとに見る、竹の中におられるによって、わかりましたよ。わが子とおなりになるべきお人であるみたいだ。

b　かぐや姫の、例も月をあはれがり給へども、この頃となりては、たゞごとにも侍らざ〈めり〉。　同、「かぐや姫の昇天」

かぐや姫が、いつも月を愛でておられるけれども、このごろとなっては、普通のことでもござらぬと見える。

「めり」は推定（や婉曲）の助動辞と言われるものの、見ての判断であり、現代語で言えば「～みたい」に相当する。

知りにけむ。聞きても　いとへ。よのなかは　波のさわぎに、風ぞ　しく〈める〉

『古今和歌集』一八、雑下、布留今道、九四六歌

わかっちゃったでしょ。（まだわからぬなら、うわさに）聞いてでもお嫌いあれ。世の中（―男女の仲）ちゅうもんは、波が荒立つ上に、風が吹きつのるみたようじゃありませんかね

波がさわぐ、風が吹きしきる、ということは、そのようだという比喩にちがいないとしても、目に見えるような感じを「めり」であらわしたと想像するのがよかろう。

活用は、

○　めり　めり　める　めれ　○

と認定する。「めり」には「めりき」（〜みたいだった）「めりつ」（〜と見えたよ）のような、「き、つ」が下接する用法もある。使い回されては単なる「推定」になることを免れないにせよ、現代語に「〜みたい、〜みたようだ」というのに基本は相当する。

東歌の不確実例「めり」

上代語にたった一例で、不確実なきらいはあるものの、『万葉集』東歌に「めり」を見る。

をくさをト、をぐさずけをト、しほふねノ、ならべてみれば、をぐさかち〈めり〉

『万葉集』一四、三四五〇歌

おくさ男と、おぐさずけ男とを、潮舟（ではないが）、
並べてみると、おぐさがまさるみたいだ

「かち〈めり〉」は原文の万葉がなが「可知〈馬利〉」（「知」字は類聚古集・元暦校本による）で、「勝ちめり」かと考えられる。kati-mi-ari から kati-meri（かちめり）が生じたとみることは自然で、前項に「みあり」から「めり」が生まれたと見たことにも合致する。一例しかなく、用字も不安定で、平安時代の「めり」が動詞の終止形に下接することとも相違する。

「めり」はできたての助動辞で、しだいに安定してきたと考えて、連用形下接（『万葉集』）から終止形下接（平安時代）へ、という経過を推定したい。

なめり、べかめり、あめり

「伝聞なり」とおなじ問題がある。表記に「あめり、なめり、べかめり、なかめり、多かめり、わろかめり」などと、おもに平安時代のテクストで書かれる。あンめり、なンめり、べかンめり、などの「ン」の無表記だと言われるのは、なるほど「さうざうしかむめれ」（「帚木」巻、一―六三）という例にそれをのこしているかもしれない。促音「ッ」を「む」と表記することは考えられるので、ほんとうにあンめり、なンめり……だったかはわからない。

「あめり、なめり……」は、もとが「ありめり、なりめり、べかりめり、なかりめり……」と、終止形下接であったなごりを記しとどめているのではなかろうか。新大系で、

宿世の引く方侍《はべ》〈めれ〉ば、をのこしもなんしさいなきものは侍《はべ》〈める〉。

「帚木」巻、一―五七、一―一三六

宿世が引く方向がござるみたいであるから、おのこはまったくたわいない何でござるようだ。

の、二例の原文「侍」を「はべ」と訓む理由は、「はべりめり」から「はべッめり」（さらに「はべンめり」に変化したかもしれない）「ッ」（あるいは「ン」）の無表記を推定した。

あさましく、「人たがへにこそ侍《はべ》〈めれ〉。」と言ふも……　同、一―六七、一―一六六

あまりのことに、「人まちがいのようでございますよ。」と言ふも……

いとくちをしうはあらぬ若人どもなん侍《はべ》〈める〉。　「夕顔」巻、一―一〇七、一―二五〇

たいしてひどくはない若い侍女どもがおりますようです。

それなん又え生くまじく侍《はべ》める。　同、一―一三一、一―二一六

その人（右近）はその人でまた生きてゆけそうにない様子でございます。

も、同様の措置をほどこして「はべ」と訓ませることになる。

疑問例もあって、「……齢の末に思ひ給へ歎き侍る〈める〉」（「若紫」巻、一―一六三、一―三九六）は「侍《（はべ）》める」とありたいし、「曇りがちに侍る〈めり〉」（「末摘花」巻、一―二〇七、一―五〇八）も「侍《はべ》めり」とあってほしい箇所で、明融本にはたしかに「侍めり」とある。「はべめり」とあってほしいのに「はべる〈める〉」（「松風」巻、二―一九一、三―二二六）と書かれるかな書き例もある。

写本の誤記だと咎めるほかない。

（1）「ありなり」ari-nariで言うと、ar（i-）nariとなって、i-が脱落した結果、rもまた促音便か撥音便かに化し（たとえばar'nari）、かなとして無表記となった。変化としてはr-がn音へと音便化したと見れば、構造的には「ありなり」がアッナリをへて、アンナリを落ち着きとする経緯が考えられよう。（ほんとうにアンナリまで進化したか、疑うに足る。）

ラ変型の活用語とはラ変動詞「あり」のほか、「なり、たり、ざり、べかり」などの助動辞、形容詞や形容動詞のカリ活用やナリ活用、そして活用語とは言えないかもしれないが「さる、しかる」など、無数にある。それらの（かぞえたことはないが）九十九パーセントは「あなり、ななり、たなり、ざなり、べかなり、多かなり」などとあって、連体形下接の語例をほとんど見ない（絶無とは言わない）。したがって、これらはすべて「ありなり、なりなり、たりなり、ざりなり、多かりなり」であるべきなのが、発音上、詰まって「あッなり」あるいは「あンなり」になった。

（2）岩波全書、一九五四、講談社学術文庫〈二〇二〇〉所収。

十二章　推量とは何か（三）——べし、まじ

1　推量と意志——べし、べらなり

べし

「べし」には推量「～だろう」と意志「～つもりだ」という、二つのピークがあるという通行の説明は、「む」との相違を言ってない以上、半分でしかない（「む」にも推量と意志とがある）。けっして「べし」は「だろう」（＝む）でもなければ、「しよう」（同）でもない。「べし」と「む」とは別の助動辞だから二つが別々にあるのであって、混同はまずいと思う。

〈krsm 立体〉の右角（＝む）から下角（＝し）にかけて、右下辺に「べし」が流れる（mё-asi → bё-si）。やや説明上、ミッシングながら「メ、め」（＝已然形）に登場してもらう。

「～するがよい、～はずだ、～ねばならない、～できる」というような広がりは、「む」（推量、意志）と「し」（あたかも～だ、いかにも～だ）との連合から積極的に据え直されてくる。われわれの「～するがよい、～はずだ、～ねばならない、～できる」というような、かなり複雑な精神状態を、たった一つ「べし」の導入によって表現することにしたため、高校生は勧誘・当然・適当・可能・命令などと、助動辞の〈性格、用法〉を文法事項であるかのごとく学習させられる。

三輪山を然《しか》モ　隠すか。雲だにモ　情《ココロ》有らなモ。かくさふ〈べし〉や　『万葉集』一、一八歌

三輪山をそんなにも隠すのか。（せめて）雲よ、
おまえだけでも心あってくれ。隠してよいのかしら

尋ねゆくまぼろしもがな。つてにても　玉（＝魂）のありかをそこと知るべく
「桐壺」巻、一―一六、一―四四

魂を捜してゆく幻術師がおってほしいな。人づてでもその魂の在所を、
それそこと知ることができるように

の「べし」は「〜ができるように」という感じで口訳する。

「何々するがよい」と現代語にしてみても、「よくない」場合に「べし」ということがあるし、「何々できる」だと、よくないことがきっと起きるというときにも「べし」は使われる。「ちがいない」あるいは「なければならない」とやっても、モダリティの現代語での説明となる。「べし」はいまに生きているのだから、言い換えなくともよい場合もありそうである。

活用は、

○	べく	べし	べき	○	○
べから	べかり	べかり	べかる	べけれ	○〔カリ活用型〕

となる。終止形「べかり」を認める理由は「べかなり、べかめり」のあることによる。

教室などで「べし」はウベシというような形容詞から来たなどと教える場合があるのは、そんな

形容詞を古文に見ないから、単なるだれかの思い込みだろう。

べらなり、べみ

「べ」（語幹）—「ら」（接辞）—「なり」だろう。「み」もめずらしくない接辞である。

見渡せば、松のうれごとに棲む鶴《つる》は　「千代のどち」とぞ　思ふべらなる

『土佐日記』、一月九日

見渡すと、松のてっぺんごとに棲む鶴は、千年の同士とですぞ、思うのがよいですよ

と、鶴を「つる」と言うのはめずらしいが、「べらなり」のやや古風な感が生かされているのだろう（貫之の作歌かもしれない）。

活用は、

○　べらに　べらなり　べらなる　べらなれ　○

とあって、自立語に下接するしかたは「べし」と同類である。「〜べきことである、ふさわしく見られる」という感じをあらわす。

べかし

形容詞型の助動辞として「べかし」があるので、ここに加える。「あるべかし」（〜らしく振る舞う）という言い回しは数例見つかる。

2　ましじ

ましじ ma–si–ji および「まじ」ma–ji は「べし」の否定と言われることがある。しかし解決しなければならない関門がいくつかある。

「ましじ」はよく言われるような、「まし」＋「じ」と言ってよいか、という第一の関門がある。「ましじ」が終止形下接（ラ変型の連体形下接）であるのに対し、助動辞「まし」は未然形下接である。「まし」はサ行活用の「し」（過去の助動辞「き」の連体形とされる）に類似する活用を持つ助動辞であって、けっして形容詞型の活用をする語と一緒にできない。

「ましじ」と「べし」とは関係がありそうである。b と m とは容易に交替するから、中間をとって më–as–i を一旦、想定してみる。

më–as–i　→ bë（–a）s–i　→　bës–i

というような変化による「べし」の成立と、「じ」（否定辞）が附いて、

më–as–i–ji → m（ë）–as–i–ji　→ mas–i–ji

という変化による「ましじ」の成立とである。ともに終止形下接（ラ変型の活用語の連体形下接）である点でも不自然ではあるまい。

「ましじ」の活用は、

○　○　ましじ　ましじき　○　○

となる。

……ヨる〈まじき〉、かはノくまぐま、ヨロホひゆくかモ。うらぐはノキ
寄るべきでない、川のあっち、川のこっちを、寄り道、寄り道行くよ。うらぐわしい、桑の木ちゃん

『日本書紀』一一、仁徳、三〇年一一月、五六歌謡

のような「まじ」はあるものの、

やまこえて、うみわたるトモ、オモしろき、いまキノうちは　わすらゆ〈まじ〉
山越えて、海わたるとも、おもしろい、今城のなかは忘れられないようだ

『日本書紀』二六、斉明四年一〇月、一一九歌謡

のような、「ゆ」（自然勢）、「かつ」（可能）や、あるいは「得《う》」と併用されることが多く、不可能性を強調する。「ヨるまじき、かはノくまぐま」には不可能をあらわす語を見ないから、純粋に否定であり、すべきでないという思いを込めた言い方だろうと思われる。あとの例は、

玉匣、将見円《みモロ》（ノ）山ノ、さな葛、さ寐ずは　遂に、有り勝つ〈まじ〉
（玉匣）みもろの山の、さな葛、

『万葉集』二、藤原卿〈鎌足〉、九四歌

さ寝ずにはとても生きてなんかいられないでしょう

とおなじで、「かつましじ」という不可能性の言いあらわしをとる。

3　まじ

さらなる関門とは、上代語「ましじ」が中古語「まじ」になるという説明でよいのだろうか。m（ë）-as-i-ji から、どうやって ma-ji になるのかという説明がむずかしい。ji が否定であることは別に説明を要するから、それは別の章に述べるとしても、「ましじ」が「まじ」になるためには、単純に見るなら「し」s-i が脱落したことになる。けれども、母音（か子音）が一つ脱落することはあるとしても、「し」（(a) s-i）の二つの音（s と i と）が容易に脱落することだろうか。そうでなく、

m（ë）-an-i-si

からただちに「まじ」が生じたのではなかろうか。つまり、-ji には an-i（否定辞）がそのままはいっていそうである。

n-i-si → n'-si → ji

から、

m（ë）-an-i-si → man'-si → ma-ji

となろう。

「まじ」の活用は二筋に分けて、模式的に、

と、

○　まじく　まじ　まじき　まじけれ　○

まじから　まじかり　まじかり　まじかる　○　○

とからなる。

……母君泣く〳〵奏して、まかでさせたてまつり給ふ。かゝる折にも、ある〈まじき〉恥もこそ、と心づかひして、……

「桐壺」巻、一―七、一―二二

ただ、五、六日にあいだに衰亡し、宮中を退避するにあたって、あってはなるまい恥を恐れる桐壺更衣（やその母君）である。この「まじき」は地の文のなかにあるのだから、語り手による更衣たちの心内の忖度であり、「恥を見てはならない」という人物たちの思いを語り手が読み取っている表現ということになる。

……とて、げにえ耐ふ〈まじく〉泣いたまふ。

「桐壺」巻、一―一一、一―三〇

がまんできないほど泣く、というので、上代の「かつ」や「得」と併用する場合と同様の用法である。

会話主本人の意志として出てくる「まじ」には、

さらにその田などやうの事は、ここに知る〈まじ〉。　「松風」巻、二―一九二、三―二二八

まったくその田などのようなこと向きは、みどもの知るまいことだ。

という明石入道の伝言がある。「知る」は、領知する。田畑の領有権を放棄しようというので、語り手の意志のあらわれと見られる。

4　「らむ、らし、べし」三角形

〈らむ、べし、まじ、らし〉を一まとめにすると、ラ変型活用語以外の活用語の終止形に下接する。ラ変型活用語ではたしかに連体形に下接する。模式的に整理しよう。

（aグループ）「あり」（動詞、助動辞、ラ変〈型〉）の終止形は ar-i である。活用形は、

ar-a　ar-i　ar-i　ar-u　ar-e　ar-e

と見よう。

（bグループ）「らむ、べし、まじ、らし」は一般に動詞終止形に下接する。

（cグループ）「らむ、べし、らし」は、古く上一段活用動詞（見る、煮る）の「連用形」に下接すると言われてきた。用例は「見らむ、見べし、煮らし」なので、他の上一段動詞については類推である。「まじ」についても準じてここに入れることにする。

（dグループ）「見る、煮る」の古い終止形は「見、煮」（いまの連用形）だったかと言われる（岩波古語）。それに従うと、古い上一段活用動詞の活用形を推定できる。〈（古）見る mir-u〉で言えば、

mi-　mi-　mi-（終止形）　mir-u　mir-e　mi-（yö）

となる。よって「らむ、らし、べし、まじ」（bグループ）は、この場合、終止形 mi- に下接すると言える。〈（新）見る mir-u〉の活用は、

mi-　mi-　mir-u（終止形）　mir-u　mir-e　mi-（yö）

で、mi- から終止形 mir-u へと関係を結び直した。

bグループ「らむ、らし、べし、まじ」がラ変の連体形に下接する問題は、ラ変型を模式的にもう一度書き出すと、

ar-a　ar-i　ar-i　ar-u　ar-e　ar-e

のar-u に下接し、見てきたようにaグループ（伝聞なり、めり）は ar-i に下接するから、a、bグループの差はここにのみ存する。

あとは自由に考える事柄ながら、「あり」という動詞（ないし助動辞）がラ変である理由（ラ変としてのこった理由）で、存在をあらわす点が形容詞にも近いという特異性は、終止形がリ r- であるところに示される。

aグループに上接する動詞は、聴き手が耳を傾けたり、観察したり、判断したり、という静態に偏重するようで、「ar-i」という活

図9

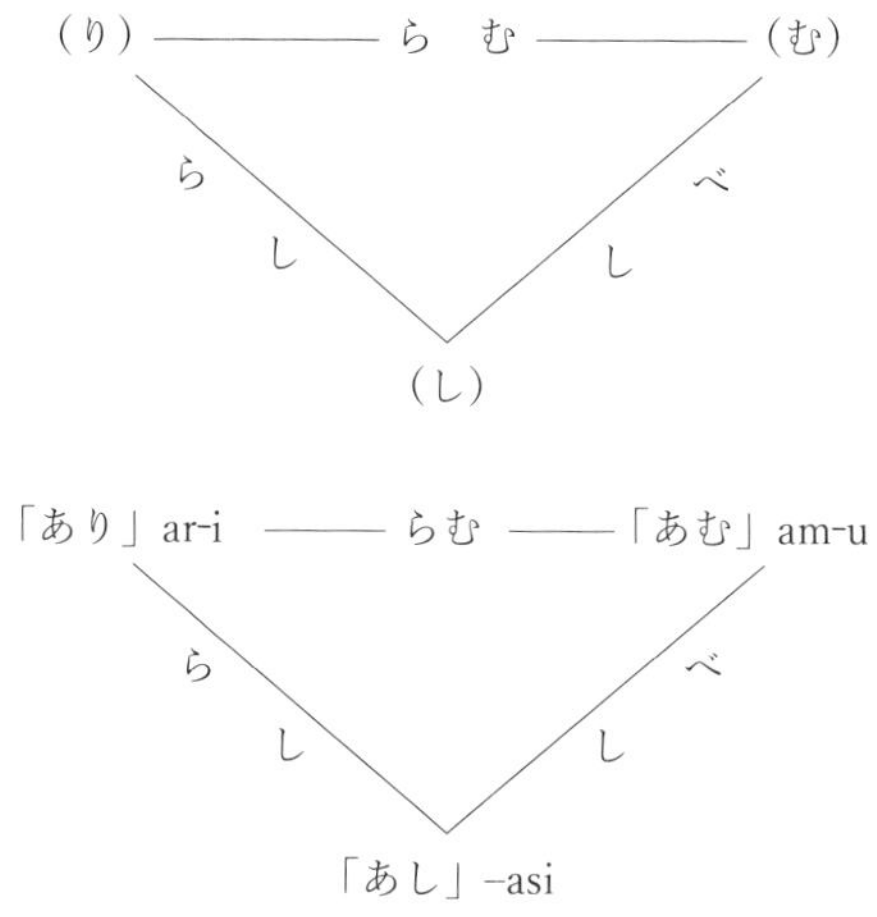

用形とのつよい結びつき、ないし早くからの固定化があったろう。いうまでもなく、「終止形」や「連体形」といった呼称は仮の記号でしかない。

bグループは mi- から mir-u へ動き、また「ar-u」と結びついた。言語としての生成力を蓄えて、史前状態から言語の歴史時代へと抜け出てきたようである。「らむ、らし、べし、まじ」といった機能語をより自由に使い回すための何らかの関係の結び直しをかいま見ることができる。「らむ、らし、べし」というグループ（krsm 四辺形の下半分）がきれいな三角形をなすさまを鑑賞していただきたい。

十三章　らしさの助動辞——「らし」

1　接尾語「らしい」とは何か

「らし」には大きな謎が二つある。一つは現代語「らしい」にかかわり、もう一つは平安時代にはいってからの「らし」の消長について。——このふたつのことがらが、どこかでつながるのではないかという推測は、当たるかどうか、やはり謎のままに終わる懼れがありそうな「らし」のコーナーにはいる。

現代語の「らしい」は〈推量、推定〉が主要な機能であると一般に認められる。そこから類推すると、古語「らし」を推量の助動辞だと感じてしまう。『万葉集』の事例などで、どうしても推量性があると感じられる「らし」に遭遇するのだから、自然の成り行きだろう。

それでも、本来的には推量あるいは推定の助動辞だったかどうか。もしかして、本来的には「らしさ」の表現だったのではなかろうか。「あたかもそうらしく見える、感じられる、いかにも何々であるらしい」という、形容詞の振る舞いをする助動辞だったと。

現代語にそうした「らしさ」の振る舞いをする「らしい」を、辞書はたしかに認定する。ただし、接尾語「らしい」（つまり形容詞）という扱いをする。〈被害者は小学生らしい〉と言えば推量の助動辞だが、〈いかにも小学生らしい筆致〉といえば、「小学生らしい」という形容詞を認めて、「らしい」は接尾語だという扱いになる。接尾語という扱いは措いて、推量性を持たない「らしい」が、そのように現代語の一角にひっそりと息づいている。

「いかにも小学生が書いたらしい感じの書きっぷりだ」というような言い方をしてみると、「書いた」のあとに附いた「らしい」を、助動辞として認めてよいのではないか。体言に下接するように見える助動辞が、あってかまわないはずだろう。つまり「小学生（である）らしい」というように「である」を入れて、「小学生らしい」というように体言に「らしい」を直接させても、言い方としては成り立つ。「夏らしい空、夏が来たらしい雲、夏が来るらしい夕立」など、「〜みたような感じ」をあらわす言い方もできる。

「いかにも君らしくない、君が言うらしくないよ」など、一般には推量的な言い方のようでも、会話のなかで、ときに推量性の希薄な表現が生きる。「雨であるらしい」という表現は、子供の画いた絵を見て、「いかにも雨である感じがよく出ている」という、「らしさ」の表現にならないだろうか。「である」を略して、会話では「雨らしい」とも言えるような気がする。「物書きらしい（雰囲気）、南国らしい（風景）、政治家らしい（最期）、馬鹿らしい」など、名詞に下接し、造語力もある現代語の「らしい」を、接尾語とせず、助動辞と認めるのが穏当だろう。これらは古語「らし」から来た「らしさ」の表現ではなかろうか。

2　古語化し、再生する平安時代の「らし」

「らし」は平安時代にはいって語例を見かけなくなり、『古今和歌集』や『源氏物語』などで、短歌にいくつかを見るのみになる。『源氏物語』では、

をとめ子も　神さびぬ〈らし〉。天つ袖、ふるき世の友、齢《よはひ》経ぬれば
光源氏歌、「少女」巻、二―三二二、三―五〇四〈筑紫の五節へ贈る〉
（あの時の）少女も、（いまや）神々しい、年古りてしまうかのようだ。
天つ袖を振って、古き昔の世の友（である私）も、年齢が過ぎてしまうと
○
色まさる、まがきの菊も　をり〳〵に、袖うちかけし秋を恋ふ〈らし〉
同、「藤裏葉」巻、三―一九七、五―一一八〈「紅葉賀」巻の青海波を思い起こして〉
色が濃くなる、籬《まがき》の菊も、折にふれて、
袖をうちかけた（あの日の）秋を、恋しく思い起こしている様子だ
○
穂に出でぬ、もの思ふ〈らし〉。しのすゝき、招くたもとの露しげくして
「宿木」巻、五―九四、八―二三二〈匂宮、琵琶を弾く〉
穂に出でずにものを思う様子だ。しのすすきが招く、
たもとの露はぐっしょりで

これらの本来は「らしさ」の表現だとしても、平安時代にはいっていったん滅び、推量、推定の助動辞として受け取られるようになると、機能を変容させながら後代から現代へと再生していったということではなかろうか。

3　「不平《やくさ》み坐すらし」「置目来らしモ」

葦原中国はいたくさやぎてありなり。我が御子等、不平《やくさ》み坐す〈らし〉（＝良志）。
〔葦原中国者、伊多玖佐夜藝帝阿理那理。我御子等、不平坐良志。〕
葦原の中国はえらく騒がしく聴こえる。私のみこたちは病に伏しておるかのようだ。
『古事記』中、神武

古い語り（フルコト）をのこしたテクストである。ヤクサムは病気になることを言う。天照大神と高木神とが言葉を発し、建御雷神を召して「葦原の中国はひどく騒いでおると聞くことである。我がみ子たちよ、病み苦しんでおられるようだ」とて、建御雷神をつかわそうとしたところ、建御雷神が横刀を降し、神武（神倭伊波礼毘古）を助ける。

従来の解説では、「我が御子等、不平み坐すらし」が推定で、「葦原中国はいたくさやぎてありなり」が、それの根拠の明示ということになる。神武たちが病気でおられるらしく、その根拠は葦原中国がえらく騒いでいるということだ、と。

だいたいそういう説明で足りるようでも、「不平み坐すらし」の「らし」は「病気で苦しんでおられるみたいだ」という、神倭伊波礼毘古たちの病気のさまを思いやるので、いかにも苦しむさまを推測する。

此の物は、天に坐す神、地に坐す祇の相うづなひ奉り福《さき》はへ奉る事に依りて、顕しく出でたる

宝に在〈らし〉トなモ（＝羅之止奈母）神随《かむながら》所念《オモほしめ》行す。　続日本紀宣命（詔十四）、和銅元

有名な、秩父郡から銅を献上するときの事例で、天地の神の恵みにより、銅が産出したと推定する。ここに「らし」を使う理由は、天地の神の恵みであることのいかにもふさわしさを讃えるところにあろう。いかにもそれの結果らしさとして宝の産出がある。
祝詞には事例がなさそうなので、古代歌謡から見ると、

あさぢはら、をだにをすギて、ももづたふ、ぬてゆらくモ。おきメく〈らし〉モ
『古事記』下、一一一歌謡（『日本書紀』にもあり）

浅茅の原、小谷を過ぎて、ももづたふ、
大きな鈴がゆらゆら。置目が来る様子だ

いかにも置目がやってくるらしいさまだ。ゆらく大鈴のさまからいかにもそれだと感じられる。「ぬて」は「ぬりて（鐸、大鈴）」で、従来の解釈では大鈴の音で置目老媼が来るらしいと分かる。

ももしキノ、おほみやひトは　うづらトり、ひれトりかケて、まなばしら、をゆきあへ、には
すずメ、うすずまりゐて、けふモかモ　さかみづく〈らし〉。たかひかる、ひノみやひト、コ
トノかたりゴトモ、コをば
同、下、一〇二歌謡

酒に漬っている、酒宴のさまをうたう。采女までも入り乱れたパーティーのさまが活写される。条件句のないことに注意したい。

つぎの事例は天皇が建内宿祢に、鴈が卵を生むさま（＝状）を問う記事のなかにある。ありえない、めずらしい、鴈が卵を産むことについて、問答歌のあと、つぎのような歌謡が附加される。

……ながみこや　つびにしらむト、かりは　こむ〈らし〉　　同、下、七三歌謡

これはいかにも従来の読み通り、「らし」が根拠や原因を推定するかのように見られるかもしれない。こういう事例があるから、原因推定説が〈成立〉する。しかし、説話によれば、天皇は建内宿祢に鴈が卵を産むさま（＝状）を問うた。「しる」とは領有することを言う（「つびに」は「つぶさに」）。（帝の）御子が国を治めることを祝福して、それにふさわしく卵を産んだということであろう。あたかも予祝するかのように、鴈の出産があったと。

まそがヨ、そがノこらは　うまならば、ひむかノこま、たちならば、くれノまさひ。うべしかモ　そがノこらを、オホきみノ、つかはす〈らしき〉

『日本書紀』二二、推古二〇年正月、一〇三歌謡

蘇我ひとよ、蘇我の子らは、馬ならば、日向のこまだ、太刀ならば、呉の真鉏だ。まったく当然のこと、蘇我の子らを、大君が、いかにもお使いになる感じだ

蘇我の若者たちを大王がお使いになる。かれらが日向の駒のように、呉の利剣のように勇壮で、敏捷だから、かれらを大王はお使いになる。従来の解釈では蘇我馬子への返歌なのに、「大王はお使いになるらしい」と推定する箇所ということになる。それでよいのだろうか。蘇我の若者たちの勇壮さ、敏捷さにふさわしく、かれらを遇する大王のいかにもそれらしいさまを言うのだと取りたい。

4　香具山にかかる夏雲

もうすこし用例を尋ねてみよう。

学校文法で、古語「らし」を〈確実な根拠にもとづいた推定〉だとするのは、「現在視界内にあるものを根拠として推定する」と、古い文法読本にあったのを思い出す。よく見かける例示歌としては、

春過ぎて、夏来たる〈らし〉（＝来良之）。白妙ノ、衣乾有《ほした》り。天ノ香来山

『万葉集』一、〈持統〉天皇、二八歌

春が過ぎて夏の訪れを感じさせられる。

白い衣がほしてある。天のかぐ山（を見ると）

が文法読本に挙げられていた。初句「夏来良之」は「夏来にけらし」とも訓めそうなので、不確定要素を含むが、初夏の訪れを、視界にはいってきた香来山の白い夏雲で〈推定する〉。ここはすな

おに「初夏であるらしさ」を感じるという内容に取ってよいのではなかろうか。いかにも初夏であることにふさわしく、神のお山にかかる夏雲が白栲の布のように感じられる。夏の来ているさまを、いかにもそれ（＝夏）らしくなった、と感じる。（白栲の布を洗濯物のように受け取る通説は女帝〈女性〉の作だからという一種の差別的な理解ではなかろうか。）

　古ノ七（ノ）賢《さかしき》人等《ひとたち》モ　欲為《ほりせ》（し）物は　酒にし　有る〈らし〉（＝有良師）

　　　　同、三、大伴卿、三四〇歌〈讃酒歌〉

　　古の七賢人らも、欲しがった物と言えば、酒だ。
　　酒がふさわしいて

「七賢人が酒をほしがったらしい」というので、根拠はご本人、大伴旅人が酒好きだから、という理屈になる。この作歌を含む連作は、「らし」を明らかに意図的に多用する（三三八、三四〇、三四一、三四二、三四七歌）。当該の三四〇歌について言えば、単なる推量なら「酒にか　あらむ」なり、「酒にあるらむ」なりの言い方をすればよい。「酒にし　有るらし」とあるからには、酒が一番だ、ふさわしいのは酒だ、という前提があって成り立つ新奇な言い回しだろう。「らしさ」を前提として根拠に遡るのである。

　事柄の〈それらしさ、ふさわしさ〉を前提に、根拠や原因に遡って述べようとするならば、ごく自然な心の欲求だろう。現代語の「らしい」は推定という機能を持つ。「らしい」が生まれる根拠は古語「らし」に既存するにしても、現代語「らしい」からの類推で古語「らし」を限定することには疑問を呈したい。

5　「あらし、らし」

古語「らし」はだいたい、動詞に下接し、文末にのみあらわれる。「らし」のあとにわずかに「も」を従える程度だと言われる。文末にのみあらわれる理由は、「けらし、あらし」と関係づけられるかもしれない。「けらし」と「けり」との関係は、後者の形容詞型活用が前者である。おなじくラ変動詞「あり」の形容詞型活用が「あらし」かと推定される。文末形式として、形容詞としての素質が要求されたということかと思われる。「らし」にもまた、形容詞の質が要求されている。

現代語の「美しい」という形容詞は、いかにも美しいさま、愛らしいしぐさに対して発せられる。「美しい、うつくしい」という語にふさわしく、いかにも「美しい、うつくしい」。

「らし」の「し」から、形容辞らしさが生じるのでよいとして、「ら」は「らむ」の「ら」におなじだろう。「〈ら〉む／〈ら〉し」というペアである。「ら」は広範囲に古語のなかにあふれており、「あり」ar-iと関係づけられる。「らし」はそれと対応する形容辞として、「いかにも〜だ、そんな形容にぴったりだ、ふさわしい、ふさわしく感じられる」という語感を担う。『万葉集』に見ると、「今」と言う語と親近性があるようで、現在の在り方や現在での形容を示す。

「らし」は「あり」の形容詞型活用である「あらし」の転成ではなかったかと思われる。「なり」―「ならし」、「たり」―「たらし」、「けり」―「けらし」は、「あり」ar-iと、それに「あし」as-iがついて形容詞型の活用になった形態（ar-as-i）との対比だろう。「あるらし、なるらし、たるらし、けるらし」などは「らし」が成立したあとになっての再創成である。「らしさ」をあらわしたい精神作用は成立した助動辞「らし」を使い回していったろう。

『万葉集』以下にときたま見る「あるらし」（一七―三九八四歌、二〇―四四八八歌など）は、ほかに「なるらし、たるらし、けるらし」などの仲間もあるかもしれない。「あらし、ならし、たらし、けらし」が使われ切って、「らし」が切れて成立したあとから、「あり」にその「らし」が接合して、「あるらし」というようになったのではあるまいか（それも古いことだったろう）。

活用は、

○　○　らし　らし／らしき　らし　○

と、連体形に「らし」を認めるところに古風さを感じる。

十四章　し、じ、たし——形容、否定、願望、様態

1　前‐助動辞図

「あり」ar–i、「あむ」am–u という助動辞をここまでに見てきた。四辺形 krsm の下角の「あし」asi– は、形容詞の語尾をもたらす、あるいは形容辞（助動辞）そのものであり、造語力が大きい。

「あり、あむ、あし」のほかに、否定の「あに」an–i も並べてみたいと思う。「あふ」aph–（古く ap–）も視野にはいってくる。「あつ」アトゥ at– や、ク語法を成立させる「あく」ak– はそれらとかかわりありそうに思える。

図1　再掲

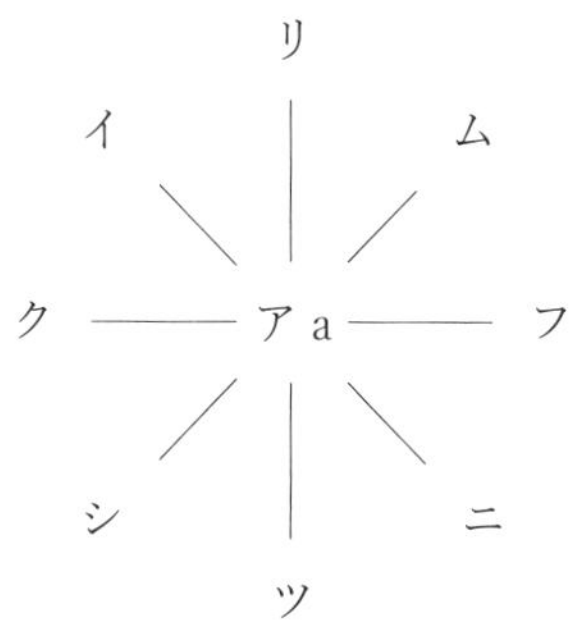

二章に前‐助動辞図（図1）を作ってみた。こうして、ぐるりと活用語の諸要素のようで、アを中心にしてひろがっていったのだろう。これらのうち、いくつもが助動辞類に転成することはごく自然なことと思われる。

アフ aph–、ふ

「あふ」アフ aph–（古く ap–）の役割に「ふ」という助動辞を成立させるということがあるのではなかろうか。岩波古語に、「ひ〔接尾〕四段活用の動詞を作り、反復・継続の意を表わす。……元来は四段活用のアヒ（合）で、これが動詞連用形のあとに加わって成立した」とする。これを言い換えて、動詞「合ふ」の転成で、反復・継続の機能を有する助動辞と認定しよう。

　むかしおはさ〈ひ〉し御有様にもをさ〳〵変はる事なく、

「藤裏葉」巻、三―一九四、五―一一二

「ふ」の活用は、

　は　ひ　ふ　ふ　へ　へ

とまとめられる。aph–アフは動詞から助動辞へわたって、〈合う、会う、逢う、（占い、夢合わせが）相う、和《あ》え、饗《あ》え〉に内在する。「闘ふ、ながらふ、かたらふ」など、向き合ったり、複数だったり、経過をもたらしたりする。「言ふ、買ふ（交ふ）、構ふ」や、「さきはふ、ふりはふ、にぎはふ、おとなふ、うべなふ」などの「はふ、なふ」などにも共通性のあることを感じさせる。出会いがしらのサインや何らかの合図にかかわりがあるかもしれない。

アトゥ at–、あつ

アトゥは、「と」「断定たり」にのこるかもしれない。「ところ、あと（跡）」などの語と関係がありそうである。「待つ、立つ（経つ、発つ）」（四段および下二段）や、「うつ、捨つ、棄《う》つ」などの活用語尾にかかわろう。完了の「つ、て」が視野にはいってこよう。

アク ak-、あく

アクも、根拠や存在をあらわし、転じて活用語尾（あばく、欠く、乾く、湧く、騒く）となり、形容詞の活用にもかかわろう。「曰はく、語らく」など、いわゆるク語法にのこり、「言ひしく」などのク語法などの場合はa音の脱落だろう。

いはまほしくも　iph-am-a（k-）phos-i（-a）ku-mo

2　「あし」asi ——形容辞

アシ -asi

形容辞「し」が、従来から認められてきたかどうか分からないが、「あし」-asiを前提として、形容詞「かろし、長々し」などを成立させる「し」であり、種々の助動辞（「らし、べし」など）を生じ、否定の「じ」を産むなどの力があるから、ここでは形容辞なるものを積極的に位置づけることをしたい。

ク活用の形容詞や、ごとし（＝「こと」し）の語尾については、「し」-siが成立してあと使い回されたとすれば、接続的にけっして不自然な関係と言えない。「し」siを成立させると、「あし」asiあるいは「し」が、形容詞シク活用およびク活用の終止形や、「あらし、ならし、たらし、けらし」などを構成する。

し

「品詞」論者の折口信夫の関心は多岐にわたるが(注1)、「し」について、東歌の「かなしいも」（『万葉集』一四、三四八〇歌ほか）、「愛妹（うつくしいも）」（一一、二四二〇歌）、「浦妙（うらぐはし）山」（一三、三二二二歌）など、「し」が連体形のように見える（あるいは終止形が体言に附く）諸例があり、枕詞にもかかわろうし、「〜ましモノ」や、「ししじモノ、男じモノ」などの「〜じモノ」をも視野にいれると、古態の形容詞では「し、じ」を語根に繰り入れるべきか、と説く。「トコしへ、ケだし（く）、やすみしし」や、「をし、やし」といった囃し語、「其《し》」との関係など、若き今泉忠義論文までも引きつつ、形容詞域の広がりを存分に探って飽かない。

「らし」は前章に論じた。

3　否定辞——じ、ず、ざり、に

アニ a-ni

アン an- は否定をあらわす小辞で、アナ an-a、アニ an-i、アヌ an-u……、というように古く活用が認められるかもしれない。

an-si →　(a) ni-si　→ n-si　→ ji「じ」
an-su あるいは an-i-su →　n-su　→ zu「ず」
an-i　→ ni「に」

じ

「じ」(〜ではない)は「し」の否定で、「し」siのなかにアンan–が含まれる。

従前に「じ」は「む」の否定、つまり否定推量(ないし否定意志)などと説明されてきたものの、「む」の要件たるm音の内在が「じ」jiのなかに感じられない。

活用は、

○　○　じ　じ　じ　○

と、見た目に活用しない。

無品の親王の外戚の寄せなきにてはただよはさ〈じ〉、……　「桐壺」巻、一―二一、一―五四

無品親王の外戚の後援のない状態では不安定にさせない……

○

いで、あなうたてや。ゆゝしうも侍るかな。聞こえさせ知らせ給ふとも、さらに何のしるしも侍ら〈じ〉ものを。　乳母の言、「若紫」巻、一―一八五、一―四五八

いやもう、ああ無体な。いまわしくもござるかな。申し上げお教えしたてまつるとも、何の効果のござらぬ感じであろうに。

前者は帝の意志にかかわり、後者は幼い女君について忖度する。

繰り返すと、m音でなく、内在を感じられるのはn音である。(a) n–音に「し」–siがついて、

(a) n–si → ji となったと見られる。アン an– あるいは (a) n– は、否定辞を構成する要素で、日本語だけではない、諸言語にも見いだされそうである。n 音だけでは日本語にならない、母音を迎えて日本語らしさが生じるから、アナ an–a、アニ an–i、……、アネ an–e というように活用すると見ると、否定の「な」na、「に」ni、「ぬ」nu、「ね」ne を関係づけられるかもしれない。活用語の未然形に下接する理由は an– の a 音がのこるから。こうして「しらに〈知らに〉」などの「に」が成立する。

si が ak– と結合したとすると、否定においても、n–si (–a) k–u、n–si (–a) k–i から「じく・じき」を構成することが考えられる。古く、「犬じ物、生けらじ物、時じく」などの用法もあった。「おなじ、おやじ、いみじ」などにも否定性が感じられる(注2)。

「おなじ」は「己(おの)」の否定、「おやじ」は「おや(祖)」の否定、「いみじ」は「忌み」の否定と言われる。程度の否定(後述)と見て、それぞれ、そっくり、同一、甚だ忌みである、と考えるのがよいかもしれない。

に

埴安ノ池ノ堤ノ隠《コモ》り沼《ぬ》ノ、去く方を知ら〈に〉、舎人は迷惑《まと》ふ　『万葉集』二、二〇一歌

埴安の池の堤の、隠り沼のように、
先のこともわからず舎人はまどう

ず

否定の「ず」についても、やはりまったくおなじ説明が成り立つ。ni–su から、n'su をへて「ず」zu と化した。an– の a 音が響いて未然形下接である。「絶え〈ず〉流るる」の「絶えず」は、
ta–ye–n–i–su
から、それぞれ i 音の脱落により、de 音や zu 音になった。構造上、ta–ye–（a）n–i–su だったろう。

活用は便宜的に三行とする。

な	に	○	ぬ	ね	○
○	ず	ず	○	○	○
ざら	ざり	ざり	ざる	ざれ	ざれ

繰り返すと、「じ」には –si が n 音に付き、「ず」には –su が n 音に付くとすれば、容易に想像されることとして、前者 –si が形容辞「し」、–asi →（–a）si であり、後者は語を構成する要素の、「す」–asu →（–a）su とする推定である。語源的な説明はいくつかあるものの、上のように大まかに見ておくことが無難ではなかろうか。

ざり

さらに「あり」ar–i を加えて z（u）–ar–i が「ざり」となることも、ごく自然な展開だろう。未然形に下接する理由は an– の a 音がのこるからに相違ない。

なふ

東国語に「なふ」（未然形下接）があり、ここに取りあげておこう。

あひづねノ、くにをさトホみ、あは〈なは〉ば、しのひにせモト、ひもむすばさね

『万葉集』一四、三四二六歌

会津嶺の国が遠いから、逢わないならば、

思い慕うしるしにしようと、紐を結んでくだされ

○

水《み》くく野に、かもノはほノす、児ロがうへに、コトをロはへて、いまだ宿《ね》〈なふ〉モ

同、三五二五歌

みくく野に、鴨が這うように、娘っこの上に、

ことばをかけ続けて、まだ寝ないよな

○

ひるトけば、とけ〈なへ〉ひもノ、わがせなに、あひヨるトかモ　よるトけやすけ

同、三四八三歌

昼に解くと、解けない紐が、私のあなたに、

あい寄るというのかな、夜は解けやすい

活用は、

なは　○　なふ　なへ／のへ　なへ／のへ　○

と見られる。

「なふ」ははるかな歳月ののち、現代語の「〜ない」に至る。「行か〈ない〉、食べられ〈ない〉」などの〈ない〉(助動辞)は、『万葉集』時代の東国語「なふ」に由来すると言われる。連体形「なへ」がナエをへてナイになるという推定で、不自然さはない。

何かを見たり、聞いたりしたひとが、村へ帰ってみんなに報告したいとき、描写を楽しむようになると、形容系のエリアを発達させることとなろう。形容詞を支える、ク活用やシク活用などの語尾の「し」は、もともと助動辞である。

で

なめしとおぼさ〈で〉らうたくし給へ。 「桐壺」巻、一―一二三、一―一六〇

否定辞の「で」――「あはで、行かで」などの「で」――は、けっして「ずて」の転化でなく、「あはで消えめや」の「あはで」について見ると、aph-a-(a) n-i-te から来た(＞aph-an(-i)-te、→ aph-a (n-) de)。

4 程度を否定する「なし」

「程度の否定」である「なし」は助動辞とみる余地がある。

うしろめたし →うしろめた〈なし〉

のようなのがそれで、〈「うしろめたし」どころではない〉と、うしろめたさの程度を否定すると、「うしろめたなし」になる。

乳母は、うしろめた〈なう〉わりなし、と思へど、……

「若紫」巻、一―一八六、一―四五八

乳母は「うしろめたい」なんて感じじゃないと思うけれど、……

は、この上なくうしろめたい。「いわく↓いわけなし、をづ↓をぢなし、～がたし↓～がたなし、さがし↓さがなし、はした↓はしたなし」などがある。甚だしい言い方のほうだけがのこった、

いらなし、うつなし、おほけなし、しどけなし、ゆくりなし

などもその類だろう。

時代が下りても発達する言い方で、「切に」から「切ない」へ、「せわしい」から「せわしない」へと、造語力がある。現代語では「くだる」↓「くだらない」、「たまる」↓「たまらない」のような「ない」が程度の否定としてある。「滅相な」↓「滅相もない」、「とんだ」↓「とんでもない」などにも「ない」が生きる。テナモンジャナイ(注3)と、程度を否定して甚だしい状態へ転出するのだという。

もとのかたちをなくしている、「おほけなし、おぼつかなし、かたじけなし」など、熟して形容詞としての成立を認めてかまわないが、造語力に注意を向けるならば助動辞の「なし」とすることが可能だ。

形容詞「なし」から転成した助動辞として、注意を向けておく。

5　願望――「まほし」から「たし」へ

「む」（七章）で扱った「まほし」があるにもかかわらず、「たし」というような新奇な形容辞が生まれてくるところに、助動辞の生き死にが窺われる。

たし

古くからある形容詞が平安時代になって「たし」に代わる。「いたし」（形容詞）から「たし」（願望の助動辞、現代語の「たい」）への展開はわかりやすい。「いたし」は「いたく、いたう（音便）」のかたちで頻出する。頭痛などを「痛し」とダイレクトに言うこともあるけれども、基本的に精神的な「甚だしさ」をあらわす。

かの国の前《さき》の守《かみ》、新発意《しぼち》の、むすめかしづきたるいへ、いといたしかし。

「若紫」巻、一―一五四、一―三七〇

あの国の前の守である新発意が、むすめを大切に養育している、その家はたいへんな羽振りですよな。

は、明石入道家の豪勢なようすを語る。

「いたし」（形容詞）は他語に下接して、「こちたし、うれたし、めでたし、つめたし、ねぶたし、あきたし、らうたし」などを造語すると言われる。

言（事）・いたし　心（うら）・いたし　愛で・いたし
爪・いたし　眠・いたし　飽き・いたし　労・いたし

などと見られる。「あきれいたし」（浜松、夜の寝覚）、「あまえいたし」（蜻蛉日記、狭衣）、埋もれいたし」（「賢木」巻）、「屈しいたし」（「若菜」上巻）などの「いたし」とまったくおなじ扱いでよい。

……よくせずは飽き〈たき〉こともありなんや。　「帚木」巻、一―五六、一―一三二
……悪くすると、飽き飽きということもあってしまうのでは。

の「飽きたき」（飽き・いたき」は、「ひどくいや気がさす」（新大系）。

これらの「いたし、たし」が、突然のように切望、願望の助動辞「たし」となって、平安末期の俗語社会に出てくる。

おなじ遊び女とならば、たれもみなあのやうでこそあり〈たけれ〉。『平家物語』一「妓王」
おなじ遊び女というならば、だれもみなあんな感じでがな、ありたいよ。

「いたし」から願望の「たし」が成立するまでに、かなりの距離を埋めなければならない。助動辞成立の機微がここによくあらわれている。願望という機能を俗語っぽく生き生きと言い表したいかれらが、「いたし」にそれを求めた。「いたし」のなかに直接、願望という「機能」があるわけではない。痛切に（＝いたく）願望することを表現するために、「たし」が持ってこられた。「まほし」

はもう古い。自立語が非自立語へと転身するときに、「まほし」に取って代わる。何かを「欲しい」というときに、「甚だ」とか「痛みいる」とかいう語を使う、新語の成立である。現代語では「たい」になる。

○	たく	たし	たき	たけれ	○
たから	たかり	○	たかる	○	○

こす（〜してほしい）

「うれたくモ　なくなるトりか。コノトりモ　うちやメ〈コせ〉ね」（『古事記』上、二歌謡）、「……わが如く、恋する道に、あひ〈コす〉な、ゆメ」（『万葉集』、二三七五歌）という上代語は、「……秋風吹くと、雁に告げ〈こせ〉」（『伊勢物語』四五段）をさいごに文献から消える。

活用形は、『古典基礎語辞典』によれば、

こせ	○	こす	○	○	こせ（こそ）

（『万葉集』で言えば）

コす	コせ	○	コす	○	○	コソ／こせ

で、係助辞「コソ／こそ」と紛れることはあったかもしれない。

6　ごとし、やうなり

ごとし

「ごと」は、議論があるようながら、「こと」（事）から来たと認めるのが無理がない。名詞が

「し」にくっつき、自立性を喪って助動辞と化してゆく。

ごとけ　ごとく　ごとし　ごとき　○　○

と活用する、形容辞系の助動辞としてある。

……ゆくみづノ、かへらぬ〈ゴトく〉、ふくかぜノ、みえぬが〈ゴトく〉

『万葉集』一五、三六二五歌

……行く水が、帰らないごとく、吹く風が、見えないように

「〜のごと」というような言い方で、「こと」の変化した（連濁だろう）「ごと」がなお生きている。〜のごとくだと同時に、「が―ごと、が―ごとく、の―ごと、の―ごとし」など、体言「こと」の性格をものこす。その場合は厳密に助動辞と見なくてもよい。「〈みえぬ「が」―ごと〉く」と「が」を介して「ごと」へつながるように。「〈かへらぬ―ごと〉く」と書けば、「こと」（＝「ごと」）の吸着語的性格がわかりやすい。

勝間田ノ池は　我知る、蓮無し。然言ふ君が、鬚無き〈如し〉

『万葉集』一六、三八三五歌

勝間田の池は、私は知る。蓮が無い。

そういうあなたの鬚が無きごとくに

三八三五歌は「〈鬘無き如〉し」で、「鬘無き」と連体形であるのは「如」（ごと＝「こと」）に体言性がのこっているからだ。

「こと」には〈様態、わざ、さま〉をあらわすもとの意味があり、「ごとし」として助動辞化される（体言プラス形容辞の語尾〈si〉を付す）際に、その「意味」をすっかり忘れるわけではない。語中で濁音化されることもそんなに不自然と言えない。

「ごとし」を、推量の助動辞と見ることはないにしても、そのように感じる余地はあるかと考えられる。一般には、比況というふしぎな用語があり、「ごとし」や「ようだ」（口語）をあらわす機能的説明として、それでかまわない。

やうなり

おのづから御心移ろひて、こよなうおぼし慰む〈やうなる〉もあはれなるわざなりけり。

「桐壺」巻、一―二二、一―五八

自然とお心が移ろって、この上なくお思いになり慰む感じであるのも、道理ということであったことだ。

「やう（様）」は体言としても、吸着語としても、自立語の性格を喪わない。「やう」と「なり」との結合で、時代が下ると助動辞らしさを加えるので、一応、注意しておこう。時代が下って、「ようだ、ような、みたようだ、みたいだ」という助動辞が成立してくることを勘案すると、「まゐりてはいとゞ心ぐるしう、心肝も尽くる〈やうに〉なん」（「桐壺」巻、一―一一、一―三〇）など、

「なり」を下接する助動辞として成り立っていたかもしれない。

(1) 折口信夫に「形容詞の論——語尾「し」の発生」(一九三二、新『全集』一二)がある。
(2) 参照、山口佳紀『古代日本語文法の成立の研究』三ノ八、有精堂、一九八五。
(3) 西宮一民「いわゆる「甚《な》し」について」『論集日本文学・日本語』1(上代、角川書店、一九七八)。

十五章　「る、らる」「す、さす、しむ」

1　「る、らる」の四機能とは

「る」と「らる」とは上接する動詞のちがいによるので、一つにして考える。

自然勢とは、手持ちの高校生向けの文法書に見ると、「自発」を言う。「自発」とは困った語だと現代のだれもが感じる。現代語で〝自発的〟と言うと、文法用語としての「自発」（「自然に発《おこ》る」「おのずから」の意）が生まれたころと真逆の意味になって、「みずから行う」になる。教育の現場はたいへん困惑することだろう。

ここでは山田孝雄の使った「自然勢」という語をおもに採用することにする（『日本文法論』一ノ三ノ二）。単に「自然」とだけ言ってもかまわない。「おのずから発《おこ》る」さまをあらわす。

可能態は、「可能」という従来の言い方だった。古代の挙げられる事例が多く否定を伴う〝不可能〟な場合をさすようで、「できない」とは〈可能性がない〉。何も〈発《おこ》らない〉状態をさす。自然勢（自発）と可能態（可能）とは、ちがいがあるのだろうか。山田は「勢力」と言っていた。

手元の文法書に見ると、「る、らる」はさらに「受身」の機能を持つ場合があるという。これは一転して、なかなかの難問ではないか。自然勢（自発）や可能態（可能）と「受身」とのあいだに、どんなつながりを見いだせるだろうか。

「る、らる」には、ついで四つめの機能として、「尊敬」があるのだと手持ちの教科書は押しつけてくる。

〈自然勢、可能態、受身、尊敬〉という〝四種〟が「る、らる」であるとは、それらのあいだにどんな共通点があるのだろうか。共通点がありそうなことは、感触として肯《うべな》えるとしても、一つの「る、らる」に押し込められる過重さは、どう解きほぐしてゆけばよいのか。きわだった回答はまだないように思われる。

2　自然勢（いわゆる自発）

（帝ハ）御覧じだに送らぬおぼつかなさを言ふ方なくおぼさ〈る〉。

「桐壺」巻、一―七、一―一二

見送りあそばすことすらかなわない不安を言葉に出しようがなく思われなさる。

「おぼさる」は「おぼす」（＝「おもほす」）に「る」が付いて、「思われなさる」。「おぼす」という動詞じたいが敬語で、普通には「思ふ」と言う。「おぼす」に「る」が附いたのだから、「る」には敬意はない。自然とそう思われるという自然勢をあらわす。「思はる」（そう思われてしかたがない）の敬語と考えてもよい。帝の言葉の伝言は、

しばしは夢かとのみたどら〈れ〉しを、やうやう思ひしづまるにしも、

同、一―一一、一―三二

しばらくは夢かとばかりたどらずにいられなかった、（それが）ようやくきもちが落ち着くにつけても、

と、「～せずにいられない」という突き動かされる感情が内部から出てくる。

母君は、命婦との対話のうちに帝の耳に入れるべき恨めしい思いをこめる。

かへりてはつらくなんかしこき御心ざしを思ひたまへ〈られ〉はべる。

同、一―一四、一―三六

反面では恨めしいことと、恐れ多くもご寵愛（のこと）が存ぜられてならないのでございます。

「思はれはべる」（思えてならないのです）が、「たまへ」（謙譲、下二段活用）を介在させて「思ひたまへ〈られ〉はべる」になる。会話文中の「たまへ」と「る、らる」との結びつきは用例がきわめて多い。

自然勢をもうすこし挙げると、

相模《さがむ》ぢノヨロぎノはまノ、まなごなす児《こ》らは　かなしくおもは〈るる〉かも

『万葉集』一四、三三七二歌

相模路の余呂伎の浜の真砂《まなご》のような、
最愛のまな子《ご》はいじらしく思われてならないよ

あの娘がいじらしく思えてしかたがないと、主観的に感じている〈私〉（話者）の立場から成り立つ表現としてある。いじらしいと判断するのは〈私〉であり、そう思えてならない〈私〉によって自然勢の「る」（ここは「るる」）が要請される。

秋来《き》ぬと目には　さやかに見えねども、風の音にぞ　驚か〈れ〉ぬる
『古今和歌集』四、藤原敏行朝臣、一六九歌
秋が来てある（きょうは立秋だ）と、目にはきっぱりと見えるわけでないが、
風の音に、はっと気づかされてしまうよ

風の音でにわかに気がつく立秋の訪れを、「る」や「ぬ」を動員して自然勢でとらえる。

3　不可能と可能態

可能態は自然勢となかなか分けられない。可能態と言っても、

わがつまは　いたくこヒらし。ノむみづにかゴさへみえて、ヨにわすら〈れ〉ず
『万葉集』二〇、四三二二歌
私の妻はいかにも恋い慕っている、はなはだしく。（その証拠には）
飲む水に影まで見えて、けっして忘れられない

というように不可能をあらわす。「る、らる」の自然勢と可能態とはおなじ機能と言って言い過ぎでなく、自然勢を否定するから、実際には「できない」というような不可能になる。

御胸つとふたがりて、露まどろま〈れ〉ず、明かしかねさせ給ふ。

「桐壺」巻、一―八、一―二四

お胸はすっかり閉じられて、すこしもとろとろ眠られず、夜を過ごすことができないでおられる。

というように、不可能の場合に言う。

……を御覧ずるに、来し方行く末をおぼしめさ〈れ〉ず。

一―七、一―二二

(更衣の病勢を帝が)御覧になると、過去を振り返ること、将来に頼むこと、何にも考えあそばされない。

否定のかたちをとっていない事例を見ると、

紛るべき几帳なども、暑ければにや、うちかけて、いとよく見入れ〈らる〉。

「空蟬」巻、一―八六、一―二〇二

姿を隠すことのできそうな几帳なども、暑いからであろう、上げてあって、たいそうよく（内部が）見通される。

とあって、源氏の君がかいま見をするところ。「いとよく見入れ〈らる〉」とは、可能態の事例のようでも、〈自然と見える状態〉を言うとすれば、自然勢と見られる。日本語の「できる」のもともとが「出《い》で来《く》」（出てくる）であるように、自然に出現することをあらわす。

4　「る、らる」は「受身」か

「受身」はどうしようか。

「受身」ならば受働態とも言い換えられる。厳密には受働態を定義しづらいのだが、これまでの日本語論者は、英文法などの受働態を「る、らる」に当てはめて、それを受身と称する議論を進めてきた。時枝でさえ、まさにそうだった。問題の焦点は「る、らる」という受身が、自然勢、可能態の機能と「る、らる」という術語を共有していることで、どうつながるのだろうか。

かう打ち捨て〈られ〉て心おさめむ方なきに、　「桐壺」巻、一―一四、一―三八

かように（故更衣から）捨て置かれてきもちを慰める方法もないのに、

の「られ」は、いわゆる受身（受働態）と見られる。

帝をこの世に「打ち捨て」るのは桐壺更衣（故人）である。受身になるためにはどうしても主格

が交替して（格変動という言い方がある）、帝が「打ち捨てられ」るという当面の言い方になる。厳密には主格が交替すると言っても、（一）新しい主格者は行為を起こしていない、（二）主格者の身に影響が起きている、といった条件下でならば成り立つ。だから、たしかに日本語に欧米語とおなじく受働態があるということにはちがいない。

もう一度言うと、更衣が帝を捨てる。言い換えて、帝からすると〈帝が更衣の捨てるところとなる〉。自然とそうなると受け取って、「る、らる」を使って〈帝が更衣に捨てられる〉と言えそうである。何か厳しい事件が起きたり、事態だったりしても、行為者（更衣）がだれかを言わないようにして、自然に起きた事件か事態かのように述べることができるということだろう。帝を主格にして表現すると「る、らる」が出てくるという流れではあるまいか。

「る」の例だが（上代に「らる」の例が見つからない）、

山菅ノ、実成《ミ》らぬ事を、吾《わ》に依《ヨ》ソり、言は〈れ〉し君は、孰《たれ》トか　宿《ぬ》らむ

『万葉集』四、五六四歌

山菅ではないが、実のならぬことを、私に関係あるかのように、言われたあなたは、（私じゃないのね）だれと寝てるのかしらん、今ごろ

というように、あなたのことを周囲が噂する事態は、起きてしまうしかたのないことだと自然に任せる。

自然勢や可能態をあらわすために「る、らる」が持って来られるとともに、受身の言い方をも

「る、らる」をもってした、ということだろう。自然勢／可能態の言い方から、あいて側に立っての言い方に変えようとして、おなじ「る、らる」が持って来られた。

活用は、

る（四段動詞・ナ変・ラ変動詞接続）
れ　れ　る　るる　るれ　れよ
らる（その他の活用形の動詞接続）
られ　られ　らる　らるる　らるれ　られよ

となる。

化石的に、四段活用型の「る」が、「なさる」（尊敬語）、「たまはる」（謙譲語）などにのこるように思われる。

5　『万葉集』の「ゆ、らゆ」

上代の「ゆ、らゆ」が、ほぼ中古の「る、らる」に相当する。「ゆ」と「る」とを比較すると、内容上、きわめてよく一致する機能から成る。おそらく別語から来て機能をおなじくしたために、「る」が生きのこり「ゆ」を滅ぼしたのだろう。「ゆ」が「見ゆ、きこゆ、おもほゆ、いはゆる」などに生き延びたことはよく知られる。

「ゆ」は「あゆ」（下二段）という、「似る」あるいは「こぼれる、落ちる」というような意味の動詞から転成したか。また、「る」は「生《あ》る」（下二段）からできたかといわれる。

ゆ

自然勢

くりはメば、ましてしぬは〈ゆ〉　五、八〇二歌

可能態

みるにしら〈え〉ぬ。うまひトノこト　同、八五三歌

受身

ひトにいトは〈え〉、……ひトににくま〈え〉、　同、八〇四歌

一応、三つの機能に分けようと試みても、どこかかさなりあう。「ゆ」と「る」とは別の起源から出てきた語のようで、おなじような機能を持ったために容易に「る」が「ゆ」に取って代わった。

らゆ

いもをオモひ、いノね〈らえ〉ぬに、あきノ野に、さをしかなきつ。つまオモひかねて　一五、三六七八歌

上代語の「ゆ、らゆ」には尊敬を高める用法が見られないと言われる。

6　「る、らる」の敬意

「る、らる」(下二段型)によって、なぜ敬意が出てくるのだろうか。乳母の病気見舞いに行ったときの、光源氏のせりふに、

日ごろおこたりがたくものせ〈らるゝ〉を、やすからず嘆きわたりつるに、かく世を離るゝさまにものしたまへば、いとあはれにくちをしうなん。「夕顔」巻、一―一〇二、一―二四〇

この日ごろ、ご回復しそうになくておられることを、安心できずずっと嘆いておりましたところ、かように世を離れるさまで何かとおられるから、まことにしみじみと残念で。

と、「おこたりがたくものせらるゝを」〈病気が回復しそうもなくておられるのを〉と言う、この「らるゝ」は光源氏の乳母に対する敬意をあらわす。

「る、らる」を使ってあらわす敬意は、身分の低い人への敬意や、目下のひとへの敬意がおもだと言う。親しい場面では身分の高い人あいてや、年齢が上の人あいてにも「る、らる」が使われる。会話文などのなかだと、身分や年齢を越えて敬意の言い回しが見られることにも不思議はない。

異人《ことひと》の言はむやうに心得ず仰せ〈らる〉。「帚木」巻、頭中将、一―三七、一―九〇

まるで別人が言うかのように分からぬことをおっしゃる。

「仰す」〈下二段活用〉は「背負わせる、言いつける、命じる」意で、源氏の君が頭中将に言葉を下す。「仰す」じたいに敬意はなく、それに「らる」が付いた。「らる」はもともと自然勢で、自然にそうなること、つまり仰せがあいてから自然と出てくる。ひとさまの行為を無意志の発露として、自然勢の「らる」であらわす。よって「らる」が敬意をあらわすに至る。行為を無作為的に「自然と発《おこ》る」ように表現すると、尊敬という機能が動き出す。尊敬すべき人の行為を、自然に行われる

と見なすことから生じた、としばしば説明される。

「相手の動作に関与していないとすることで、相手が自分の力の及ばないなれなれしくない間柄であることを示す」、つまり尊敬表現になる、と『古典基礎語辞典』はうまい言い方で説明する。尊敬表現としては軽めと見られる。

なぞ、かう暑きにこの格子は下ろさ〈れ〉たる。　「空蟬」巻、一―八五、一―二〇二

どうして、この暑いのにこちらの格子は下ろしておられる。

格子が下ろされていることを自然状態とみなすことで、侍女たちへの敬意が漠然と生じる。「る、らる」は自然勢だとすると、あいてを自然状態に置くことで「自然になさる」というような敬意が出てくると一般に考えられている。受身と取れる事例かもしれない。

それでよいにしても、実情としては軽く敬意で遇したいときに自然勢の「る、らる」をもってした、という順序だろう。

人〳〵近うさぶらは〈れよ〉かし。　「若紫」巻、一―一八五、一―四五八

侍女たちは姫君の近くに伺候なされよな。

侍女たちに対して、軽めの敬語として使われる。

身づからひそみご覧ぜ〈られ〉給ふ……

「夕顔」巻、一―一〇二、一―二四〇

は地の文で、「ご覧ぜ」が敬意だから「らる」は受身となる。「(尼君は)自分から泣き顔を作って(源氏の君に)御覧にいれなさる」(新大系)の意。

「る、らる」が、尊敬語(「思す、思しめす、御覧ず」など)といっしょに使われるときには、その「る、らる」は尊敬でなく、自然勢あるいは可能の意味で使われていると見られる。

みやつこまろが申すやう、「いとよき事なり。なにか心もなくて侍らんに、ふと行幸《みゆき》して御覧ぜむに、御覧ぜ〈られ〉なむ。」と奏すれば、……

『竹取物語』「みかどの求婚」

みやつこまろ(竹取の翁)が申すには、「たいへんよいことです。何、ぼんやりしてござろうときに、ひょいと行幸してご覧になろうなら、自然とご覧になってしまいましょう。」と奏すると、……

竹取の翁が帝に奏上しているせりふのなかの、「ご覧ぜられなむ」は、「自然とご覧になることになろう」と見て、「られ」は自然勢である。

御門《みかど》、なほめでたく思しめさ〈るゝ〉事せきとめがたし。

同

帝は、それでも絶賛したく御感せられてならないで、思いを堰き止めがたい。

こんな「思しめさるゝ事せきとめがたし」の「るゝ」は、尊敬じゃないか、という人がいるかもしれない。「る、らる」は、それじたい、自然勢から出発して、可能、受身、そして尊敬になるのだから、「思しめす」(尊敬語)に付いた、さらなる尊敬と見られなくもないかと。ここはやはり「自然と思われてならない」と、そのきもちを抑ええない状態ととって自然勢としよう。

7 「す、さす」および「しむ」

す、さす

「す、さす」は尊敬の助動辞なのだろうか。「しむ」も併せて考察する必要がある。「す、さす」および「しむ」は、単独に使われる場合、使役であって、じつにはっきりした機能語として生きる。尊敬語、謙譲語と併用される場合に、「す、さす」および「しむ」もまた尊敬あるいは謙譲になるかという、ややこしい議論ながら、その議論のなかに早くも答えは出ている。尊敬語、謙譲語と併用されるからには、「す、さす」および「しむ」じたいは尊敬語でもなく、謙譲語でもない、とすると、使役を機能とする。

単独で使われる「す」に敬意があるならば、それだけを尊敬の助動辞と認定すればよい。いうまでもなく四段活用型の「す」があり、敬意を持つ。

籠モヨ、みこもち、ふくしモヨ、みぶくし持ち、此ノ岳に、菜採ま〈す〉児、……

『万葉集』一、一歌

かごをだよ、みかごを持ち、掘り串だよ、み掘り串を持ち、このおかに、若菜をお摘みの娘っ子、……

「菜採ます児」〈若菜をお摘みの子よ〉とあるような、尊敬四段型の「す」は用例が多い。下二段型の「す」からの分化か、もと四段活用型の使役をあらわす語があったか、それはわからない。単独での使用であるからには、尊敬という機能を認めざるをえない。

さ　し　す　せ

尊敬四段型の「さ・し・す・せ」は、『古事記』歌謡からわずかに引くだけでも、「ながなかさまく、なこはさば、ヨしときコさば、さざきトらさね、さよばひにありたたし、こヒきコし、あはししをトめ」など、あふれている。

それでは、四段活用型の使役の「さ・し・す・せ」はないかと言うと、史前史的にたくさんあったと言われるのでよい。岩波古語に言うように、古代語に「あます、うつす、おこす、おとす、かへす」など、四段動詞に見る語尾の「す」は他動的意味をあらわす。これらがもともと、使役の助動辞だったろう。

平安時代になると「せたまふ、させたまふ、しめたまふ」など、尊敬語の上部に下二段型の「せ」や「させ」あるいは「しめ」を付けて、いやが上にも高まる敬意を表現する。学校文法で、これらの「せ、させ、しめ」を尊敬だと教えるとしたら、まったくの不足ではないか。

つまり、下二段型の「す、さす、しむ」は、すべて、尊敬語、謙譲語と併用されて、それらの尊敬語、謙譲語を一段と高い尊敬語、謙譲語へ変える。「す、さす、しむ」はすべて使役であり、その使役によって尊敬語、謙譲語のランクを一段押し上げる。

われわれが苦労するのは、尊敬語、謙譲語に上接または下接する「す、さす、しむ」が、本来の使役か、使役を利用して一段と高い敬意へと変えているかどうかの判定である。「す、さす」および「しむ」は尊敬表現、謙譲表現に使われるため、使役態と、かたちの上で区別がつかない。

御門、かぐや姫をとゞめて帰りたまはんことを、あかずくちをしくおぼしけれど、魂をとゞめたる心地してなむ帰ら〈せ〉たまひける。　『竹取物語』「みかどの求婚」

帝はかぐや姫をのこしてお帰りになろうことを、惜しく残念にお思いになったことだが、魂をのこしている心地がしながらも、帰りあそばすということだ。

帝がかぐや姫求婚に失敗して帰るところに、「帰らせたまひける」という「せ」がある。帰ってゆくのは帝そのひとであり、だれかに命じて帰らせるのでない。自身が帰る。なぜ「す、さす、しむ」は、使役の助動辞であるにもかかわらず、尊敬表現にもなるのか。教場などで教えるのは、「偉い人（帝など）が自分は何もしないで、周囲に命令してばかりいるので、使役態で尊敬をもあらわすようになった」と説明する。その説明で納得する生徒がいるだろうか。「帰らせたまふ」は、ほかならぬ帝じしんが帰るのだから、その説明だと納得できない。「何もしない」のでなく、自分から帰ることをする。就寝など、自分以外のだれかがするだろうか。

貴人《きにん》が他人に命令するのでなく、「ご自身に命令される」と考えたらどうだろうか（注1）。貴人による、貴人みずからへの命令と見る。つまり貴人がもったいなくもご自身に命じて身体を動かし、お手やおみ足を使役してものをお取りになったり、お歩きになったりする。「もったいなくも」という感じがあると思う。周囲では手のくだしようのないことを、貴人がなさるにあたり出てくる、使役とはそういうことだろう。本来は使役の意味があって成立してきた表現ではないかと思われる。

活用は、

す

せ　せ　す　する　すれ　せよ

さす

させ　させ　さす　さする　さすれ　させよ

となる。

しむ

どんな辞書にも「しむ」に尊敬語が附いて高い敬意になるという説明がある。だからここでも取りあげておくが、あくまで「しむ」は使役であって、尊敬の助動辞ではない。

上代の使役には、

しメ　しメ　しむ　しむる　しむれ　しメ（ヨ）

と活用する「しむ」があって、「し」と「む」とが結びついてできた（別の説もある）。使役と言っても、なすがままにさせておく、随意にさせる、放置する。

『源氏物語』では事例が宇治十帖に三例ある。

御前に詠み申さ〈しめ〉給へ。　「早蕨」巻、五―五、八―一六

重く勘当せ〈しめ〉給ふべきよしなん、仰せ事侍りつれば、　「浮舟」巻、五―二四八、八―六二四

まことに出家《すけ》せ〈しめ〉たてまつりてしになむ侍る。　「夢浮橋」巻、五―三九五、九―三六二

男性宗教者や官人の言に、使役「しむ」の用例を見る。「しむ」じたいに敬意はなく、敬語との併用で高い敬意（尊敬や謙譲）が生じる。ただし、『源氏物語』の三例の限りでは、そのように高い敬意にあるか、使役そのものであるか、断定がむずかしい。それらの「しめ」が、単なる使役か、高い尊敬を導くための「しめ」か、判断を求められる。

阿闍梨の手紙のなかに、「御前に詠み申さ〈しめ〉給へ」（「早蕨」巻）とあるのは、使役と見られる。一方、内舎人の言に、

用意して候へ、便なき事もあらば、重く勘当せ〈しめ〉給ふべきよしなん、仰せ事侍りつれば、……　「浮舟」巻

心用意してくだされ。不都合なことでもあるならば、重大に罪責を勘問せられるであろうよし、仰せ言がございましたれば、……

とあるのは、『古典基礎語辞典』に、「尊敬語の上に付いて、より厚い尊敬の意を表す」例として挙げられる。判断のむずかしいところなので、注意するにとどめる。

8　高い尊敬

人の譏りをもえ憚ら〈せ〉給はず、世のためしにも成りぬべき御もてなしなり。

「桐壺」巻、一─四、一─一四

「憚る」に使役の「せ」が付き、「給ふ」の尊敬性を一段と高める。桐壺帝がご自身にもったいなくも遠慮ということをさせあそばす（ここはさらに否定して「させあそばすことができない」）。繰り返して言うと、従来の説明では、貴人が何もせずに、周囲に命じていたからだ、とされる。それで使役が尊敬になったという、やや滑稽な意見がまかり通る。そうではなかろう。貴人が自らへ命じる。もったいなくもご自分のおみ足に命じてお歩きになり、恐れ多くもおからだに命じてお寝みになる。「せ」じたいに敬意という機能はない。

「せたまふ」という言い方は、ひとに言わせるような場合もまた当然「せたまふ」というかたちになるから、テクストから読み取らねばならない。

……かことも聞こえつべくなむ。」と言は〈せ〉給ふ。　同、一─一五、一─一四〇

不平の一つも申し上げてしまいそうで。」と（母君は）言わせなさる。

など。

以上、下二段の「す」は使役であり、それを「給ふ」という敬語と同時に使うことで、敬語の敬

意を一段と高める。「す」じたいに敬意が生じたわけではない。四段の「す」はおもに『万葉集』に見られる。無作為をあらわすことから、早く尊敬をあらわす語へと転出したと考えられる。

使役としては、従者の言の、

「これは、さらにさやうにさし退けなどすべき御車にもあらず。」と口強くて、手触れ〈させ〉ず。

「葵」巻、一―二九四、二―一三二

「これは、けっしてそのように立ち退かせなどしてよいお車でもない。」ときつい言い方で、手を触れさせない。

というように言うのが、敬語たとえば「給ふ」と併用されると、

あまたの御方〴〵を過ぎ〈させ〉給ひて、ひまなき御前渡りに、

「桐壺」巻、一―六、一―一八

大勢の女性たちのまえを通り過ぎあそばして、切れ目のないお素通りに、

と、高い敬意（最高敬語）になる。帝ご自身がもったいなくも身体をうごかしてお方々（女性たち）のまえを素通りしあそばす。併用されて生じる高い敬意であって、「させ」じたいに〝敬語〟性はない。

謙譲の例もまったくおなじ機制で、

この御方の諫めをのみぞ猶わづらはしう心ぐるしう思ひきこえ〈させ〉たまひける。

「桐壺」巻、一―六、一―一八

母君は泣く〳〵奏して、まかで〈させ〉たてまつり給ふ。

一―七、一―二二

母君は泣く泣く奏して、退出させ申しなさる。

というように、「きこえ〈させ〉」は「さす」（使役）の使用によって、弘徽殿女御への高い謙譲をあらわし、「たまひ」は帝への尊敬をあらわす。「まかで〈させ〉」は、桐壺更衣を退出させる。帝に対して謙譲し（＝たてまつり）、「給ふ」は母君への尊敬として働かす。「させ」じたいに敬意はない。

（1）藤井『古文の読みかた』（岩波ジュニア新書、一九八四）で出してみた案。

第二部

機能語が意味語を下支えする　その二

十六章　助辞の言語態

1　格助辞のグループ

助辞は、文法書に助詞と言われるにもかかわらず、機能語＝〈辞〉なのだから〈助辞〉と名づけたい。漢文語の〝助字〟に相当するところは多いが、欧米語などだと格機能の位置や前置詞のたぐいに機能が分散するのに対して、日本語の助辞は独自の品辞を持ち、無数に文中にいりまじる。格が固有に助辞を持つことは日本語の大きな特色だと言ってよい。

格助辞は語と語との基本的関係（＝格）を引き受ける。

「の」格を認定する

「の」を「桐壺」巻の冒頭ページから数行、拾うだけでも、

いづれ〈の〉御時にか、女御、更衣、あまたさぶらひ給ひける中に、　「桐壺」巻、一―四、一―一四

それよりげらふ（下﨟）〈の〉更衣たちはまして安からず。　同

朝夕〈の〉宮仕へにつけても人〈の〉心をのみ動かし、　同

人〈の〉譏りをもえ憚らせ給はず、　同

世〈の〉ためしにも成りぬべき御もてなしなり。　　同

と、いくつも見られる。

下﨟が更衣たちであり、朝夕が宮仕えの時で、人がその心の持ち主であり、人が譏るのであり、世がためしにもなる、というように、「の」の下には「の」の上の語の支配するエリアが示される(注1)。

以下も、まばゆいばかりその方がご評判である、人々が頭をなやます材料だ、楊貴妃が事例だ、かたじけないお心ばえが類例ない、古風な母親が由緒正しい……と、上接語が〈の〉の下の語に対して支配関係にある。

坊にもようせずはこの御子〈の〉ゐたまふべきなめりと、一の御子の女御はおぼし疑へり。

同、一—五、一—一八

皇太子位にもひょっとするとこの御子がお就きになるにちがいなく見られると、弘徽殿女御はお思い疑いである。

光源氏が春宮位に就くかもしれない、というので、「この御子」(=光宮)と「ゐたまふべきなめり」とは主格と述部との関係にある。

いとにほひやかにうつくしげなる人〈の〉、いたう面痩せて、いとあはれと物を思ひしみなが

ら、言に出でても聞こえやらず、あるかなきかに消え入りつゝものしたまふを御覧ずるに、

同、一―七、一―二二

まことに匂わしくいかにも美形の人が、えらく面瘦せて、たいそう悲しいと何かと思いに沈みつつ（しかし）、ことばに出しても申し伝えず、あるかないかの状態に消え入りながら何しなさるさまをご覧になって、

桐壺更衣が死期の迫る様相にある。あるかなきかに消えなんとするのを帝はご覧になる。主格と述部との関係で、特に句や節を受けるのに「の」を必要とする、ということかもしれない。主格そのものの提示だけならば、日本語の性格として「の」をおもてに出さなくてよかろう。「御了、坊に就きたまふ」「うつくしげなる人、いたう面瘦す」でよいのだから、句や節などの入り込むテクストのなかで「の」が必要になった。

上の語と下の語との関係には、主格、所有格、修飾語と、機能上の分類が可能であるようでも、中心に「の」格を認めて〈主格～所有格〉で一括するのでよかろう。主格は述部を所有するので、日本語の場合、主格と所有格とのあいだにしっかりした境界がない。「の」について同格や並立といった説明の便宜は学校文法での在り方としてならば、あってよい。

つ

「つ」は最古の助辞で、断片化された状態で、「が」や「の」以前に主格性のあった助辞だろう。発音はtu（とぅ）のようで、「と」音に近いかもしれない。「さの〈つ〉トり」（『古事記』上）、「髙

〈つ〉鳥」(祝詞)、「湯〈つ〉磐村」(『万葉集』一、二二歌)、「かひ〈つ〉物」(「須磨」巻、二―四二、二―四七八)というように、上代文献ほかに見つかる。しかし、正確に主格の例を知らない。

な

古い「な」は「の」と交替する。「た〈な〉するゑノ調《みつぎ》」(『日本書紀』崇神紀)、「ぬ〈な〉ト」(『古事記』神代)、「ま〈な〉かひ」(『万葉集』五、八〇二歌)、「神《かむ》〈な〉がら」(=「神ノから」、二、一九九歌)など、「た」(=手)、「ぬ」(=瓊)、「ま」(=目)、「神《かむ》」は、いずれも単独で使われない語ばかりだ。

「が」格

「桐壺」巻の〈が〉の語例を書き出してみよう。

1　いづれの御時にか、……いとやんごとなき際にはあらぬ〈が〉、すぐれてときめき給ふ有りけり。　「桐壺」巻、一―四、一―一四

2　我《わ》〈が〉身はかよわく物はかなき有りさまにて、　一―六、一―一八

3　むなしき御骸《から》を見る〳〵、猶おはする物と思ふ〈が〉いとかひなければ、「灰になり給はんを見たてまつりて、……」と、さかしうのたまへれど、車よりも落ちぬべう……　一―九、一―二六

4　「いままでとまり侍る〈が〉いとうきを、かゝる御使の蓬生の露分け入り給ふにつけても、

いとはづかしうなん。」とて、……　一—一一、一—一三〇

5　宮城野の露吹き結ぶ風の音に、小萩〈が〉本《もと》を思ひこそ　やれ　一—一二、一—一三四
　宮城野の露が吹き結ぶ、風の音に、
　小萩のもと（幼児）を思いやってほしい

6　我《わ》〈が〉御心ながら、あながちに人目おどろくばかりおぼされしも……　一—一四、一—一三八

7　荒き風ふせぎし陰《かげ》の、枯れしより、小萩〈が〉うへぞ　静心なき　一—一六、一—一四二
　荒き風が防いだ、その蔭（庇護）が枯れたときから、
　小萩のうえを平静に考えられない

と限定的で、かずが少ないという印象を持つ。

1は、〈いとやんごとなき際にはあらぬ〉が名詞節で、それを主格として「が」は要請される。桐壺更衣が高貴な身分でないことを節にまとめ上げる。高貴な身分でない女性が栄えているという因果関係に、この物語の最初に設定するシチュエイションは焦点化される。

2の「我〈が〉身」、6の「我〈が〉御心」の「我〈が〉」は、〈私が持つ〉の意。所有格へ転成しているとも、「わが」という固化した言い方（連体詞というか）とも見られる。「我〈が〉御心」は〈私が持つ御心〉で、命婦の言なので「私」＝帝であっても「御」がはいる。

3は、〈猶おはする物と思ふ〉というのが名詞節で、母君の思いが取り出されて、それをむなしいとする、効《かい》ないことだと嘆く。

4は、〈いままでとまり侍る〉が名詞節で、それを積極的に受けてつらいとする。所有格のように一見、見られるのが、5「小萩〈が〉本《もと》」、7「君〈が〉うきふし」で、〈小萩が（持つ）本《もと》〉〈君が（持つ）うきふし〉と、「が」の上接語と下接語とは所有関係にあり、「小萩、君」が主格をなす。

「が」は主格を表示する格助辞だが、小萩という愛らしい歌語を話題にしたり、君を「が」で焦点化したりする。主格をあらわすが、主格が「の」をかならず必要とするわけではない。所有格は「の」あるいは「が」を表示として必要とする。「が」および「の」はあわせて〈主格~所有格〉とまとめられる。

「に」格

「に」（助辞）は上接語が名詞（句、節）からなる場合に、場所、時間、対象などの領域で広く活躍する。「に」は不可欠で、他の助辞と置き換わりようがなく、「を」格とともに格をあらわしている。

女御、更衣あまたさぶらひ給ひける中〈に〉、いとやんごとなき際にはあらぬが、　一―四、一―一四

めざましき物〈に〉おとしめそねみ給ふ。　同

朝夕の宮仕へ〈に〉つけても人の心をのみ動かし、　同

「女御、更衣あまたさぶらひ給ひける中」（名詞句）は漠然と場所の広がりを持つ。「めざましき

物」も漠然とした対象であり、「朝夕の宮仕へ」は時間で示されるしごとをあらわして、「に」で受けられる。「に」格を認定できる。

動態詞の連体形は名詞節を構成して「に」を下接する。

楊貴妃のためしも引き出でつべくなり行く〈に〉、いとはしたなきこと多かれど、　同
急ぎまゐらせて御覧ずる〈に〉、めづらかなる児《ちご》の御かたちなり。　一―五、一―一六
御袴着の事、一の宮のたてまつりし〈に〉おとらず、　一―六、一―二〇
御使の行きかふ程もなき〈に〉、猶いぶせさを限りなくのたまはせつるを、　一―八、一―二四

いずれも「に」格をなす。

いわゆる形容動詞の連用形に「に」が出てくるのも視野にはいってくる。語幹（名容詞と言うか）は名詞の類に準じる。

いとあづしくなりゆき、物心ぼそげ〈に〉里がちなるを、　一―四、一―一四
……とうち返しつゝ御しほたれがち〈に〉のみおはします。　一―一四、一―三八

「に」はまた、さまざまな助辞と二連し、あるいは三連する。

いづれの御時〈にか〉、女御、更衣あまたさぶらひ給ひける中に、　一―四、一―一四

いとやんごとなき際〈には〉あらぬが……　同

うらみを負ふ積もり〈にや〉ありけむ、いとあづしくなりゆき、　同

世のためし〈にも〉なりぬべき御もてなしなり。　同

やう〳〵思ひしづまる〈にしも〉、さむべきかたなく耐へがたきは……　一―一一、一―三二

いわゆる「接続助詞の『に』」、つまり連体節のあとに来る「に」は古文において特に認めなくてよかろう。さきに「が」について述べたように、口語の終止形接続の成立（古文における連体形から成立する）に伴い、古文に「接続助詞の『に』」があるかのように感じられたということだろう。

にて

「にて」は無数に用例がある。「に」プラス接続助辞「て」と考えられる。

いにしへの人のよしある〈にて〉、親うち具し……　一―四、一―一六

一の御子は右大臣の女御の御腹〈にて〉、寄せ重く……　同

大方のやむごとなき御思ひ〈にて〉、　同

無品の親王の外戚《げさく》の寄せなき〈にては〉たゞよはさじ。　一―二一、一―五四

「にて」はのちに格助辞「で」にまで至る。そのせいか、格助辞と認定してよい「にて」があるのではないかとされる。一般に「にて」という格助辞を学校文法でも認める。しかし、みぎの事例

で言うと、どれが「に」プラス接続助辞「て」で、どれが格助辞の「にて」として認定できるのか（「にては」もある）、判定はなかなかむずかしい。

その上、「に」プラス接続助辞「て」を本性とすると言う場合、その「に」には助動辞らしさがどうしても感じられてくる。「に」が動作や視点を獲得して助動辞化する道筋は十分に考えられる。n音がi音を獲得して助辞にも助動辞にもなりうる発生期を想定してもよい。そのn音はまた助動辞「あり」ar-iと結合して助動辞「なり」を生成させる。

で

「で」はn音がi音を獲得することなく「て」と結合して「で」となったと考えられる（n音＋te）。

おなじ遊び女とならば、誰もみなあのやう〈で〉こそありたけれ。　『平家物語』一「祇王」

さいはひはただ前世の生まれつき〈で〉こそあんなれ。　同

「を」格

「を」は以下のように対象を指しており、目的格として成立していると認められる。対象格とも言い換えられる。

a　人の心〈を〉のみ動かし、うらみ〈を〉負ふ積りにやありけむ、　一―四、一―一四

b　人の譏り〈を〉え憚らせ給はず、世のためしにもなりぬべき御もてなしなり。　同

c　かたじけなき御心ばへのたぐひなき〈を〉頼みにてまじらひ給ふ。　同

a「人の心」を対象にして、それを動かす。「負ふ」の対象が「うらみ」となる。b「人の譏り」を遠慮することができない。cは「動態詞の名詞化」で扱う事例で、名詞節を引き受ける。「を」は、対象をあらわす用法として無数に詩歌や物語に見いだされる以上、格助辞としての「を」と間投助辞（遊離助辞）との境目は最初からあったはずだ。もとは一つであったか、そのようにしばしば論じられるにしろ、史前史段階に属することであり、不明というほかない。

「へ」格

「へ」は語例を「桐壺」巻に見かけない。「帚木」巻に「へと」一例、「空蟬」巻に「へ」一例……、というように、語例がきわめて少ない。

方ふたげて引きたがへ「ほかざま〈へ〉」とおぼさんはいとほしきなるべし。

「帚木」巻、一―六二、一―一四八

この事例は「〜へ（ゆく）」の「ゆく」という移動動詞の省略かと見る。

「夜中に、こはなぞとありかせ給ふ。」とさかしがりて外《と》ざま〈へ〉来《く》。

昨日、山〈へ〉まかり上りにけり。　「空蟬」巻、一―九二、一―二一八

手にうち入れて、家〈へ〉持ちて来ぬ。　「夕顔」巻、一―一二七、一―一三〇四

○　『竹取物語』「かぐや姫の生い立ち」

移動動詞である「来、まかり上り、持ちて来（ぬ）」によって受けられる。「へ」は方向性を持ち、「外ざま、山、家」と、すべて到着点を示す。「へ」の機能はじつにはっきりしている。古典では「へ」格というのを明瞭に認めることができる。

『万葉集』にも「へ」（甲類）はめったに見かけないものの、助辞として成立していたろう。ただし、語源かと見られる、辺りを示す「へ」が響くようで、

吾（が）せこを倭へ（＝辺）遣るト、さ夜深けて、鶏鳴露《あかトき》に、吾（が）立ち霑れし
　『万葉集』二、大伯皇女、一〇五歌

私の兄を大和へ出立させる、ということで、
夜が更けて、明け方の露に（見送る）私が立ち濡れたことは……

桜田へ（＝部）鶴《たづ》鳴き渡る。年魚市《あゆち》方。塩干にけらし。鶴鳴き渡る
　三、高市連黒人、二七一歌

桜田へ鶴が鳴き渡る。年魚市潟よ。
干潮になったと見られる。鶴が鳴き渡る

など、倭、桜田という到着点であるとともに、辺りでもある。「早く日本へ（＝辺）」（一、六三歌）、「木方《へ》往く君が」（九、一六八〇歌）〔紀伊へ往くあなたが〕、「みやこへ（＝敝）ノボる」（二〇、四四七二歌）など、行く先を明示する。

「行方知らずモ」（二、一六七歌）という時の「ゆくへ」や、いづへ、いにしへ、うみへ、しりへ、などの「へ」は甲類で、助辞「へ」と同源と見られる。『古事記』歌謡の事例は「くにへくだらす」（仁徳記、五二歌謡）一例のみ。

より

「より」の〝基本的機能〟は〈時や動作の起点〉や経路をあらわすと、どの辞書類にもある。その限りでは格助辞だが、しかし「桐壺」巻をひらくと、なかなかそのような〝基本〟の用法に出会わない。

はじめ〈より〉、我は、と思ひ上がりたまへる御方〴〵、　「桐壺」巻、一―四、一―一四

同じほど、それ〈より〉げらふの更衣たちはまして安からず、　同

人〈より〉さきにまゐり給ひて、　一―六、一―一八

後涼殿にもと〈より〉さぶらひ給ふ更衣の曹司をほかに移させ給ひて、上局に給はす。　一―六、一―二〇

と、みぎのように並べ出すと、起点のほか、比較の基準や一定の範囲の限定をあらわして、副助辞にも近い。

荒き風ふせぎし陰の、枯れし〈より〉、小萩がうへぞ　しづ心なき　一―一六、一―四二

荒々しい風を（以前は）防いだ（木の）陰（庇護者）が枯れたことから、小さい萩（若宮）の身の上について（不安で）、心が安まりませぬよ

「より」は以前の状態とそれ以後との比較を言う。〝～からあと、～以来〟。

かく心ぼそくておはしまさむ〈より〉は、内住みせさせ給ひて御心も慰むべく、などおぼしなりて、まゐらせたてまつり給へり。　一―二二、一―五八

心ぼそい現状であるのに対して、藤壺を入内させるほうを選ぶ、というので、比較するとベターなほうがあとに続く。単なる時や動作の〝起点〟ではあるまい。現代語の「より」だと時や動作の〝起点〟を「から」にだいたい譲る。

『万葉集』に見られる漢文語の助字は「従」や「自」で、後者ならば〝起点〟でよいかもしれないが、前者ならばある事態からつぎの事態が附随して起きるという語感となろう。

ゆり、よ、ゆ

かしこきや　みコトかがふり、あす〈ゆり〉や　かえがむたねむ。いむなしにして

『万葉集』二〇、四三二一歌

かしこくも、命令をいただいて、明日のさきは萱と
一緒に寝るのでは。あの子がいなくて

「さゐかは〈よ〉」（『古事記』中、二〇歌謡）、「田子ノ浦〈従《ゆ》〉」（『万葉集』三、山部宿祢赤人、三一八歌）というように、「より」の交替形の「ゆり」や、「り」を取り去った「よ、ゆ」という交替形があることは不思議だ。

さゆり花、ゆりモ　相《あはむ》ト、したはふるココロし　なくは　今日モ　へメやモ

一八、大伴家持、四一一五歌

さゆり花の「ゆり」ではないが、後にきっと逢おうぞと、
秘めて思い詰める心がないならば、今日の日だって我慢できるかよ

という自立語（名詞の類）の「ゆり」が「後」とも書かれるところに語源を暗示する（「路辺《みちノへ》（ノ）草深百合《くさふかゆり》ノ後《ゆり》（にト）云ふ」〈一一、二四六七歌〉）。

から、ゆゑ

多くはわが心も見る人〈から〉をさまりもすべし。

「帚木」巻、一―四三、一―一〇四

「たいていは、こちらのきもちにしても、相手の女しだいで収拾もすることでしょう」と、原因を受けて結果を導く。結果を予想する。

「など、みかどの御子ならん〈から〉に、見ん人さへかたほならず物ほめがちなる。」と、

「夕顔」巻、一―一四六、一―三五六

下に接続し、逆接の感をかもすけれども、接続助辞にはならない。

「ゆゑ」は一般に名詞という扱いながら、「から」に近い。「つらつき、まみなどはいとよう似たりしゆゑ」（「桐壺」巻、一―二三、一―六〇）、「又この宮（藤壺）とも御仲そばそばしきゆゑ」（同）など、「から」と言い換えられるかもしれない。

「と」格の認定

「と」は格助辞だろうか。格助辞になるまえがありそうだし、「に」とおなじように助動辞／助辞の交錯する状態も認められる。上接する語句や節を引用し、その再説、再起動、繰り返し、代行、およびその添加、敷衍、あるいは省略に従事する。いわゆる引用の「と」が圧倒的に多いから、引用格とでもいうべき格を特化する必要がある、ということだろう。副助辞という扱いがよい場合もあろう。

はじめより「我は」〈と〉思ひ上がりたまへる御方〴〵、めざましき物におとしめそねみ給ふ。
「桐壺」巻、一―四、一―一四

宮仕えの当初から「わたしは（一番なのだ）」、そう誇りを持っておられる女性たちは、桐壺更衣を目障りなやつであると見下し嫉妬なさる。「我は」を受けて〈と〉が再起動を促す。

一の御子は……、疑ひなき儲の君〈と〉、世にもてかしづききこゆれど、
一―五、一―一六

第一皇子は疑念を持ちようのない儲君である、そうそのようにこの上なくたいせつにお育て申すけれど、と続く。申し分のない世継ぎであり、お守りする。

坊にもようせずはこの御子のゐたまふべきなめり〈と〉、一の御子の女御はおぼし疑へり。
一―六、一―一八

春宮坊にどうもへたするならばこの御子がお就きになりそうだと見える、そう弘徽殿女御は思い疑っていらっしゃる。

語源は「ともかくも、とばかり」などの「と」（副詞）と言われる。

ひぐらしの鳴きつるなへに、日は　暮れぬ。〈と〉思ふは　山の陰にぞ　ありける

『古今和歌集』四、詠み人知らず、二〇四歌

ひぐらしが鳴いたばかりの同時刻、日は暮れてしまう。
と思うと山の陰にええ、おりましたことよ

という場合、四句の「と」は句頭にあるから、これを辞にとることに抵抗がある。「と」を含む「など、なんど」（「何と」の転）も副詞から副助辞ないし格助辞へと転成した語で、同一の機制が感じられる。

並列の「と」

「と」（格助辞）を並列させる場合がある。「行く〈と〉来〈と〉せきとめがたき」（「関屋」巻、二―一六〇、三―一六四）、「絵のさまも唐土《もろこし》〈と〉日本《ひのもと》〈と〉を取り並べて」（「絵合」巻、二―一七七、三―一九六）、「当代の御母后と聞こえし〈と〉、この姫君（明石姫君）の御かたち〈と〉をなむ、よき人とは……おぼゆる」（「玉鬘」巻、二―三五二、四―六八）と、用例は多い。並列という考え方はいろんな語にあって、「～も～も、～や～や」など見える。並列は思考のごく基本にあることで、特に並立助辞を設定する必要をあまり感じない（注2）。

とて、とても

限り〈とて〉わかるゝ道のかなしきに、いかまほしきは　命なりけり

「桐壺」巻、一―八、一―一二

一期として別れる、(生死を) 分かたれる、(死出の) 道が悲しいのにつけて、生きたいのは命であったことだ。死出の道に行きたいのでなく

「限り〈と〉」に「て」が附いた。「と」には「断定たり」の連用形もあり、説の分かれるところ。「て」は接続助辞と見よう。

「とても」は「ものゝけとても」(「葵」巻、一―三〇一、二―一五二)、「古歌とても」(「蓬生」巻、二―一三六、三―一〇八) など、名詞その他に下接する。「と」だけで逆接になる例が『源氏物語』にあるかどうか、うまく見つからない。

現代語の「〜すると、」というような接続助辞は近代語だと言われる。英語の with に相当するかもしれない。『万葉集』の助字は「与、共」。

まで

「まで」については副助辞という認定になるか、到達点を示すという場合には格助辞にはいるかもしれない。

a　御かたち、心ばへ、有りがたくめづらしき〈まで〉見え給ふを、　「桐壺」巻、一―七、一―二〇

b　亡き後《あと》〈まで〉人の胸あくまじかりける人の御おぼえかな。　一―一〇、一―二八

c　故大納言、いまはとなる〈まで〉、　一―一三、一―三六

ｄ　身にあまる〈まで〉の御心ざしのよろづにかたじけなきに、　同

ａｄは活用語の連体形に、ｂは名詞に、ｃは「と」を受ける。

かたみとぞ　見るにつけては　朝露の、所せき〈まで〉ぬるゝ袖かな

「東屋」巻、五―一八〇、八―四五〇

（亡き大君の）形見として、（浮舟を）見るにつけては、

朝露があふれるほど、（涙に）濡れる袖か、ああ

『万葉集』からあり、「みやこまで」（空間、五、八七六歌）、「いづれノ日まで」（時間、一五、三七四二歌）、「珠ト見るまで」（範囲、一七、三九一三歌）と、用途が広い。

して

門あけて惟光の朝臣出で来たる〈して〉たてまつらす。「夕顔」巻、一―一〇一、一―二三八

ありつる御随身〈して〉遣はす。　一―一〇四、一―二四六

名詞や名詞節を受ける「して」は格助辞扱いでよいのではなかろうか。

動詞の「して」や接続助辞の「して」もあるようで、「大空の星の光をたらひの水に映したる心ちして、……」（「蓬生」巻、二―一三二、三―九八）、「君（紫上）はをとこ君のおはせずなど〈して〉

さう〴〵しき夕暮れなどばかりぞ……」（「若紫」巻、一―一九七、一―四九四）などは、動詞や接続助辞の例かもしれない。

もて

大方の御家居も、ありしよりけにあさましけれど、わが心〈もて〉、はかなき御調度どもなども取り失はせ給はず、「蓬生」巻、二―一四〇、三―一一八

「心もて」の「もて」はモッテ（以て）と読むのだろう。一般には「……をもちて」という漢文訓読語として知られる。『万葉集』には「なにモノ〈もて〉か」（一五、三七三三歌）や「もち」の例（「みコト〈もち〉」〈一七、四〇〇六歌〉）がある。

2　副助辞

副助辞類は語関係にさまざまなニュアンスのラインを引く。現代語で言うと、「くらい（ぐらい）、ほど、ばし、だけ、たら〈名詞接続〉、きり（ぎり）、まで、でも、しか、やら、なりと」など、かず多くある。格助辞と分け切れない場合もあって、多くは名詞の類のあとに添加されて、意味語を厳密にしたり曖昧にしたりする。限界や範囲の線引きを行って、ときに逸脱もある。精神活動の微妙感を引き受ける。

ばかり

暮れまどふ心の闇も耐へがたき片端をだに晴るく〈ばかり〉に聞こえまほしう侍るを、
「桐壺」巻、一―一三、一―三六

たゞかの遺言をたがへじと〈ばかり〉に出だし立て侍りしを、
同

○なべて世のあはれ〈ばかり〉を問ふからに、誓ひしことと神や諫《いさ》めむ
「朝顔」巻、二―二五六、三―三六八

一通り世間の悲しみ程度を見舞う（という理由）で、（かつて）誓った言葉（に背く）と（賀茂の）神が咎めるのでは

と、広い使用が認められる。「晴るく〈ばかり〉に」は終止形接続の「ばかり」で、鬱屈した思いを晴らすことができそうな程度に。「……と〈ばかり〉に」は、限界内というより、ラインからの逸脱を含むかもしれない。朝顔のうたは源氏への返歌である。

○時〳〵思ひ分かぬ〈ばかり〉の心にては、よしばみなさけだたざらむなんめやすかるべき。
「帚木」巻、一―六〇、一―一四四

（小君ハ）いとあさましくつらしと思ひて、「いかにかひなしとおぼさむ。」と、泣きぬ〈ばかり〉言へば、
一―七五、一―一八八

と、連体形接続、終止形接続、両方のあるのがおもしろい。前者（連体形接続）は「時宜をわきまえない、その程度の浅い思慮」という、至らなさのニュアンスを「ばかり」であらわす。後者（終止形接続）は姉（空蟬）のつらいしうちに泣いてしまいそうになる。実際に泣かなかったものの、泣きそうになるという〝逸脱〟を含む。微妙に終止形接続の感じをあらわしていると見られる。

「ぬ」の下接だと、「……花のたよりに過ぎぬ〈ばかり〉か」（「蓬生」巻、二―一五一、三―一四六）は、完了の「ぬ」（終止形）か否定の「ぬ」（連体形）か、よく分からないこともある。

『万葉集』では万葉がなのほか、「広瀬川、袖漬く〈許《ばかり》〉」（七、一三八一歌）のようにほとんどが「許」字で、「量」字がわずかにある（一一、二三七二歌）。

のみ、ノミ

人の心を〈のみ〉動かし、うらみを負ふ積りにやありけむ、　「桐壺」巻、一―四、一―一四
それにつけても世の譏り〈のみ〉多かれど、　一―七、一―二〇

「猶しばし心みよ。」と〈のみ〉のたまはするに、　同

秋風にしばしとまらぬ露の世を、たれか　草葉の上と〈のみ〉見ん
「御法」巻、四―一七一、六―四〇八

秋風に少しもとどまらない（はかない）露の世を、
だれが草葉の上のこととだけ見ようか

と、種々の語に付き、取り立てて他を排除する言い方を特徴とする。「～の身」と言われる語源説

は、上代に類似する表現を知らない。

『万葉集』ではかな書きか、助字「耳」字かをもっぱらとする。

神山《みわやま》ノ山辺真そ木綿《ゆふ》、短木綿、如此耳故《かくノミ》に長くト思ひき　二、一五七歌

三輪山の山辺の麻の木綿は短木綿だ。

かくも短くあったのに長（い命）と思いました

さへ

先の世にも御契りや深かりけむ、世になくきよらなる玉のをの子御子〈さへ〉生まれ給ひぬ。

「桐壺」巻、一―五、一―一六

初瀬河、はやくのことは　知らねども、けふの逢ふ瀬に身〈さへ〉ながれぬ

「玉鬘」巻、二―三五四、四―七四

初瀬川の流れが速い、そのように早くのことはわからないけれど、

今日の再会に、（涙で）身までもが流れてしまう

添加する機能と言われる。「世になくきよらなる玉のをの子御子〈さへ〉」は、契りの深さの上に、さらに玉の男子誕生が添加される。玉鬘の作歌は涙に流れる（泣かれる）ことに身が流れることを添える。さらに、さらなる、新たに、かさねて、という添加を言う。「添へ」だから「さへ」という、語呂合わせのような説明はやめることにしよう。

『万葉集』の用字に見ると、助字「共、并、兼」のほかに「副」字が目立つ。

我（が）情《ココロ》〈副《さへ》〉　四、五一四歌

心も　身〈副《さへ》〉縁《よ》りにしモノを　同、五四七歌

だに

御覧じ〈だに〉送らぬおぼつかなさを言ふ方なくおぼさる。

「桐壺」巻、一―七、一―二二

よろしきことに〈だに〉かゝる別れの悲しからぬはなきわざなるを、まして哀に言ふかひなし。

一―九、一―二六

「御覧じ〈だに〉送らぬ」は重態の桐壺更衣が退出するのを、引き止めることはできなくとも、せめて見送りはしたい。その見送りすら帝には許されない。神聖な、タブーのかかっている帝には病人を十分に見送ることもならない。

「よろしきことと」は、帝と光宮との通常の別れを言う。それすら悲しいのに、光宮が退出すると、もう会えないかもしれない厳しい別れである。

実現不可能性と、現実や現状とのあいだで、せめて……だけでも、と願う。実現できたり、それすら実現できなかったりする。『万葉集』は、

三輪山を然モ　隠すか。雲〈だに（＝谷）〉モ　情《ココロ》有らなモ。かくさふべし哉《や》　一、一八歌

三輪山をそんなにも隠すのか。（せめて）雲だけでも
思い遣ってほしいよな。あんなに隠しおおせてよいのかな

すら

一重ノミ、妹が結ふらむ帯を〈尚《すら》〉、三重（に）結ふべく吾（が）身は　成り（ぬ）

『万葉集』四、七四二歌

一重だけにして妹が結んでいるはず。その帯でさえ、
三重に結ぶことができる。げっそりぼくのからだは痩せちまう

○

焱り干す人モ　在れやモ　家人（ノ）春雨〈すら〉を間使ひに為る

九、一六九八歌

あぶり乾かす人なんているのかしらとは、うちの奥さんが
春雨でさえ（心配して）使いの者を寄越しまする

『源氏物語』に見えない語で、『万葉集』や漢文訓読に出てくる。

づつ

二の町の心やすきなるべし、片端〈づつ〉見るに、「よくさまざまなるものどもこそ侍りけれ。」

とて、心あてにそれかかれかなど問ふなかに、

「帚木」巻、一―三四、一―八二

一つ二つという時の「つ」をかさねる。それならば「つつ」あるいは「つづ」でよいが、「つつ」が上接の語から語から連濁して「づつ」となったのだろう。『万葉集』には見られない。

ながら

我（が）御心〈ながら〉、あながちに人目おどろくばかりおぼされしも、
「桐壺」巻、一―一四、一―三八

琴の音も　月も　えならぬ宿〈ながら〉、つれなき人を引きや　とめける
「帚木」巻、一―五二、一―一二四

琴の音にしても月にしても、ことばにならないスンバラシイ宿なのによ、（だから尤もだろうが）薄情な男を（「弾き」じゃないけど）引きとめなんかしたかしらん

結果を予想することから、逆接を含む接続に重点が移る。動詞の連用形や「かく」などに付く場合には接続助辞になる。

など、なんど

さうぐ〳〵しくて、中納言の君、中務〈など〉やうのおしなべたらぬ若人どもにたはぶれ事（＝言）などの給ひつゝ、
「帚木」巻、一―六一、一―一四六

葵上付きの若女房から二人、例示的に取り上げる。彼女たちは将来、召人〈手つきの女性〉になってゆくのだろう。

「……中についても、女の宿世はいと浮かびたるなんあはれに侍る。」〈なんど〉聞こえさす。

一―六五、一―一五八

括弧のなかは紀伊守の言で、それを引用して「なんど」が受ける。「など、なんど」は「何《なに》〈と〉」の転で、「など」とあってもナンドと訓むらしい。副詞の「など」とかかわり深いと見られる。副詞の例は、

かく数ならぬ身を見も放たで、などかくしも思ふらむ、と心ぐるしきをり〳〵も侍りて、

一―四六、一―一一〇

とある。「などてかくはかなき宿りは取りつるぞ」〈「夕顔」巻、一―一二六、一―三〇〇〉というような副詞的言い回しもあって、副詞「など」と助辞「なんど、など」との関係は副詞「と」と助辞「と」との関係によく似る。

『万葉集』にはまだ見えない。

し、しも、しぞ

結びつる心も　深き元結ひに、濃き紫の色〈し〉　あせずは
結んだばかりの思いも深く、祈り込めてある元結いに、（その）濃紫色が褪せない限りは
「桐壺」巻、一―二五、一―六六

◯

やうく思ひしづまるに〈しも〉、さむべき方なく耐へがたきは、
一―一一、一―三二

『万葉集』にも多く見られる。「ソコ〈し〉恨めし」（一、一六歌）、「倭〈し〉所念」（同、六四歌）、「みやこ〈しゾ〉モふ」（五、八四三歌）、「ももか〈しモ〉ゆかぬまつらぢ」（同、八七〇歌）など。

「しゾ、しも」というように、係助辞「ゾ、も」と結びつく。「し」には多分に係助辞性があって、文末や文のあとへ力を貯めて懸かってゆくと感じられる。大野晋『係り結びの研究』(注3)は係助辞について、「は―も、なむ―ぞ、や―か」とペアであるのに対し、「こそ」にもペアになる語があるのでないかを探して、「し」に到達していった。注目すべき意見かと思う。

い

ひらかたゆ、ふえふきノボる。あふみノや　けなノわくご〈い〉　ふえふきノボる
『日本書紀』一七、継体二四年是歳、九八歌謡
枚方より、笛を吹いて上京する。近江のええ、

けなの若い衆がよう、笛を吹いて上京する

名詞の下に附いて、副助辞扱いでよいにしても、文末に向かって勢いをつける、多分に係助辞性があると感じられる。古代歌謡から見られる古めかしい助辞。

3　八種の係助辞の配置

係助辞の特徴である係り結びは、古代歌謡以来、発達しており、日本語の古い段階から姿をあらわす。言語の史前史において、それらは豊かに行われていた。地域語での、たとえば、沖縄語、八丈島語にも見られる。大野晋によれば、ドラヴィダ諸語のタミル語にも係り結びがあるという。係り結びのおもしろさは、何と言っても形態論的な区別にある。連体形止めや已然形止めなら、中学生や高校生にも形態論的に容易に理解できる。「ソ、ゾ、ぞ」「か、や」「なむ、なモ」が上に来ると、文末が連体形に、「コソ、こそ」が来ると已然形の文末になる。活用語の在り方と深く関係する。

大野晋『係り結びの研究』によって、係助辞には、

疑問詞を承けない

（主部で）は・こそ　　（述部で）なむ・や

疑問詞を承ける

（主部で）も・（し）　（述部で）ぞ・か

という、たいへん厳しい棲み分けのあることが明らかとなった。大野は「こそ」に対応する空白部

分に「し」を入れると提案する。よって、八種の「係助詞」がみごとな配置をなす。従来は一緒くたにされてきた「や」と「か」とを決定的に分離させるなど、この表のあらわす中身はあまりにも濃い。

コソ、こそ

「コソ、こそ」にはつよい祈願の感情がこもる。「ぬばたまノよるノいメにを、つぎてみえコソ」（五、八〇七歌）のような、文末の「コソ」（祈願）とかかわりがありそうである。なぜ已然形文末になるかについて、もと已然形にくっついていた文末の「コソ」が切りはなされ、文中へのぼってきたからだという説明がある。すべてについて成り立つ説明ではないにせよ、祈願をつよめて文中でさきに「コソ」と言うのだという。

大野は日本古典文学大系『万葉集』二の校注の覚え書きで、「上にコソという係りが来る結果、それを承けて、結びが已然形になるのでなく、むしろ、起源的には、已然形で終わる表現があって、上にコソが投入された」と述べていた。

ぞ、ソ、ゾ

御子をばとゞめたてまつりて、忍びて〈ぞ〉出でたまふ。　「桐壺」巻、一—七、一—一二

○

……焼く塩ノ、念ひ〈ソ〉焼くる。吾（が）下情《したゴコロ》　『万葉集』一、五歌

係り結びの場合、連体形文末が期待される。種々の語や活用形に下接する。文中に投入されるや、前後を緊張させ、文末で係り結びを発生させる。もと活用語の連体形のあとに付いていた「ソ」が切りはなされ、文中へ出てきたために、連体形止めという係り結びになったのだろうという考え方がある。

なむ（なん）、なモ、なも、のう、の

勅使来てその宣命読む〈なん〉、かなしき事なりける。　「桐壺」巻、一—九、一—二六

○

食国の法も傾く事無く動く事无く渡り去かむと〈なモ〉思ほしめさくと詔りたまふ命を　三詔

宣命に「となモ、てなモ、みなモ」というように出てくる。『万葉集』の一例〈なも〉〈奈毛〉（二八七七歌）は、諸本一致して異同がないにもかかわらず、新大系がなぜか「しも」と改訂する。「なモ、なむ」はたしかに詩歌に見ることがなく、平安和歌にもあるかどうか、見られないと思う。会話文に多いと言われるけれども、『源氏物語』の地の文にいくらも見ることができる。

「まゐりてはいとゞ心ぐるしう、心肝も尽くるやうにて〈なん〉」と内侍の典侍《すけ》の奏し給ひしを、

「桐壺」巻、一—一一、一—三〇

のように会話文の文末に非常に多く見られる。終助辞という扱いでも穏当だろう。係り結びをする

場合、連体形文末が期待される。
現代語に「〜じゃからのう」などとある「〜のう、〜の」に生きている。

か（疑問）

わぎもこが、いかにオモへ〈か〉ぬばたまノ、ひトよモ　おちず、いめにし　みゆる
『万葉集』一五、三六四七歌

わたしの女が、どんなに（深く）思ってくれるからなのかね、ぬばたまノ、一晩もかかさず夢にええ、出てくるのさ

○

泣く〳〵も　けふは　わが結ふ下紐を、いづれの世に〈か〉とけて見るべき
「夕顔」巻、一―一四四、一―一三五〇

泣きながらも（それでも）本日は自分で結ぶ下紐。（今生、後世）どちらの世界で（その紐が）解けて（あなたに）逢うことができるのか

「か」はつよい疑問で、大野の言うように、「か」の上に疑問詞が来て文末を連体形で結ぶ。「や」の場合には、原則として疑問詞が上に来ることがない。

や（疑念）

安（ノ）野に独りや　飲まむ。友無しにして
『万葉集』四、五五五歌

天地ノ神は　无かれ〈や〉愛しき吾（が）妻離る。……
　　　　　　　　　　　　　　　　　　　　一九、四二三六歌

○
琴の音も　月も　えならぬ宿ながら、つれなき人を引き〈や〉とめける
　　　　　　　　　　　　　　　　「帚木」巻、一―五二、一―一二四

「や」は、「～ということでは？　～かしらん！」と現代語で言えばよいか、疑念をあらわす。「か」がなお現代に生き延びているの対し、「や」はいまにうしなわれた。口訳として、「……か」と端的に言う以上は、「や」について別の言い方を工夫して、区別しなければならない。「か」と「や」との差異はわれわれの学修しづらい暗部にさし放たれている。

かは（反語、詠嘆）、やは（反語）

あしわかの浦にみるめは　かたくとも、こは　立ちながら返る波〈かは〉
　　　　　　　　　　　　　　　　「若紫」巻、一―一八四、一―四五二
　葦の芽ぶく和歌の浦に、みるめ（海藻）は生えにくくとも、
これは（寄せてただちに）返る波（私）とお思いか

○
いづれの御方も、「我、人におとらん。」とおぼいたる〈やは〉ある。
　　　　　　　　　　　　　　　　「桐壺」巻、一―一二、一―五八
どなたさんも、「私って、人よりだめねえ」とお思いになっている方なんているかしらん。

「やは、かは」はほぼ反語で、反語を籠めることによりつよい感動や希望をあらわすことができる。「か」と「や」との区分がここでも微妙に生きているように思われる。

は、も、モ

「は」は差異化を、「も」は同化をさしあらわす。「には、をば」など、「は」は他の助辞と併用されるのに、唯一「が」とだけは差し合うようで、「がは」とも「はが」とも言えない。「もが、がも」も同様で、このことは「は」および「も」の持つつよいパワーが「が」の主格性を覆うためではないか、と論じたい。その力づよさは、文節を越えて文全体の統括機能を持つからで、「は」や「も」を係助辞という性格に押し込めるに足る。（次章参照）

係り結びの特徴を、平凡な一案ながら各機能を〈つよめ〉、焦点化する作用としてまとめることができる。

こそ、コソ	祈願をつよめる	已然形文末止め
なモ、なむ	祈願をつよめる	連体形文末止め
ソ、ぞ	事態をつよめる（焦点化）	連体形文末止め
か	つよい疑問	連体形文末止め
や	「か」と対比され、「～かしら、～では？」という疑念をあらわす	連体形文末止め

は、モ、も　「は」と「モ、も」とは差異化／同化という対比をあらわす

終止形文末止め

「か」と「や」という対比や、「は」と「モ、も」という対比は焦点化し、つよめの一種であると見られる。

「し、しモ」や「い」を係助辞かとするのも、強調するという点で許容のうちにあろう。

4　文末の助辞群

終助辞は、係助辞とほぼおなじ根から生まれたそれらが一角を占めて、文末に来ると終助辞となる。活用形にしっかり下接する終助辞と、種々の語から比較的離れて置かれる終助辞と、二種あるように見られる。

未然形に下接する

なむ（他者希望）　惟光とくまゐら〈なん〉、とおぼす。「夕顔」巻、一―一二六、一―三〇二

ばや（自己希望）　なづさひ見たてまつら〈ばや〉。　「桐壺」巻、一―一三、一―六〇

な、ね（期待）　家告ら〈な〉、名告らさ〈ね〉。　『万葉集』一、一歌

連用形に下接する

そ（な〈禁止〉の呼応）　手な残い給ひ〈そ〉。　「帚木」巻、一―五二、一―一二四

なむ（会話文などの文末）　心肝も尽くるやうに〈なん〉。　「桐壺」巻、一―一一、一―三〇

事例が非常に多いので、終助辞とみなしておく。

こそ、コソ　よるノいメにを、つぎてみえ〈コソ〉　『万葉集』五、八〇七歌

終止形に下接する

や（詠嘆）　言ふかひなし〈や〉。　「桐壺」巻、一―一六、一―四四

……もはかなし〈や〉。　「若紫」巻、一―一九五、一―四八八

や（疑念、反語）　すゞろなる人はかうはありなむ〈や〉。　同、一―四八六

な（詠嘆）　げにいづれか狐なるらん〈な〉。　「夕顔」巻、一―一二五、一―二七〇

な（禁止）　くちをしう思ひくづほる〈な〉。　「桐壺」巻、一―一一三、一―一三六

連体形に下接する

か（疑問）　紀《き》伊の守《かみ》のいもうともこなたにある〈か〉。

「空蟬」巻、一―八八、一―二一〇

已然形に下接する

やモ（疑念）　亦モ相はメ〈やモ〉　『万葉集』一、三一歌

名詞の類に接続し、また独立性のつよい終助辞がある。

は　濃き紫の色し　あせず〈は〉　「桐壺」巻、一―一二五、一―一六六

も　百磯城ノ、大宮処、見れば悲し〈モ〉　『万葉集』一、二九歌

かな　人の御おぼえ〈かな〉。　「桐壺」巻、一―一〇、一―一二八

かモ、か　水激く、滝ノ宮こは　見れド飽かぬ〈かモ〉　『万葉集』一、三六歌

よ　行く末かねて頼みがたさ〈よ〉　「夕顔」巻、一―一一八、一―二七八

もがな、にもがな、ともがな

尋ねゆくまぼろし〈もがな〉　「桐壺」巻、一―一六、一―四四

やがて紛るゝわが身〈ともがな〉　「若紫」巻、一―一七六、一―四三二

常〈にモ冀《がモ》な〉　『万葉集』一、二二歌

な

げに入り果ててものたまへかし〈な〉。　「賢木」巻、一―三八七、二―三五四

ぞよ

いまはさは大殿籠るまじき〈ぞよ〉。　「若紫」巻、一―一九四、一―四八四

ぞ、ソ、ゾ

かれはたれが〈ぞ〉。　「賢木」巻、一―三八八、二―三五四

(に) こそは

さもありぬべきありさま〈にこそは〉。　「夕顔」巻、一―一二一、一―二八六

かし

さは思ひつ〈かし〉、と　「桐壺」巻、一―九、一―二六

「かし」は念を押す感じ。

にしかな、てしかな

「にしかな、てしかな」のような複合語を終助辞にかぞえる考え方もしばしば行われる。

ばや、なむ (なモ、なん)

助辞「ばや」は「～ば・や」(連語) から成長してきたので、未然形に下接する。「～ば・や」が「ばや」になるまでの距離には新語成立のドラマがあろう。

「そこにこそ多く集へ給ふらめ。すこし見〈ばや〉。さてなんこの厨子も心よくひらくべき。」

とのたまへば、……

（源氏の言）そなたにこそ、たくさん集めておられよう。少々拝見したい。そうしてから、この厨子も心よくひらくことにしよう。」とおっしゃると、……

「帚木」巻、一―三四、一―八二

「見ばや」は「見るならばだ」と、仮定に係助辞の附いた言い回しが、すっかり自分の願望を言う言い方へと変わる。新語が発生するとはそういうことだろう。「〜な・も」（連語）が助辞「なむ」になるまでの距離も大きい。


惟光、とくまゐら〈なん〉とおぼす。

惟光よ、早くやって来い、とお思いになる。

「夕顔」巻、一―一二六、一―三〇二

「まゐらなむ」は「まゐらな・も」の転で、「来てくれよ、な」。「なも」から「なむ」へと音韻変化して、助動辞化する。

5　投げ入れる助辞群

間投助辞（遊離助辞）は独立的で、〝囃し詞〟由来や感動詞（感投詞）その他からの発生が考えられる。終助辞のあるものとは接近している。

を

うしろやすくのどけき所だに強くは、うはべのなさけはおのづからもてつけつべきわざ〈を〉や。

「帚木」巻、一―四一、一―一〇〇

君の心はあはれなりけるもの〈を〉。あたら御身〈を〉。

同、四二、一―一〇二

さりとも、吾子はわが子にて〈を〉あれよ。

同、七三、一―一八四

わ、ゑ

かづきせな〈わ〉

『古事記』中、三八歌謡

えくるし〈ゑ〉

『日本書紀』天智紀、一二六歌謡

や、よ

「や」はもともと歌謡などに間投する（投げ入れる）囃し詞の類ではなかったかと見る見方がある。「よ」も、囃し詞の類からやってきた間投助辞で、詠嘆用の終助辞へと展開したと考えられる。

ら、ロ

荒野〈ら〉に、里は　有れドモ、大王《オホきみ》ノ敷座ます時は　京師ト成りぬ

『万葉集』六、九二九歌

くさかえノ、いりえノはちす、はなばちす、ミノさかりびト、トモしき〈ロ〉かも

『古事記』下、九五歌謡

わし

新羅斧、落とし入れ〈わし〉　　　　　　　　　　　　　『万葉集』一六、三八七八歌

6　接続助辞のグループ

活用語の活用形に固有の接続をする類を接続助辞と認めて一括りにする。（助動辞連用中止形からの転成や「ものゆゑ（に）」のような複合形を含む。）

未然形に下接する

ば
心よりほかに散りもせ〈ば〉、　　　　　　　　「帚木」巻、一―七四、一―一八四

「ば」のなかに -am「む」が籠る。（si-am-pha（は）→ se-ba（せば））

で
なめしとおぼさ〈で〉らうたくしたまへ。　　　　「桐壺」巻、一―二三、一―六〇

折ら〈で〉過ぎうきけさの朝顔　　　　　　　　「夕顔」巻、一―一一〇、一―二五八

連用形に下接する

ながら
思ひたまへ〈ながら〉、　　　　　　　　　　　「桐壺」巻、一―一三、一―三六

つつ
あやしき態《わざ》をし〈つつ〉、　　　　　　「桐壺」巻、一―六、一―一八

がてら、がてり
いかが思へるとけしきも見〈がてら〉、　　　　「帚木」巻、一―四八、一―一一六

山（ノ）辺ノ御井を見がてり、　　　　　　　　『万葉集』一、八一歌

も
うき身を覚めぬ夢になして〈も〉　　　　　　　「若紫」巻、一―一七六、一―四三二

うたの文末だが、接続助辞と見たい。

して

穂に出でぬもの思ふらし。しのすすき。招くたもとの露しげく〈して〉

「宿木」巻、五―九四、八―二三二

て

いよ〳〵飽かずあはれなる物に思ほして、「桐壺」巻、一―一四、一―一一四

「つ」の連用形が固溶化して接続助辞になった。ただし、「ずて、べくて、などて、かうて、とて、にて」などをどう説明するか、未解決である。

なへ、なへに

宜し〈なへ〉、神さビ立有り

『万葉集』一、五二歌

念ほす〈なへに〉

同、五〇歌

終止形に下接する

とも

あたかたきなりとも、

「桐壺」巻、一―一九、一―一五〇

連体形に下接する

ものゆゑ（に）、ものの、ものから（に）ものを

月は有り明けにて、光をさまれる〈ものから〉、

「帚木」巻、一―七一、一―一七四

さりとて人に添はぬ〈ものゆゑ〉

『古今和歌集』一一、五二八歌

つれなくねたき〈ものの〉、

「夕顔」巻、一―一〇八、一―二五四

已然形に下接する

ば

取り立ててはか〴〵しき後見しなければ〈ば〉、

もと接続助辞「は」があり、文中で濁音化したろう。　　「桐壺」巻、一―五、一―一六

ど、ども

「と、とも」の濁音化が考えられる。

いとはしたなきこと多かれ〈ど〉、　　「桐壺」巻、一―四、一―一四

7　いわゆる格助詞の「接続助詞」化問題

シャルル・アグノエルの論じただいじな局面がある（注5）。「格助詞『が』」から「接続助詞『が』」が生じたと、よく言われるところについて、氏の意見に耳を傾けよう。「文語」の世界にあって、そのような無理に「接続助詞」と言われるような「が」はついになかったのではないか、と氏は言う。

むすめ二人ありける〈が〉、姉は人の妻にてありける。　　『宇治拾遺物語』三―一五

のような「が」を「接続助詞」とせず、「むすめ二人が（なかの）姉」とアグノエルは見る。「が」を格助辞と見る理解でよいわけである。

なぜ今日の古文の勉強で、「……が」というのを「接続助辞」と見るような教授法が成立するのだろうか。近代語の成長に伴い、終止形が連体形に取って代わられると、口語で「～するのが」という言い方が成立する。それまでの「～するが」（文語）の持っていた再提示の機能が喪われる。「～するが」が口語として再利用される時に、現在の「接続助詞」としての「が」（逆接や保留）と

いう理解が生じたというような意見である。

古典語における「接続助詞『が』」の存在を疑問視する意見として貴重だと思う。いわゆる「接続助詞の『に』」も、「接続助詞の『を』」も、口語の終止形接続の成立〈古文における連体形が終止形に取って代わる〉に伴い、古文に「接続助詞の『に』」「接続助詞の『を』」があるかのように感じられた、ということだろう。

楊貴妃のためしも引き出でつべくなりゆく〈に〉、　「桐壺」巻、一―四、一―一四

いとあづしくなりゆき、物心ぼそげに里がちなる〈を〉、　同

『源氏物語』に見る限りで、これらの「に」「を」は格助辞扱いだろう。ところが後期の物語になると、同様の「に」や「を」であるはずなのに「接続助詞」と見なす教室での扱いとなる。たしかに終止形と連体形との区別が消滅し出したことも早くからであり、格助辞らしさが崩れる機運はそれに連動したろう。

8　助辞、助動辞の相互の関係

第一部「機能語が意味語を下支えする」以来、見てきた助動辞群を、第二部「機能語が意味語を下支えする　その二」の助辞たちと組み合わせて、相互の関係図に仕立ててみよう（図10）。

〈A詞〉は名詞であり、その格関係をもろに引き受けるのが格助辞である。格助辞が副助辞、係助辞と三角形Aをなす。

係助辞・終助辞は同類であり、これを一つの頂点として三角形Bはのこる頂点を接続助辞と助動

図10

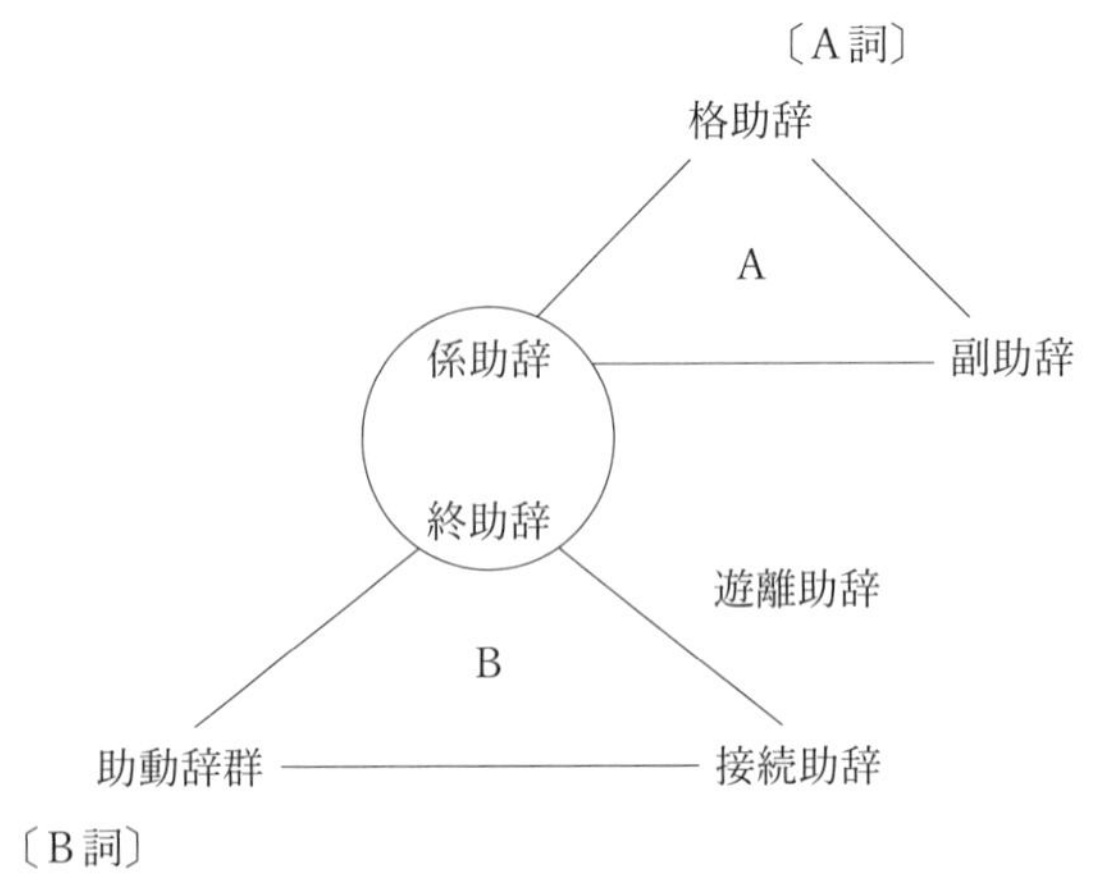

辞群とで分け合う。そんな関係図を作製してみた。もとより遊び心の産物である。間投助辞（遊離助辞）は空間の浮いたところに置いた。

　これらの図示が、助動辞のkrsm四辺形とともに、遺伝子情報の解析図ときわめてよく似ることに驚かなくてよいのだろうか。しかり、人類を人類たらしめている、遺伝子情報と言語情報と、さらには素粒子論のもたらす分析とは、たがいにまさに双生児ないし三つ子ではないか。社会は言語を個人個人と共有しながら、人類を突き動かしているのであり、それはわれわれが原子に支配され、あるいは遺伝子がそうしているのと、三大分野を分かち合う（図11）。

（1）　アイヌ語に見ると、a kor itak は人（＝a）

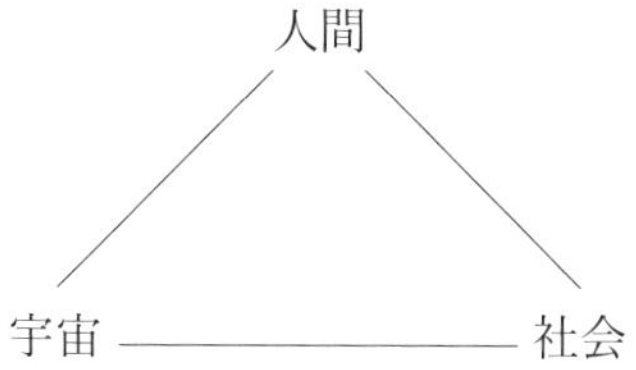

図11

の話（＝itak）であり、「人が持つ話」でもあって、kor（の、〜が持つ）は動詞とも、所有関係をあらわす助辞とも受け止めることができる　アイヌ語からの類推で、「の」が所有格性を主格性とともに持つ理由を想像してみると、古く「〜が持つ」という「の」に由来するかと思われる。アイヌ語を考慮に入れるからには、「わが手、わが姉」などの所属形と、korを使う「私の犬」（犬＝概念形）との区別が日本語にもないかどうか、「の」と「が」との差異にわずかに観察されると感じられる。

（2）並立助辞（並立助詞）を『古文の読みかた』（岩波ジュニア新書、一九八四）で独立させたものの、今回は取り上げないことにする。

（3）大野、岩波書店、一九九三。

十七章　「は」の〈主格補語〉性――「が」を覆う

1　主体的意識による表現

富士登山で言えば、半ばから八合目へというあたりで、時枝誠記の言語学にふれ直しておこう。テクスト（文、本文）のなかでしか生きられない、それが〈助動辞、助辞〉という機能語の性格だから、時枝の言う「主体的表現」である。

自立語……意味語……概念過程を持つ

非自立語……機能語（関係語）……概念過程を持たない

後者（非自立語、機能語）を「主体的表現」と言い換えることについては、時枝その人が慎重に、『国語学原論』のなかで、「主体的立場」とか「主体的なものの直接的表現」とか称し、『国語学原論 続篇』に至って「主体的表現」という言い回しを併用する。

時枝に拠れば、

雨が降った。

について見ると、「～降った」というように過去のことを言おうと、発言する人（＝主体）の現在の立場からの意識、判断であって、この意識、判断じたいは過去になることができない。

外は雨らしい。

もそうで、「外は雨」と「らしい」とに分けると、主体的意識としては「らしい」が判断であり、現在での表現である。(「外は」と「雨らしい」とに分ける文節分けを時枝は採らない。)

助辞で言うと、

山は雪か。

は「山は雪」と「か」とにわけて、主体の判断として「か」がある。

客体界の表象も、主体の意識に現れるのだから、「主体的表現」が「客体的表現」を包む、〈入れ子〉型をなすというのが時枝理論の骨格である。主体的表現と客体的表現とが場所的に別々に出てくる、という特徴がある。

時枝理論のすぐれた理解者だった三浦つとむは、絵画や写真が、主体的表現と客体的表現との切りはなしえない「統一体」であるのに対し、そこが言語とちがうのだと指摘する(注1)。言わでものことと思えても、確認しておきたい基本としてある。

2　〈主格〜所有格〉の「が、の」

〈主格〜所有格〉とはいえ、「が」の出現は限定的である。(「の、が」を〈主格〜所有格〉だと前章に述べた。)

いづれの御時にか、女御、更衣あまたさぶらひ給ひけるなかに、いとやむごとなき際にはあらぬ〈が〉、すぐれてときめき給ふありけり。　「桐壺」巻、一―四、一―一四

どの帝のご治世か、女御、更衣がたくさん伺候してこられたなかに、たいして尊貴な分際では

ない方が、時勢に遇って栄えておられる、そういう女人がおったという。

あまり見かけないその格助辞「が」が、物語の冒頭から出てくる。このような〈が〉は「桐壺」巻にあと一カ所しかない。

……おはしつきたる心《ここ》ち、いかばかりかはありけむ、むなしき御骸《から》を見る〳〵、なほおはする物と思ふ〈が〉いとかひなければ、「灰になり給はんを見たてまつりて、いまは亡き人とひたふるに思ひなりなむ。」と、さかしうのたまへれど、車よりも落ちぬべう、まろび給へば、さは思ひつかし、と人々もてわづらひきこゆ。　同、一―九、一―二六

（葬送の場に）お着きになっているきもちは、どれほどだったろうか、魂のなくなった亡きがらを目のあたりにしつつ、それでも生きておられる存在と思うことがまことに詮ないから、「灰におなりになるのを見届け申して、もう故人とひたすら思い込んでしまおう。」と気丈におっしゃるけれど、車から落ちてしまいそうに転倒なさるので、きっとそうなるよな、と女房たちはもてあまし申す。

と、これも、名詞句が〈が〉で受け止められる事例と見られる。

所有格の〈が〉は、うたのなかに「小萩が本」（一―一二、一―三四）や「小萩がうへ」（一―一六、一―四二）の事例があって、「が」が「の」とともに〈主格～所有格〉共通の性格を有することはたしかに要点としてある。

主格の「の」はそれほど多くなくても、いくらも見ることができて、

……坊にもようせずはこの御子〈の〉ゐたまふべきなめりと、一の御子の女御はおぼし疑へり。

同、一─五、一─一八

……春宮坊にまで悪くすると今度の御子がお立ちになるかもしれないようすだと、一の御子の女御（弘徽殿女御）は疑わしく思っていらっしゃる。

○

限りとて、わかるゝ道〈の〉かなしきに、いかまほしきは　命なりけり

同、一─八、一─一二

寿命の限りとて（道が分かれ）、お別れして行く死出の道がかなしいにつけて、生きたいのは（行きたい道は）命であったことだ

というように見かける。

みぎの短歌の例で見ると、〈限りとして別れる道〈ガ〉かなしい〉というだけならば、〈φ〉（ゼロ）化される「ガ」だったかもしれない。「かなしきに、いかまほしき」と下部に続いてゆくので、連体節のようになって〈の〉が出てきたのだろう。従属節などに出て来やすく、所有格と未分化な面があるなどの特徴をかぞえることができるかと思う。〈の〉には（「が」よりも）敬意がこもると論じられてきたところでもある。

〈が〉と〈の〉とを除くと、主格の格助辞はゼロか、そうでなければ「は」や係助辞がゼロの部

位を充填するという見通しになる。

「が」をなす主格と所有格とが通用するさまを、〈主格〜所有格〉と表記しておく。

3　「が」の上に立つ「は」

テクスト（本文）のなかで、格助辞「が」と係助辞「は」とは隣り合わせで両立することができない。

「は」は「が」の隣以外ならば、たいていのところにはいりこむ。名詞類や名詞節、動詞（連体形）、形容詞（連用形）、形容動詞（連用形）、副詞その他のあとに置かれる。

それればかりでなく、助動辞、助辞などの附属辞のあとにもしばしば置かれる。格助辞「に、を、へ、と、より、から、にて」、あるいは「の」や、「か、や、こそ」などの係助辞類ほかが「には、をば、へは、とは、よりは、からは、のは、かは、やは、こそは」などとなって、「は」と親和的に隣接できる。

しかし「が」のみは「は」と親和しない。

三上章には「代行」という考え方がある。「は」が「が」を初めとして「の、に、を」を代行する、という機能を、著名な『象ハ鼻ガ長イ』(注2)のなかで論じる。「代行」という考え方に、私も部分的に惹かれるけれども、「の、に、を」は「のは、には、をば」と言えるのだから、かならずしも代行せずともよく、ただ、ひたすら「が」だけが「がは、はが」と言えない。

「が」は古文のなかで多用されていると言いがたい。「〜が」と現代語でなら言うところを、主格の場合に「〜、」と主部を投げ出すことは多い。

光源氏（ ）名のみ（ ）こと〳〵しう、言ひ消たれたまふ咎《とが》（ ）多かなるに、……

「帚木」巻、一―三二、一―七八

現代語にしようとすると、（ ）部に「が」あるいは「は」がはいろうとする。

光源氏（が）名ばかり（が）仰山で、打ち消されるなさる欠点（が）多いというのに、……

と、「が」がはいってくる。「が、が……」と続くことを避けて、「が」のいくつかを「は」にすると、通りはよくなる。

光源氏（は）名ばかり（が）大げさで、打ち消されるなさる欠点（は）多いというのに、……

あるいは、

光源氏（が）名ばかり（は）大げさで、打ち消されるなさる欠点（が）多いというのに、……

と代入できる。現代語で言えば、空いている「、」に当たる箇所に「は」がはいってきているのか、「が」を押しのけて「は」がはいってきているのか、必ずしも決定できない。前者の場合に「〜は」は空いている（＝φ〈ゼロ〉）ならばはいりやすい。後者の場合には「がは、はが」と言えず、隣り合わせで両立することができなくて、「が」を押しのけながら（あるいは「が」の上へ覆いかぶさって）「〜は」という言い回しとなる。

押しのけるというより、「は」は「が」を押さえつけて上から乗るのではないか。「は」を除いてみると、下に「が」が隠れているように思える。言いたいことは、「は」のつよさに目を見張らさせるものがあるということだ。「が」は「は」の下に隠れているので、けっして消されたわけではなかろう。

くれぐれも、「が」と「は」とはどちらかを採るというのでなくて、重層している。「は」が主格のように受け取られる理由にもなることだろう。

4　御局は桐壺なり――差異化としての「は」

御局は桐壺なり。〈御局は桐壺である。〉　「桐壺」巻、一―六、一―一八

〈「御局」について言うと（桐壺更衣ノ局ハ）桐壺（＝淑景舎）である〉と、「について言うと」を挿入しても、「桐壺更衣ノ局ハ」と、「ハ」が隠微に付いてまわる。これが提示する「は」で、現代語になって、いよいよ強大になってきたということだろうか。しかし〈御局ガ桐壺ダ〉とも言えるのではなかったか。そうだとすると、〈御局ガ桐壺ダ〉からの何らかの距離、つまり差異を必要とするとき、〈御局ガ桐壺ダ〉とある言表を押しのけて（上に覆い被さって）「御局は桐壺なり」と言い立てていることになる（ガとハとは隣接して両立しえない）。

帝の寝所の近くには飛香舎〈藤壺〉があり、その辺りに局を持っていたある更衣が、自所を奪われて、桐壺更衣と交代させられる。だから〈そのうらみましてやらん方なし〉（同、一―二〇）という次第で、桐壺更衣殺人事件へと急進展する（注3）。藤壺ダ、一更衣の局ダといった選択肢のなかから、桐壺を差異化するために「ハ」がある。「ダ」については判断をあらわすという説明のしかたが行われるけれども、論理学の立場からすると〈御局ガ桐壺ダ〉じたい、判断が前提であり、それを陳述するとダがあらわれる。

「御局は桐壺なり」のあとに「。」（句点）があるのは、「、」（読点）であってもよい。

御局は桐壺なり、あまたの御方々を過ぎさせ給ひて、……　同

御局は桐壺なのだ、かず多くの女性の方々の前を通り過ぎあそばして、……

桐壺更衣のお局は淑景舎（桐壺）という、清涼殿からもっとも遠いところにあるから、そこまで出かけてゆく途中に、帝は女御たち、他の更衣たちの居所の前を通らなければならない。また、桐壺更衣が帝による夜のお召しに応じるためには、桐壺を出て、はるばると女御たち、他の更衣たちの前を通らなければならない。そういう文脈であるために、

御局ガ桐壺デアル（カラ）、……

という句の勢いが、ここで要り用となる。論理的には〈御局ガ桐壺ダ〉が、前提となる判断をあらわす。つまり文の上では「御局は桐壺なり」という単文が、これで一つの判断を示す。〈桐壺ガ御局ダ〉——三上的に言えば「桐壺ガ御局デアルコト」——という判断を「御局は桐壺なり」と述べるとき、差異化は「桐壺」中心に働く——藤壺でなくて桐壺だというように——。「は」は論述に対して働くのであって、「〜ハ桐壺なり」と論述するために、〈御局ガ桐壺ダ〉また〈桐壺ガ御局ダ〉とある言表を押しのける（あるいは覆いかぶさる）。「は」はそのような差異化のためにあるのではないかということだ。このようなとき、ほかの格助辞を「は」は押しのけない（＝共存する）のに、「が」をだけは押しのけるかして主格の位置に居座ろうとする。

「御局は」を題目提示とするのは、「御局は／桐壺なり」と、高校生の受験勉強よろしく文節分け

をする作業の残滓ではないか、それでよかったのかという反省でもある。「は」が係助辞（係助詞）だという定義はよいとして、よく言われる題目提示という役割については、「は」の用例のうちのどれほどが当てはまるというのだろうか。「は」は「が」とかさなるときにのみ主格の提示になるのであって、多様な「は」のありようを題目提示としてまとめようがない。

5　「も」は〈同化〉

「も」は、「は」が〈差異化〉であるのに対して、反対に〈同化〉（同類化）をあらわす。あれも、これも、と並べ、あるいは類推させて、同類を想像させる。「も」は大量に見いだされて、

朝夕の宮仕へにつけて〈も〉人の心をのみ動かし、　「桐壺」巻、一—四、一—一四
人の譏りを〈も〉え憚らせ給はず、　同
世のためしに〈も〉成りぬべき御もてなしなり。　同

というようにいくつも見られる。「も」が「は」とともに係助辞の扱いをされるのは、〈差異化〉と〈同化〉との対照のつよさによるのであって、妥当だろう。

池田亀鑑『源氏物語大成』五「索引篇」（附属語の部）で、「は」と「も」とについて、なぜ「呼応」例として延々と書き出されていたのか、納得できるような気がする。「も」もまた主体的表現に対応する〈主格〉であって、「は」が差異を提示するのに対して、「も」が同化をこととするとは見やすい。

6 「対象語」（時枝）について

近世以後、主格をあらわす〈が〉が発達してきて、文中に姿をつぎつぎにあらわし、「は」と勢力を二分するようになってきた。かくて、現代語に見る「対象語」の課題がのこる。

私はこの本が面白い。

この事例において、時枝誠記によると、「この本」は面白いという感じを起こさせた機縁であり、「対象語」であって、「面白い」の主語は「私」だとした(注4)。

狼は恐ろしい

母恋し

の「狼」や「母」もまた、時枝によると「対象語」で、主語は省略された「私」や「彼」ということになる。「足が痛い、水がほしい」の「足、水」もまた「対象語」で、「主語の省略」だと言う。

この課題は、佐久間鼎や三上が最も健筆を揮ったところであり、三上によって主語の省略を認めないとすると、これらの用例を再検討しなくてはならなくなる。佐久間に従い、

足が痛い。水が飲みたい。きみが好きだ。

の「足が、水が、きみが」を、それぞれ「痛い、飲みたい、好きだ」の「主語」としてまったくかまわないと私には思われる。「主語」という語を認めないとすると、「が」を主格および所有格のそれと認定すればよいので、何ら不都合はない。

水が飲みたい。

と言うと、「(私ハ)～たい」という主体的表現と、「飲みたい」の論理的主格として「水が」が要

求されることとのかさなりである。

花が美しい。　百合がきれいだ。

など、形容詞や形容動詞を従える「〜（名詞）が」も、論理的主格（ないし所有格）であると認める。

象は鼻が長い。

を、古典語に変えても「は」は出てきてよいはずで、〈象は鼻長し〉つまり「鼻長し」を〈主格と述部と〉にして、「は〜」を差異化の表現と見なすことになる。〈象が鼻は長い、鼻は象が長い〉という表現も成り立つはずで、文語だと「象、鼻長し」や「鼻は象長し」となる。〈鼻は象長し〉という言い回しは変だろうか。〈象長し〉とだけ聞くと象の何が長いかと思う借問が沸いてくる。〈鼻〉はその場合、英語でいうなら不完全自動詞を補う補語 complement の役割となる。厳密には主格補語というべき扱いということとなろう。

「象は鼻が長い」というと、「象は」はこうして補語部だということになるけれども、文節分けをするならばそうだということに過ぎない。鼻の長くない動物を差異化したり、短い鼻の象を否定したり、キリンの首を思い浮かべたり、自由である。それにしても「象は鼻が長い」などと取り出しては、公理に近い断言命題で、用例的に私にはつまらない。古生物学的に、馬もまた鼻が長かったかもしれないのだから、あくまで実践的なテクストのなかでやってほしい議論だと思う。

古典語で見ると、

この君をばわたくし物に思ほしかしづき給ふこと〈ϕ〉限りなし。

「桐壺」巻、一―五、一―一六

この君をだ、秘蔵の私物としてだいじに思いあそばし養育すること〈は〉限りがない。（「～養育すること〈が〉限りない」としてもよい。）

○

小萩がうへ〈ぞ（＝〈φ〉の代行）〉静心なき　同、一―一六、一―四二
小萩の身の上にこそ静まる心がない

などが主格を含む文であって、それはゼロであったり、代行する係助辞であったりする。「は」を主格補語とでもいうような言い方でまとめたい。

が（主部）―（述部）
は（主格補語）―X

という対応を考察することになる。

「が（主部）―（述部）」と「は（主格補語）―X」とが、後者は前者にもぐりこむようになっており、しかも前者を抑えて「は」がおもてに出て来る関係である。このXは何だろうか。このXに代入される内容こそは主体的表現にほかなるまい。時枝の主張する〈辞〉としてあらわれるか、ゼロ（＝〈φ〉）〈零記号〉としてあるか、二通りあるにしろ、「は」はあとへ呼応する主体的表現を持つということだろう。

7　「周布」という視野

言語の動態や重層する構造は、複雑系であればあるほど真実に近づくことだろう。単文（という

か、単純な例文）をよしとする考え方もあるけれども、テクストの読みとしては、最低でも複文や、和歌の修辞、詩などの行分け文、一文から一文へまたがる構造、あるいはそもそも一文とは何かなど、実態に見合う言語学でなければ、われわれには満足がならないという欲求がのこる。

佐久間は複雑系の契機を先駆的に含みながら、三上へと手がさしのべられるかのようだ。佐久間にも三上にも、現代日本語あいてというガイドラインが敷かれるから、古典日本語に十分に明るいらしい両者であるものの、古典テクストからのさらなる検証を要求してもよかろう。

佐久間はもともと哲学科出身の心理学徒であった。終生、心理学の教授であった。早く、近代最大の哲学者、西田幾多郎の教示のもとに、ウィリアム・ジェームスの心理学の翻訳があったし(注5)、いわゆるゲシュタルトを日本社会へもたらしたことは、よく知られる。言語学へ興味を移してからは、「これ、それ、あれ、どれ」（＝コソアド体系）や、形式名詞（＝吸着語）にかかわる鋭利な考察、そして世間がシンタクスに冷淡であったときに、いち早く先鞭をつけたことなど、伝統的な文法研究からはなかなか想像できないシーンばかりであった。佐久間文法学は心理学的言語学の成果であったと見なしてよいのだろう。

そこを補いながら、現代論理学の視野下に、言語学の方法を構築していったのが三上だと見なしてよいならば、構造主義ないし現象学を背景とした時枝誠記の文法学とともに、近代的な学の三羽烏である、心理学と論理学と現象学とが、それぞれ言語による実証を求めて言語学を鼎立させたという見渡しとなろう。「言語学」間の対立は、言語に対する接近のしかたでしかない。言語は佐久間の言うようであって三上の言うようではないとか、時枝の言うようであって佐久間の言うようではないとか、判定してどうなることでもない。矛盾的に言語学説が複数成立するところにこそ言語の何たるかの秘密は蔵されていよう。

あるひとがテクストを生産するに際して、「〜が」と書く。または「〜は」と書く。「は」でなく「が」を選ぶという限りでの、意志の働きがそこにある。むろん、逆でもよいので、「が」でなく「は」と書く選択は意志の働きとしてある。さきに用例とした、

言少《ことずく》ななる〈が〉いとよくもて隠すなりけり。　「帚木」巻、一―三九、一―九六

について言えば、「が」はたしかに主体的選択としてある。ことはそれにとどまらないので、文末に至り、「〜なりけり」が、これによって文ぜんたいを〈周布させる〉積極的な意志を担う。

この「周布」ということは時枝からも得られず、適切な術語を欠くことで、佐久間は形式論理学からこの語を受け取る(注6)。私にも、かなり広げてこれを借りようと思う。テクストが、微分される精妙な読みに委ねられるとともに、数学で言えば積分というのか、細部を統束して勢いよく行きわたる動きということにも、まさにテクストは生きる。

(1) 三浦つとむ『日本語はどういう言語か』、講談社ミリオン・ブックス、一九五六。
(2) 三上、くろしお出版、一九六〇。
(3) 呪い釘を打つなどの殺害方法が考えられる。
(4) 時枝、『言語本質論』所収、岩波書店、一九三六。

（5）ウィリアム・ジェームズ『宗教的経験の種々』（佐藤繁彦と共訳、星文館、一九一五）。のちに諸氏により複数翻訳されるジェームズの著。西田が最初に講義で紹介したという。

（6）佐久間、『現代日本語法の研究』厚生閣、一九四〇、ほか。「周布」（「周延」とも）はもともと形式論理学の用語。ここではテクストが分析的な細部を越えて、全体にあまねくゲシュタルト的に行きわたる感を言いたい。「は」について佐久間鼎が、「その提起した題目について残りなく行きわたることを示すといふところに本領をもつ」と論じているのを、かなり強引にここで応用する。

第三部　意味語の世界

十八章　名詞の類――自立語（上）

1　基本となる構文

詩歌や物語の古典をおもとする、文学テクストをあいてに読み続けてくると、否応なしに、日本語が、欧米的な言語学の考え方では、なかなか割り切れないと気づかされる。しかし、近代、現代社会において、言語学の発祥地が欧米語の勢力範囲にあることを想えば、それのフレームに借りるのでなければ混乱を避けられない。いたずらに複数のスタンダードになって、現代言語学から離れる必要はない。諸言語ごとに言語学を作っていては、基礎的な比較すらままならない。そう思って、〈A詞プラスB詞〉を諸言語の基本構文と見ることにした。

A詞＝名詞の類（汎名詞）
〈名詞句、名詞節を含む〉

B詞＝動態詞（動詞、形容詞など。〈日本語の〉形容動詞など）
〈動態詞句、動態詞節を含む〉

日本語を視野に入れると、〈A詞プラスB詞〉を支えるC辞がその基本構造を真に完成させる。

C辞1＝助辞　　C辞2＝助動辞

日本語文の在り方は、

〈A詞プラスB詞〉C辞　つまり
〈名詞プラス動態詞〉助動辞／助辞

となる。

C辞（助動辞／助辞）は細かく全体にちらばって文を支える。もし時枝学説に拠って零記号を積極的に認めるとすると、C辞が表面に見えない場合について、ゼ（＝ゼロ、零記号）と記号化しておこう。

名詞の類（以下、名詞と呼ぶ）はかならずA詞の中心部に位置して、その場合、格（〈英〉case）を構成することが多い。名詞の類が他の語に対してどういう位置にあるかを格とする。〝位置にある〟とは〝位置〟がどういう働きをするかであり、働きは〈機能〉にほかならない。

2　「何がどうする」「何がどんなだ」

〔「〈いとやんごとなき際にはあらぬ〉（A詞）が（C辞1）すぐれてときめきたまふ（B詞）」（A詞）あり（B詞）〕けり（C辞2）。　「桐壺」巻、一―四、一―一四

まこと高級な身分ではない（お方）が、ずばぬけて時勢に適うていらっしゃる、（そんな方が）おったということだ。

これは複文の文例で、

〈いとやんごとなき際にはあらぬ〉がすぐれてときめきたまふ（文1）

と、

〔「〈いと……にはあらぬ〉が……たまふ」あり〉けり（文2）

とからなる。文1と2とに分けよう。

文1は〈いとやんごとなき際にはあらぬ〉が名詞節で、格になる。「が」（C辞1）が出てきて主格を示す。「が」は表面に出てこないことが多く、実際に出てこなくともよい。構文上、格が構成されていればよい。文中のC辞を一々指示することは多く省略しよう。「ときめきたまふ」が動態詞で、ここは動詞プラス補助動詞から成る。

文2は「いと……たまふ」を主格とし、「あり」が動態詞をなす。全体を「けり」（C辞2）が押し包む。簡単にまとめると、

A」C」B」A」B」C

となる。複文／短文の区別は日本語にとり最重要事ではない。AとBとのあいだにも見えないC（零記号＝ゼ）が厳密にはあるはずである。

A」C」B」ゼ」A」ゼ」B」C

見る人も　なき山里のさくらばな。ほかの散りなんのちぞ　咲かまし

『古今和歌集』一、伊勢、六八歌

鑑賞する人もいない、山里の桜の花よ。
余所が散ってしまうあとになって、いよいよ咲くとよかったのに

「見る人も　なき山里のさくらばな」は独立句あるいは独立格と見るにしても、そのなかの桜花

が次句での主格（A詞）になるのを、繰り返しになるから省略される。

〈桜花〈A詞〉ガ〈＝C辞1〉〉よその花の散ってしまうあとになり、咲くと（B詞）よかったのに〈C辞2〉。

A」C」B」C

ここでのC辞1の中身は主格ならば「の」や「が」であり、ほかに「に」格、「を」格、「へ」格などがつぎつぎに出てくる。いまは主格に代表させる。

板の冷えのぼりて腹ごぼ〱と鳴れば、……　『落窪物語』二

板敷き（の冷気）が冷たく上昇して、腹がごぼっごぼっと鳴るから、

「の」を〈が〉に代え、あとの文にも〈ガ〉を入れると、

〈板（A詞）〈が〉（C辞1）冷えのぼり（B詞）〉て（C辞1）〈腹（A詞）〈ガ〉（C辞1）ごぼごぼと鳴れ（B詞）〉ば（C辞1）、……

A」C」B」C」A」C」B」C……

以上は「何がどうする」（動詞文）とまとめられる。

「何がどんなだ」（形容詞文）は、

この君をばわたくし物に思ほしかしづき給ふこと限りなし。　「桐壺」巻、一─五、一─一六

この君（光宮）をば私蔵っ子として溺愛なさることが限りない。

というように、動態詞が形容詞からなる。

……思ほしかしづき給ふこと（A詞）〈ガ〉（C辞1）限りなし（B詞）〈C辞（ここでは零記号）〉。

……「A」C」B」ゼ
「限りなし」の内部も「限り」（A詞）と「なし」（B詞）とからなる。

副詞、連体詞、接続詞、感動詞についてはあえて考慮するならばB詞2に分類してよい。その場合には動詞、形容詞、形容動詞がB詞1をなす。

3 「何が何だ」構文

〈A詞〉は格助辞とともにあるA詞1のほかに、述部にもなりうる（A詞2＝述部でのA詞）。

何（A詞1）が何（A詞2）だ（C辞2）。

これ（A詞1）がハイビスカス（A詞2）だ（C辞2）。

発明したひとが（A詞1）エンジニアの一人（A詞2）です（C辞2）。

「だ、です」は口語の助動辞（C辞2）で、A詞に下接する。名詞文と称してもよかろう。

御局は桐壺なり。　同、一―六、一―一八
（桐壺更衣の）御局は桐壺である。

を一文と見なす。短文なのに、いかにも日本語文らしくある。構文が二通り、隠れていたり、出ていたりする。というより、構文が〝二重〟になっているのではなかろうか。

〈御局（A詞1）〈零＝ガ〉（C辞1）桐壺（A詞2）〉なり（C辞2）。（第一構文）

A」C」A」C

のように〈ガ〉があるとすると、この隠れている構文を〝深層〟としよう。この〈ガ〉に覆いかぶさって「は」がはいってくる。

御局は桐壺なり。

これが表面に出てきている第二構文で、現代語で示せば「（桐壺更衣の）御局は桐壺である」。これを「御局について言えば桐壺だ」と言い換えてみると、「御局」が主格であることは表層から隠され、「御局は」が主格を代行する。

〈（御局について言えば）桐壺（A詞2）〉なり（C辞2）。（第二構文）

おなじように、

世のためしにも成りぬべき御もてなし（A詞2）なり（C辞2）。　一—四、一—一四

世上に好例にもなってしまうにちがいないご待遇である。

とある事例は、やはり一文と見なして、「御もてなし」がA詞であり、「なり」を得ることで述部をなす。

4　主格の形成

主格は日本語の場合、〈〜の、〜が〉によって構成される。しかし、〈主格プラス述部〉という構文があればよいのだから、実際の〈〜の、〜が〉はなくてよい。

思ふどち、ひとりひとり〈が〉恋ひ死なば、誰によそへて藤衣着む
『古今和歌集』一三、詠み人知らず、六五四歌

思いあう同士の一人一人が（二人とも）恋い死ぬならば、
だれのせいにして喪服を着ようか

猶おはする物と思ふ〈が〉いとかひなければ、　「桐壺」巻、一―九、一―二六

それでも、生きておられることと思うことが詮ないから、

松〈の〉思はんことだにはづかしう思うたまへ侍れば、　一―一二、一―三四

（長寿の）松がどう思うかすら決まり悪く考えさせていただくと、

〈ぞ〉や〈や〉など、主格を代行する助辞が多くあるなかに、〈〜は〉は差異化や取り立て、他の助辞の代行など、用途が広くて、主格をおもにあらわすとはほとんど言えない。

a　春来ぬと人〈は〉言へども、　『古今和歌集』一、壬生忠岑、一一歌

春が来てしまうと人は言うけれども、

a’　宮〈は〉大殿籠りにけり。　「桐壺」巻、一―一三、一―一三四

宮（光宮）は御寝あそばしておしまいだ。

b　春立てど、花も　にほはぬ山里〈は〉もの憂かる音に鶯ぞ　鳴く

『古今和歌集』一、在原棟梁、一五歌

立春になろうと、花も咲かない山里は、

憂鬱げな声に鶯が鳴くぞ

b’「光君」と言ふ名〈は〉高麗人のめできこえてつけたてまつりけるとぞ……　「桐壺」巻、一―二八、一―七〇

「光君」という名は高麗人が賞美し申してさし上げたという……

a文、a’文の「は」はたしかに主格の位置にある。しかし、b文、b’文の「は」は、山里という場所を取り出したり、「光君という名について言うと」というような補語関係をあらわしたりする。〈は〉が主格の位置にあるケースは何割という程度ではなかろうか。主格の代行としてある。

5　格

日本語は〝無格性〟だ、というのが時枝の言い分だが、たしかに名詞の類の語形変化はほとんどない。しかしながら日本語の格 case には、第一に、配置と内容とから測知させる場合がある。深層に構文上の要請があろう。

左の大い殿の北の方、むまのはなむけ、さまぐ〵、いかめしうしたまふ。『落窪物語』四

左の大い殿の北の方（＝女君）が出立のお祝いをさまざま豪勢になさる。

は、「左の大い殿の北の方〈ガ〉、むまのはなむけ〈ヲ〉」と読み取らせてゆく。構文をたどる読み取りが読み誤りを最小限にする。

ついで、助辞が動員される。

おほやけの選ひにて、中納言〈の〉、筑紫《つくし》の帥《そち》にてくだる〈が〉、にはかに妻亡《め》せたりける〈を〉聞き給ひて、……　同

朝廷の人選によって、中納言が九州の長官になって下向する方が、急に妻女が亡くなったというのをお聞きになって、……

みぎの「の、が、を」は、かたことならば不可欠でもなかろうが、やはりあってほしい助辞群だ。「の」格、「が」格、「に」格、「を」格、「へ」格、……など、格助辞が中心になって格を表示することを一般に否定し得ない。というより、特徴となる。諸言語で言う曲用 declension を、英語などは表面からほとんど放棄しており、チャールズ・J・フィルモアの言うように（注1）、深層から読み解く言語学へと移行してきている。日本語では、曲用に相当する格助辞が、発達し切っている。しかも、ラテン語や古典ギリシャ語のようには、曲用による格を持たない日本語にとって、深層の構文を顧慮することは必要な措置だろう。

「の」の働き、「が」の働きなど、個々に論じなければならないことが多くあるといえ、日本語を〝無格性〟の言語だとは言いがたい。

6 性／数、数詞

ジェンダー（gender）が文法用語であることを意図的に忘れようとしているならば、言語のためにも、社会のためにも、不幸なことだ。男性名詞／女性名詞を有するフランス語においてジャンル genre と称する。ラテン語での中性名詞はフランス語で男性名詞に吸収され、二元的（男性、女性）になったと言われる。世界の半数の言語が文法的性（複数のジェンダー）を有することは、ジェンダーを持たない日本語などの諸言語と〝対立〟すると言われるほかない。

なぜ男性名詞、女性名詞、中性名詞その他を、多くの諸言語は持ちこらえてきたのだろうか。まったく、容易に知ることのできない史前史のなかでの言語の発達にその原因がある。〈おとこ・おんな性〉（と呼びたい）、祭祀構造や社会の意図がからんで、文法的性は生まれるべくして生まれたのだろう。一九七〇～八〇年代から、文法事項であることを忘れるようにして、ジェンダー理論の時節が到来したことはよく知られる（注2）。文法事項であることを辞めて、男性性／女性性を奪還しようとした社会学（ないし哲学）がジェンダー理論だったように思える。そのような社会学的ジェンダーを〈男女性〉と呼称しよう。性的な交渉を含むセクシュアルな〈おとこ・おんな性〉とを分けてみようとする試みであるらしい。

日本語圏では、名詞に男性／女性の区別がないこともあり、文法事項としてならば、見向きされにくい方面に相違ない。文法事項として希薄である以上、外国語の学修としてのみジェンダーが思い起こされることになった。主格などの名詞と動態詞とのあいだでの格関係の呼応なども、日本語が不得意第一のことに属する。鈍感にならざるを得ないことには十分な理由がある。日本語の文法書がそれをほとんど取り上げないという状況が続く。

代わりに取り出されるのが、男ことば、女ことばという二分法である。それでよかったのだろうか。ある実験で、小説のなかの会話文を挙げて、これは男ことばか、女ことばかを問うというのがあった。答えはほぼ全員が男ことばと答えたが、むろん、会話主は女性である。つまり、明治期の身分社会において、婦人は下働きの女性に対し、（今で言うなら）男ことばとしか思われないことば遣いで接していた。そのような階級言語の問題をぬきにして、ジェンダー代わりの男ことば、女ことばを探求しても、興味半ばで終わろう。『風姿花伝』ではないが、能の舞台には、男、女、僧侶（ワキ）、それに子方がいる。

数 number もまた、日本語はと言えば鈍感でしかない。けれども、文法の主要な領域に数が位置することについて、贅言を要するだろうか。しゃべりだすまえに、単数か複数か、不可算か否かを決めるのでなければ、一言も言えない欧米語。対して単数か複数かを考えることなくものを言い出すことのできる日本語を、むしろ特質と見なしてよかろう。数の考え方に、諸言語によっていろいろあるのだと。

アイヌ語では、母熊一匹、子熊二匹が、普通は人間たちを遠巻きに見ているだけで、出てくることはないのが、何かの拍子に子熊が転がり出して、母熊もいっしょに、わっとわれわれの眼前にあらわれるとする。かぞえている精神的余裕があるかどうかは別として、アイヌの人たちはその熊（たち）を単数であらわす（注3）。

ぎょうじゃにんにくを、花籠に一つずつ摘んで、いつしかいっぱいになる。そのような「いっぱい」は単数か複数か。複数なのだという。三匹の熊が単数で、花籠いっぱいのぎょうじゃにんにくが複数であることに、説明するすべはない。諸言語の特質として受け取るしかない。

数詞

数詞には、数そのものと、数にかかわる接尾語を込めた言い方と、二通りがある。コンピュータのなかだけを駆け巡っている未知の数詞もあろう。算用数字は表意文字として生きられる。「1」という字を、〈いち、はな、いー、シネㇷ゚、わんone、あんun〉など、ネイティヴごとに勝手に読むので、だれも困らない。

7　代名詞

時枝の言うところだと、代名詞は「話し手との関係」においてのみ成り立つという（『日本文法　口語篇』二）。これは注目すべき考え方だと思う。たしかに、固有名詞から固有性を抜き去ると、むなしい指示性が記号のようにしてのこる。記号詞とも言えるし、さらには関係詞というような見方を採り入れてもかまわない。代名詞は場面での関係概念にのみ依存するというのだから。

はじめより、「我〈代1〉は」と思ひ上がりたまへる御方々、（桐壺更衣ヲ）めざましき物におとしめそねみ給ふ。同じ程、それ〈代2〉より下臈の更衣たちはまして安からず。

「桐壺」巻、一―四、一―一四

（宮仕えの）当初から、「一番は私」と高く構えてお思いのお方々は、（桐壺更衣を）目障りなやつだと低く御覧になる。同等、（あるいは）それ以下の下臈の更衣たちはまして穏やかでない。

〈代1〉（代＝代名詞）の「我」は「私が一番だ」とプライド高い女性方が〝話し手〟（会話主）で、〝自身との関係〟から「我」と言う（人称代名詞）。そのことは分かり易い。では〈代2〉の「それ」はどうか。「それ」は桐壺更衣をさす。時枝的に言えば、話し手との関係概念として「それ」と指示する（指示代名詞）。

その〝話し手〟とはだれだろうか。物語において「それ」と指示して言うのは〝話し手〟にほかならない。語り手と聞き手（ここでは読者）とのあいだに成り立つ関係とは、物語中の〝場面〟となろう。

たしかに、代名詞は話し手のいる場面に依存して生きられる。

冬の池に住む鳰鳥《にほどり》の、連れも　なく　そこ（其処、底）に通ふと、人に知らすな

『古今和歌集』一三、躬恒、六六二歌

冬の池に住む鳰鳥が、仲間もなく底へ行ったり来たり（と見せかけて）、そこに（女の許に）に通うと、人に知らせるな

話し手（詠み手）にとっての「そこ」（指示代名詞）であり、聴き手とのあいだで了解される。そのような詠み手の周囲に広がる言語的場面のみが代名詞を成り立たせていることは、動かない。

陸奥のしのぶもぢ摺り。たれゆゑに乱れむと思ふ。われならなくに
同、一四、河原左大臣、七二四歌
東北地方信夫の名産、ねじりしのぶの乱れ染め。だれのせいで乱れっぱなし、
思いに思って。私（のせい）ではありませぬよ　（しのぶ＝忍草）

「たれ」（＝誰）はこの場合、不特定の人を指すと見せかける。詠み手との関係にある人物を特定しないことは、このうたの場面にのみ依拠させる書き方だと言える。

コソアド

人称、指示、疑問代名詞を統一する、佐久間鼎の探求していたコソアドは（注4）、場面を分割して話し手（詠み手）からの距離を示す体系であることが分かる。「こいつ〈こやつ〉、そいつ、あいつ、どいつ」「これ、それ、あれ、どれ〈いづれ〉」「ここ、そこ、あそこ、どこ〈いづこ〉」「こ（の）、そ（の）、あ（の）、ど（の）」「こんな（に）、そんな（に）、あんな（に）、どんな（に）」などが、他の品詞にわたり観察される。「（こ）の」は連体詞「この」でもあり、「この！」と感動詞としても言え、あるいは「こんなに」を形容動詞あるいは副詞と見ることができる。

8　固有称

名詞の成立のもともとは、単に物の名を与えるというような、恣意的な結果でありえない。語が

与えられて成立するというだけならば、「うごく」とか「やかましい」とか、動きや状態について、どんどん名づけられていったということになる。そうではなかろう。何万年、何千年もの歳月こそが主役だったろう。いかにも動くさまや騒音ぶりを感知して、語を与えてきた長い時間や、社会的制約、他部族から借り入れというような機制が働いている。

固有称（固有名詞）にしろ、人間関係や自然との交渉がそこに客体化されよう。ただし、出会いや誕生、愛着などの機縁があって、他人が承認することは条件でない。飼っているパンダ（のぬいぐるみ）に「ぽんぽん」と命名する。自分だけのこちょうらんを「星の王子様」と命名する。買ってきた編輯ソフトに「優秀くん」と名を与える。山や川、新生児やペット、商品やゆるキャラや鉄道車両が名前をもらって生き生きする。阿武隈山系、大堰川、紀三井寺、すさのを神、あんぱんまん列車など。

歌枕の類は、〜山、〜川、〜寺など、地面に貼り付けて名称になる。東京駅、立川市、大和盆地、首里城など、地名は所属とともに言うのが筋だろう。羽田、須磨、上海へ行く、などと投げ出して言うようになったのはいつごろからだろうか。

夕顔の君

夕べの光に照らされる男君の顔をもともとは言う。見て取った女君が夕顔の花を詠み込んだ歌を贈る。その歌から彼女は「夕顔」と名づけられる。読者が名づけたのか、作者の意図するところであったか、わからない。

朧月夜の君

「朧月夜に似るものぞなき」（「朧月夜にしくものがないよ」『大江千里集』）と口ずさんでやってくる女君を光源氏はとらえる。このうたから読者は（作者の暗黙のもとに）彼女を「朧月夜」と呼ぶ（「花宴」巻、一―二七六、二―九六）。

弘徽殿女御

弘徽殿女御は『源氏物語』に二人いる。弘徽殿という居所で固有称を成立させる。

浮舟の君

たち花の小島の色は　変はらじを、このうき舟ぞ　ゆくへ知られぬ

「浮舟」巻、五―二二三、八―五六〇

橘の小島の緑の色は宮のお心として変わらないでしょうが、
この波に浮かぶ小舟（である私の身）は行く末を知られませぬ

光源氏

光宮と呼ばれ、臣籍を得て光源氏となる。高麗人の人相見が名づけたと書かれる。

まちがうことはないと思うが、動植物の名称じたいは固有名詞とならない。飼っている雀の子にトトロと名づけて初めて固有称である。ほととぎす、あきあかね、ひいらぎなんてん、もみのきは

固有称にあたらない。弓張月、宵の明星、地上の星（地球）も一般称である。しかし固有称と一般称との境界が曖昧な場合はいろいろあろう。

9　連体関係節と吸着語

連体節は欧米語などでの「関係代名詞による節」とちがう、とはよく言われる説明であるけれども、あるところまで非常によく似るとの感触を抑えられない。連体節を受け取る部位に、見えない関係詞が潜んでいるように思える。

a　うらみを負ふ積りにやありけむ、……　「桐壺」巻、一―四、一―一四

b　世のためしにもなりぬべき御もてなしなり。　同

c　取り立ててはかばかしき後見しなければ、……　一―五、一―一六

d　めづらかなる児の御かたちなり。　同

いずれも連体節や連体句を持つ。

a「うらみを負ふ」という一文は、その一文を先行詞として「(その) 積りにやありけむ、……」に続く。隠れた関係代名詞があると考えてよいのではないか。

b「世のためしにもなりぬべし」も、関係代名詞（の省略）によって「御もてなしなり」に接続される。

c「取り立ててはかばかしき……」は、「後見し〈なけれ〉ば」と、〈なし〉〈なけれ〉を一つにし

ていると考えてよければ、関係詞が隠れているのではなかろうか。関係詞は見た目に連体節の深層に隠れている。英語とはすこしちがうにしろ、「なし」を受ける関係形容詞かもしれない。

d「めづらかなる」と「児の御かたちなり」とのあいだにも関係詞（関係形容動詞というか）が隠されていよう。

吸着語はそのような連体関係節を産み出す。吸着語と言い出したのもまた佐久間鼎だった（注5）。口語で見ると、〈～こと、～さま、～はず、～わけ、～だけ、～たび、～あげく、～ため、～まま、～点、～ほど〉など無数にあり、連体語を介して名詞句に仕立てる。関係詞が成り立つためには接合子というような微細な因子が深層から働くかもしれない。関係詞としての代名詞（や形容詞、副詞など）は日本語でなかなか認知されない。関係詞というと、諸言語との比較が必要になってくるので、ここではごく単純に接合子（というような因子）が語と語とを接合するというようにのみ述べておきたい。

これらの形式詞のなかには、〈～なはず、～なわけ〉というような、普通名詞が〈な〉を介して名詞句となる現代語の在り方もあり、注意させられる。この〈な〉は「だ」の連体形と言われる。〈～のゆえ（故）〉のように〈の〉を介することもあり、形式名詞と時枝は言う。

10　動態詞の名詞化

動詞が名詞になることは現代語にも広く観察される。〈読み、教え、嗜み、飽き、はずれ、語り、語らい〉などと、連用形が名詞になる。

形容詞の場合には、～み、～さ、といった接尾語を利用して名詞になることができる。〈あまみ、うまみ、かなしみ、あたらしみ、よさ、とてつもなさ、うっとうしさ〉などと。

「かこと負ひぬべきが」(「夕顔」巻、一―一三二、一―一三一八)、「すきずきしきが」(同、一―一四四、一―一三五二)など、形容詞(や形容詞型の助動辞)の連体形も名詞になる。

動詞が目的格(「を」格)を受ける時の不思議な事例について、時枝に論じるところがある。


かたじけなき御心ばへのたぐひなきを頼みにて、まじらひ給ふ。

「桐壺」巻、一―四、一―一四

「〜を頼み」が「述語の資格を持つ動詞として」用いられているとし、しかるに、下に続く語を見ると「〜にて」とあるから、この「頼み」は「体言」でなければならない、という(『日本文法 文語篇』二)(注6)。「かたじけなき御心ばへのたぐひなき」を「を」が統一して「客語」となり、述語動詞「頼み」に包摂される、と。その全体が「体言」化されて「にて」に接続する。このような用法に対して「体言相当格」と名づけている。

〈〈かたじけなき御心ばへ〉がたぐいない〉(桐壺帝の愛顧が絶している)。
→〈〈……御心ばへ〉のたぐいない〉ことを(桐壺更衣が)頼む(=頼みとする)。
→〔……のたぐいない〕ことを頼みとして宮廷社会で交際する。
と、複雑さを見せる。日本語だと、(帝の)愛顧が第一の動作主で、その愛顧を道具として第二の動作主(更衣)が宮廷交際する。二つ、動作主があっては、文として成り立たない理屈だが、〝隠在する〟変化が「頼む(動詞)―頼み(体言)」という深層で起こって(格変化も起きる)、更衣は交際を続けることとなる。
「体言」という言い方には時枝のいささか〝詐術〟が潜むようだから、名詞の類と言い換えるとして、
〜を頼みにて、まじらひ給ふ。
という際の「頼み」は、「を」格のみを受けることのできる言い回しであり、とても本格的な名詞の類にはかぞえがたい。すこし乱暴を言ってよければ（「愛顧」を道具のように見るのも私の勝手な応用ながら）、〝関係詞の扱い〟を可能にしようとしているのかもしれない。
かたじけなき御心ばへのたぐひなきを頼む〜を頼みにて、まじらひ給ふ。
関係詞がどこかに隠在していて、時に省略されながら語と語とを接合させるというような。しかも先行詞「頼む（動詞）」が「名詞」ふうに代わり、「にて」格で受け取る、という乱暴が日本語圏で起きているのだと。
〈かたじけなき御心ばへ〉という名詞節を主格と認定することには、抵抗を示す人がいよう。しかし、
夕附夜のをかしき程に（同、一―一〇、一―三〇）
夜更け侍りぬべし。（一―一三、一―三六）
月も入りぬ。（一―一七、一―四六）
のような自然称を日本語は広範に擁している以上、その延長で「心ばへ」に一つの「称」を与えることも、許容されてしかるべきだろう。きみやわたし、あいつ、母上など、人物が主格になること

はいうまでもないこととして、動植物も、自然現象も、そして心内もまた広く主格になりうるとしたい。

（1）『格文法の原理』（一九七四序、田中春美・船城道雄訳）、三省堂、一九七五。

（2）文法用語を利用して「文法」をぬきさり、他の用語とすることによって新たな知的シーンが造成された。そのことは論じ方によって、文法を軽視する傾向に拍車をかけたという功罪がのこる。ヴァナキュラーとは〈母語的〉とでも言うのか、民俗ないし生活圏の言語を言う。山本哲士らを通してイバン・イリイチから学ぶところが大きいということはそれとして、著名な『ジェンダー・トラブル』（ジュディス・バトラー、一九九〇、竹村和子訳、青土社、一九九九）はジェンダーがもともと文法用語であったことに一言もふれないばかりか、イリイチを参考文献にすら引かない。争点の道具になることもまた文法用語としてのジェンダーのある種の生き方だ、ということなのだろう。

（3）藤井貞和『日本語と時間』六（岩波新書、二〇一〇）を参照。

（4）佐久間鼎「『こそあど』の定称」ほか（『現代日本語の表現と語法』改訂版、恒星社厚生閣、一九五一）。

（5）佐久間鼎『現代日本語法の研究』（厚生閣、一九四〇）、および『現代日本語の表現と語法』。

（6）時枝、岩波全書、一九五四〈一九五八第2刷〉。あとがきによれば、重版に際して巻末の「注意すべき動詞活用例」を大野晋の補訂により、全面的に加筆している。

十九章　動く、象《かたど》る——自立語（中）

1　世界の諸言語の活用のあるなし

動態詞は、基本構文、

〈A詞プラスB詞〉C辞

のうちの、B詞のなかみを構成する。

〈何〈A詞〉がどうする〈B詞〉〉〈C辞〉。〈動詞文〉

〈何〈A詞〉がどんなだ〈B詞〉〉〈C辞〉。〈形容詞文〉

ここを解決させないと、まえへ進めないという関門がある。動態詞にはそれぞれ語幹 stem〈D幹〉がある〈語根、語基とも〉。その語幹は活用語尾〈E尾〉との関係をそれぞれに持つ。語幹と活用語尾との分けられない語群もあって、文法成立前史をかいま見させる。活用 conjugation はB詞のハード部門で成り立っている体系であって、諸言語〈世界の言語〉ごとに保存されている。〈ちなみに、活用 conjugation のなかには jugum〈軛の翅垂〉が隠れていそうである。活用はなかに翅垂のような連結構造を持つということではなかろうか。〉

活用のないとされる諸言語が日本語の近隣にあって〈アイヌ語、漢文語など〉、このことは活用とは何かを考える上で、この上もなくたいせつだろう。活用を前提とする言語観や哲学は、どこかに限界があろう。活用によって〝過去〟をあらわすといった哲学を世上に見るにつけて、それでよいのだろうか。

アイヌ語や漢文語がE尾（活用語尾）を欠くことは、前者の場合、代わって人称接辞その他の接辞を発達させているし（人称接辞が活用語尾だと言うこともできる）、後者は豊富な助字を持ちこらえている。

B詞の主要な構成要素である動態詞にC辞が取り付いてくる。

〔B詞〕C辞

その過程で日本語に活用体系らしさが生まれた。高度の活用体系のあることで知られる屈折語（英語など）でも、基本はおなじことで、B詞とC辞との結びつきが一体化したのに過ぎない。日本語だとその結びつき方がつよい動詞的世界から、比較的ゆるやかな形容詞や形容動詞的世界までが並ぶ。辞にも活用のありそうな助動辞から、活用のないと言ってよい助辞までが並ぶ。

動詞、形容詞、そして形容動詞を一まとめに〈動態詞〉とする理由となる。

2　動態詞一類の語幹――〈カ変、サ変、下二段〉

動態詞一類（動詞）には、語幹（D幹）と活用語尾（E尾）とを分けられない場合が少なくない。一音動詞がそれらである。二音語以上になっても、語幹と活用語尾とは緊密に結びつくようで、加えて語幹だけ取り出すと、語としての意味を推測すらかなわないことが多い。活用型の配列を一音語から二音語以上へと列べる。一音語が当然、意味を擁するのに対し、二音語以上は語幹だけだとなかなか意味を把捉しがたい。このことは動詞が本来、語幹と活用語尾とを分けられず、一体で活用語として成立したことを暗示する。活用の種類ごとに略述する。

カ行変格活用（カ変）　く（来）

一音語であり、当然、その一語で意味をなす。

こ　き　く　くる　くれ　こ（こよ）

コ　き　く　くる　くれ　コ

「やって来る」ことや、命令形では「来させる」感じまでを含む。

サ行変格活用（サ変）　す（為）

一音語であり、当然、その一語で意味をなす。

せ　し　す　する　すれ　せ（せよ）

「自然に起こる」意から「行為する」意にまで広がる。

下二段活用（下二段）

一音語には、「う（得）、く（消）、ふ（経）」がある。また、助動辞「つ」の原型には「つ」という一音動詞があったろう。これらは一音語であるから、当然、その一語で意味をなす。「う（得）」

――　え　え　う　うる　うれ　えよ

「うう（飢）」（二音語）は、

うゑ　うゑ　うう　ううる　ううれ　うゑよ

となる。二音語になると一応、語幹／活用語尾が分かれる。しかし、たとえば「うう（飢）」は、「う」（語幹）だけだと意味をなしようがない。つまり、語幹と活用語尾とに分けることは、文字通り〝意味がない〟。いきなり活用語としてこの世に存在せしめられる。そのことは活用形が同時に発生することを意味する。

3　動態詞一類の語幹——〈上一段、ナ変、上二段、ラ変、下一段、四段〉

上一段活用（上一段）

語幹／活用語尾が未分化と言われるのは、一音動詞に類することにほかならない。「みる（見）、ミる（廻）、にる（似）、ゐる（居）」など、数は少ない。一音語であるから、「見」が語幹だとしても、そのまま意味をあらわす。「みる（見）」——

み　み　みる　みる　みれ　みろ

古く終止形は「み」だったかもしれない。

「ヒる（干）」には「ふ（乾）」（上二段活用）があり、「ゐる（居）」にも「う（居）」（同）がある。「みる」にも「む」という一音語の分岐を想定できる（「ココロむ、うしろむ」にのこるか）。

ナ行変格活用（ナ変）

「いぬ（往）、しぬ（死）」のほかに、一音動詞「ぬ」があったのではなかろうか。「いぬ（往）」にしても、もともと「い―ぬ」だったろう。ナ行変格活用はほぼ古い一音語「ぬ」をもととしたと思われる。

上二段活用（上一段）

一音動詞としては「う（居）」、「ふ（乾）」がある。二音語以上の語になると、語幹によって意味を取ることがむずかしい。「おつ（落）」は「お」だけで落ちる意味を感得できるだろうか。「こふ（恋）」――

こヒ　こヒ　こふ　こふる　こふれ　こヒよ

上二段活用は連体形をへて、現代語ですべて上一段活用となる。「飽く、生く、尽く、過ぐ、凪ぐ、落つ、閉づ、強ふ、延ぶ、錆ぶ、恨む、悔ゆ」が「飽きる、生きる、尽きる、過ぎる、凪る、落ちる、閉じる、強いる、延びる、錆びる、恨む、悔いる」になる。

ラ行変格活用（ラ変）

「あり（有）」の「あ」では意味をなさず、「あり」という一語で初めて意味を持つ。あり（有）――

あら　あり　あり　ある　あれ　あれ

きれいな活用表をなす。「をり」は「う」（居、上二段活用）、「ゐる」（上一段活用）とかかわりあろう。「はべり」の語源はわからない（「這ひあり」かという説があることはある）。「いまそがり、いますがり」は「いますがあり」の転と言われる。「さり、しかり（然り）」や、形容詞カリ活用の成立をここに含めてもよい。

下一段活用（下一段）

古典語「ける（蹴）」はもと「くう（蹴）」（下二段活用）だったと言われる。語幹と活用語尾との差異がなくなる。

け　け　ける　ける　けれ　けよ

四段活用（四段。口語では五段活用）

「あふ（逢）」を取り上げると（何を取り上げてもよいのだが）、

あは　あひ　あふ　あふ　あへ（＝へ乙類）　あへ（＝へ甲類）

というように、終止形と連体形とが同型で、しかも連体形に「る」を発現しないのはこの四段活用のみとなる。

すべて二音あるいはそれ以上から成る。語幹について、各語の語源説は巷間に行われるけれども、どうだろうか。「ふく（吹）」の「ふ」はたしかにpu！（吹く音）かもしれない。しかし、多くは民間語源説にとどまる。「よむ（数、読）」の「よ」は寿命を意味するとか、「かたる（語）」の「かた」は味方する意味だとか、ごく一部の語について議論されるのみで、絶対多数の四段活用動詞は、語幹だけ取り出した途端、意味不明となる。

以上のように見ると、動態詞一類は語幹が活用語尾と一体になって初めて意味を持ち、活用語として生きる。

〔A詞プラスB詞〕C辞

で言えば、B詞のなかみがD幹E尾一体である。B詞のなかみは、〈D幹プラスE尾〉に細分される。

B詞＝D幹―E尾

4　動態詞二類（形容詞）と語幹

形容詞の語幹は、動詞の語幹と異なって、それだけで意味を喚起することができる、また、そのまま、文の成分として用いられ、他の語と複合語をつくる時、意味の決定部分となる。つまり二音またはそれ以上の語幹であっても、一音の語幹であっても、動詞とちがって意味を負う語たちだ。ク活用の語幹をわずかに挙げると、〈な、ヨ（え）、あか、あを、おほ、ねた、わか、あやな、いぶせ、うたて、つゆけ、めでた、あきらけ〉などがある。

ク活用　とほし（遠）――

○　とほく　とほし　とほき　とほけれ　○

トホけ　トホく　トホし　トホき　トホけ　○　（万葉時代）

ク活用の語幹について見ると、それぞれに意味らしきなかみを有している。語幹だけで名詞に懸かる用法（「あかごま」「よごと」「わかびと」など）や、いわゆる詠嘆もある。

ねた（！）のわざや　あやな！　うとまし！

なっ！　（冷蔵庫をあけて、取っておいたはずのケーキがない時）

また〈語幹プラス「の」〉もある。

遠のみかど　……

いずれにも語らしさを認められる。だからと言って、独立語かというと、「し」（およびその活用形）を垂らすことで、形容詞としての一語らしさを完成させる。「し」の本来がどこから来たのか、-asi という原型を想定してそれを助動辞扱いすることができる。

形容詞の語幹は果たして名詞の類だろうか、というのが、当面の、きわめて素朴な課題だ。なかには「〜が」「〜を」などと言うことができて、名詞の扱いが可能な語もあろうけれども（色彩関係語など）、それらはまさに名詞の類なのであって、それら以外の形容詞の語幹は、「〜が」とも「〜を」とも、言うことがむずかしい。名詞でないとすれば、多く意味を備えた態様語というほかない（形容語、または従来から「形状言」と呼ぶ言い方もある）。

B詞＝D幹／E尾　　D幹＝形容語、E尾＝「し」

形容詞はこのB詞のなかにのみ生きる場所を求めている。

シク活用

シク活用は語幹の認定を先に考えなければならない。シク活用の形容詞の語幹を挙げようとすると、「し」までを含む。つまり、終止形を例外として、〈あし、をし、いみじ、おなじ、けだし、ゆゆし、ををし、ゑまし、をかし、あさまし、なつかし、むつまし、すさまじ〉というように〈し〉を含めて語幹と見る見方が浮上する。通説と異なるかもしれない。しかし、「あたらし、いとどし、いまだし」などは「あたらし、いとど、いまだ」という形容語がそのまま副詞になる。

かなし――

○　　かなしく　　かなし　　かなしき　　かなしけれ　　○

かなしけ　かなしく　かなし　かなしき　かなしけ　○（万葉時代）

シク活用は繰り返すと、終止形以外、「し」まで含めて語幹であるらしく、終止形のみ語幹と活用語尾とが一つとなる。「あし（悪）」――

あし・け　あし・く　あし　あし・き　あし・け　○

基本的にク活用と同一となる。

折口信夫は「語根時代」という、最古に近い段階を想定して、〈かなし妹、めぐし子、くはし女、うまし国、かたし磐《いは》、まぐはし児ロ、トホドホし高志国、うらぐはし山……〉といった「熟語」を摘出する、つまり「し」が語根（＝語幹）に含まれるとする（「形容詞の論――語尾『し』の発生」、一九三二）（注1）。ク活用の、先に挙げた「あかごま」「よごと」「わかびと」とおなじ用法で、それがシク活用の場合には「し」を含めることになるのだから、語幹（折口は語根と言う）は終止形とおなじかたちになる。

B詞＝D幹／E尾　D幹＝形容語（「し」を含む）、E尾＝「け、く、き」

シク活用もまた、形容語である以上、B詞のなかにのみ生きる場所を求めている。

カリ活用

カリ活用というのは、連用形語尾「く」にアリ ar-i がくっついたのを言う（ku-ar-i → k（u）－ar-i）。

とほから　とほかり　とほかり　とほかる　とほけれ　とほかれ

かなしから　かなしかり　かなしかり　かなしかる　かなしけれ　かなしかれ

5　活用語尾「じ」

シク活用に含めてきたなかに、「じ・け、じ・く、じ、じ・き、じ・け、〇」を活用とする語群がある。〈いみじ（忌）、おなじ（同）、おやじ（同）、すさまじ〉などが知られる。〈われじ（我）、いへじ（家）、おもじ（母）〉というような古語も宣命文にはあった。折口はいかにもかれらしく、「〜じもの」という「もの」が付いた「熟語」に注意を向ける（同）。「ししじもの（獣）、鹿児じもの、馬じもの、犬じもの、鵜じもの、鴨じもの……〉、あるいは〈雄《をとこ》じもの、牀《とこ》じもの〉を挙げてゆく。

折口がこれらを単純に枕詞という理解でよいのかと咎めるのは当然で、おもしろいからすこし随順する。

あをにヨし、ならノはさまに、〈しゝじモノ〉、みづくヘゴモり、みなソゝく、しビノわくごを、あさりづな。ゐノこ　　『日本書紀』一六、武烈紀、九五歌謡

青丹よし（枕詞）奈良の谷間に、獣ならぬ（いや、獣そっくりに）水びたしで隅っこに（埋められた）、みな注ぐ（枕詞）鮪（という名）の、若いおの子（の屍）を、漁り出すなよ。猪よ

通説には「しゝじモノ」を「みづく」あるいは「ヘゴモり」へ懸かると見る。折口は句を隔てて「あさりづな（ゐノこ）」へ懸かると見ることができないかとする。枕詞の比喩よりもう一つ前代を窺えると折口はするらしい。

……夕には　入り居嘆かひ、腋挟む、児ノ泣く毎、〈雄《をとこ》じモノ〉、負ひみ抱きみ、朝鳥ノ、啼ノミ哭きつつ、恋ふれドモ、効《しるし》を無みト、辞《コト》問はぬ、物には　在れド、吾妹子が、入りにし山を、ヨすかトゾ　念ふ

『万葉集』三、高橋朝臣、四八一歌

……夕べには（家に）入って座ると嘆き続け、腋に抱く児が泣くたびに、男なのか否か、背負ったりあやしたり、朝鳥みたいに（枕詞）泣いて泣いて、慕うけれどもかいはなくて、ことば無きものではあるが、吾妹児がはいって、行ってしまった山（そのもの）を、（せめてもの）形見にと偲ぶことにする

「雄じモノ」を「恋ふれドモ、効を無みト」に懸かるか、とする。通説のような「負ひみ抱きみ」に懸かるのでないとすると、単純な枕詞論では済まされなくなる。折口に言わせると、「壮士霊《ヲトコジモノ》」という、招魂《コヒ》をする呪詞的な用語例があったと見られる、ということになる。霊の寓りというところに最古のステージを求めるとは、いかにも折口らしいと言うほかない。

深層に敷かれる呪詞（これも言語である）を想定することや、そこからの慣用に継ぐ慣用（省略や連想を含む）をへて、「文法時代」（折口用語）へと固まってゆくプロセスまでを見通す、これらは霊的文法でも言うか、提供するヒントは小さくない。

私としては、「じ」は「し」の否定であるから（an（i）-si→ji)、程度の否定だろうと見当をつけることにする。「忌みどころではない→きわめて忌みだ→いみじい」、「己〈おの、自分〉どころではない→自分そのものだ→同じだ」、「おや（親）どころではない→そっくりだ」、「馬どころでは

ない↓馬そっくりだ」というような経過が考えられる。「すさまじ」は古く「すさまし」だったか、よく分からない。

6　動態詞三類（形容動詞）

形容動詞の場合もまた、語幹の列を眺めれば、これらが名詞の扱いでよいのか、という疑問の溢れてくる語群だ。『古今和歌集』かな序に、

目に見えぬ鬼神をも〈あはれ〉と思はせ、……歌の文字も定まらず、〈すなほ〉にして、……この殿は〈むべ〉も富みけり。……〈あだ〉なる歌、はかなき言のみ出で来れば、……〈まめ〉なるところには、花薄、穂に出だすべきことにもあらずなりにたり。……さかし、〈おろか〉なりと……。（小野小町ハ）〈あはれ〉なる様にて、つよからず。……

と見える。

……おひいでくる草の、〈はつか〉に見えし君はも　一一、壬生忠岑、四七八歌
山ざくら、霞の間より〈ほのか〉にも……　貫之、四七九歌
いで我を人なとがめそ。大舟の、〈ゆた〉に〈たゆた〉に……　詠み人知らず、五〇八歌
思ひやる境〈はるか〉になりや　する。……　同、五二四歌

涙河、枕流るゝうき寝には　夢も〈さだか〉に見えずぞ　ありける　　同、五二七歌

これらの語群にふれて、いくつかについて名詞扱いを許容する人もいよう。かな序の「〈あはれ〉と思はせ」と「〈あはれ〉なる様にて」とを比べると、前者を名詞扱いしてよいのではないかという意見がつねにありうる。名詞か名詞でないかの境界領域には広がりがある。まさにその境界領域にこそ、この課題は生きると言えよう。

〈さやか、優、をこ、そら〉〈丁寧、厳重、急、平気、批判的〉〈堂々、遅々〉〈ロマンチック、ナイーヴ〉など、造語力のつよい語群だと思う。〈健康が、親切が、優柔不断を〉のように、「〜が、〜を」とも言える、だから名詞と言ってよい語もあるにしろ、それらはまさに名詞でもある、あるいは名詞との分岐点を持つ語群なのであって、それらを除く大部分の名容語（と名づけておく）までが名詞であるとは、なかなか認めがたい。かくて、

ナリ活用
　静か　　静かなり
タリ活用
　恋々　　恋々たり

について、「静か、恋々」か、「静かなり、恋々たり」か、いずれを形容動詞の語形として認めるかということの判断を求められる。返答としては、いずれをも形容動詞の扱いをするのでよいのではなかろうか（時枝への私の回答でもある）。「静か」や「恋々」を名容語として積極的に位置づけたく思う。

B詞＝D幹—E尾

形容動詞もまたB詞のなかにだけ生きられる場所を持つ。

7　E尾とC辞とのつながり

動態詞（B詞）は、語幹（D幹）と活用語尾（E尾）とからなる。それらは、日本語の場合、どのようにE尾（活用語尾）として発達するのだろうか。

言ってしまえば、C辞（助動辞や助辞）から活用語尾（E尾）へ手がさしのべられ、またE尾からC辞へつながろうとする、相互の関係がそこにあったろう。どうにも比喩的な言い方しかできないけれども、阿吽の呼吸があって助動辞や助辞の性格が活用語尾の成長を促したろうとは、感じる人が多いと思われる。活用形の種類を一覧する。

未然形

E尾からC辞へのつながりが緊密なのは未然形だろう。助動辞や助辞からのアピールがつよくて、未然形の成長を促したと考えられる。

秋の田の穂（秀）にこそ　人を恋ひ〈ざら〉〈め〉。などか　心に忘れしも　せ〈む〉

『古今和歌集』一一、詠み人知らず、五四七歌

秋の田の穂みたいに、ほの字をおもてに出してまで、あなたを慕いはせぬつもり。でもでも、心にはどうして忘れなどしようかいの

「恋ひ、ざら、せ」と三か所に未然形があって、それぞれ「ざら」（否定）、「め」（推量あるいは意志）、「む」（同）が下接する。

「寝《い》こそ　寝〈られ〉ね」（六〇五歌）、「若菜摘み〈て〉む」（一九歌）、「覚め〈ざら〉ましを」（五五二歌）、「数は〈まさら〉じ」（五九〇歌）、「かれ〈な〉であまの」（六二三歌）、「夢と知り〈せ〉ば」（五五二歌）、「声を〈きか〉ばや」（一三八歌）、「うつつ〈なら〉なむ」（五五八歌）、「楽しくを〈あら〉な」（『万葉集』三四九歌）、「汝が名〈のらさ〉ね」（同、一七二六歌）などにも未然形を見いだす。

機能をかぞえると、推量（意志）、自然勢、否定、希望、誂え、使役、仮定、仮想にわたって未然形が発現する。（〈未だ然らず〉とはうまい命名だ。）

四段活用

なか　nak-am-u（「泣か」む）　かが　kag-ar-u（「嗅が」る）

こさ　kos-as-u（「越さ」す）　トば　töb-am-pha-ya（「飛ば」ばや）

ふま　phum-ani-su（「踏ま」ず）

しな　sin-am-u（「死な」む）

下二段活用

のせ　nose-（a）m-u（「載せ」む）　まぜ　maze-（r）ar-u（「交ぜ」らる）

コたへ　kötaphë-（s）as-u（「答へ」さす）

ながれ　nagare-（a）m-pha-ya（「流れ」ばや）

すゑ　suwe– (a) ni–su（「据ゑ」ず）

上一段活用、上二段活用、変格活用（カ変、サ変）もおなじである。

み　mi– (a) m–u（見む）　　ヨキ　yöki– (a) m–u（「避き」む）

はぢ　phadi (r) ar–u（「恥ぢ」らる）　　うらみ　uramï– (s) as–u（「恨み」さす）

こ　ko– (a) m–pha–ya（「来」ばや）　　信ぜ　sin–ze– (a) ni–su（「信ぜ」ず）

ク活用、シク活用

ヨけ　yöki–am–u（「ヨけ」む）　　をしけ　wosiki–am–pha（「惜しけ」ば）

連用形

二連動詞は、（1）先行動詞と後ろ動詞とが対等である場合、（2）先行動詞が接頭語化する場合、そして（3）後ろ動詞が助動辞化する場合、という三ケースに分かれる。

（1）

わがせこが衣のすそを〈吹き／返し〉、うらめづらしき秋の初風

『古今和歌集』四、詠み人知らず、一七一歌

わが背の君の衣のすそを吹き返し、目新しい裏地を見せる、
（そのように）心のうらにも目新しい、最初の秋風よ

「吹き／返し」は、あとに「うらめづらし」（形容詞）の来るのを予想して「返し」が連用形となる。「吹き／返し」は二連動詞（複合動詞）の例で、先行動詞「吹き」もまた連用形をなす。この

ように、

（2）

女郎花、秋の野風に〈うちなびき〉、心一つをたれに寄すらむ

四、左大臣〈時平〉、二三〇歌

女郎花は、秋の野風にちょいと靡き、（また靡き……）
心は一つ（でしょう？　その心）をだれに寄せているのだろう

「うち」が軽くなり、接頭語化して「なびき」にウェイトがかかって下へつながる。

（3）

春日野の飛ぶ火の野守、出で〈て〉見よ。いま幾日あり〈て〉若菜摘みてん

一、詠み人知らず、一九歌

春日野の飛ぶ火の野守よ、出番です、見てきておくれ。
あと何日が経てば、若菜を摘んでしまってよいかと

「出で」のあとの「て」、「いま幾日あり」のあとにある「て」は本来、助動辞「つ」であり、そのもとは一音語の動詞だったろう。

動詞「つ」↓助動辞「て」↓助辞「て」

というように固溶化していった。連用形接続の助動辞や助辞が下文へ懸かる。書き換えると、B詞を構成する｛D幹プラスE尾｝のうち、E尾が語形変化してC辞（助動辞や助辞）へつながろうと

している。

ゆき　yuki–na–（a）m–u（「行き」なむ）　まじへ　majiphë–te（「交じへ」て）

いに　ini–ki（「往に」き）　をり　wori–keri（「居り」けり）

に　ni–tari（「似」たり）　くい　kuyi–nu（「悔い」ぬ）

き　ki–tutu（「来」つつ）　あし　asi–ku（「あし」く）

わろ　waro–ku（「わろ」く）

連用は〈用言に連接する〉の意。（ただし本書では用言という術語を用いない。）

終止形（現前形）

「うつろひ〈ぬ〉らん」（一、貫之、四五歌）、「消えずは〈あり〉とも」（一、業平朝臣、六三歌）のような終止形接続の活用語を従えるほか、「春〈来ぬ〉と」（一、壬生忠岑、一一歌）「闇は〈あやなし〉」（一、躬恒、四一歌）「宿貸す人も〈あらじ〉とぞ　思ふ」（九、紀有常、四一九歌）など、終止形で止まる。

「猶うとまれ〈ぬ〉」（三、詠み人知らず、一四七歌）や、「かれ〈ぬ〉と思へば」（六、源宗于朝臣、三一五歌）の「ぬ」は終止形接続のそれであって、古人ならば誤用するはずもなかった。「春立てば、花とや　見らむ」（一、素性法師、六歌）の「見」は古く「らむ」が連用形接続、あるいはこの場合の「見」を終止形だったと見るのも可である。

終止形と言っても活用形の一つであって、これに下接する助動辞は少なくない。けっして断止することが目的のかたちではないので、〈現前形と名づけるのが至当〉である。

たつ　tatu–besi（「立つ」べし）　いづ　idu–ramu（「出づ」らむ）
いぬ　i–nu–meri（「往ぬ」めり）　をり　wo–ri（「をり」）
きる　ki–ru（「着る」）　くゆ　ku–yu–maji（「悔ゆ」まじ）
く　ku–nari（「来」なり）　おもんず　omomi–su → omom'–zu（「重ん」ず）
わろ　waro–si（「わろ」し）　あし　asi（「悪し」）

連体形

梅が枝にきゐるうぐひす……　一、詠み人知らず、五歌
花なき里も　花ぞ　散りける　一、紀貫之、九歌

「きゐる」と「うぐひす」とのあいだ、「なき」と「里」とのあいだには、活用体系から要請される関係詞があるとすると（つねに省略されるとしても）、そこを懸かりに連体句や連体語となる。接合子としておく。

きゐる—接合子—うぐひす
花なき—接合子—里も

「こほれるを」（一、紀貫之、二歌）、「たてるや　いづこ」（一、三歌）、「雪となるぞ　わびしき」（一、文屋康秀、八歌）などの「こほれる、たてる、なる」は、連体形が連体句や連体語になる場合で、用法として口語に見られない。吸着語の省略による用法かと見られる。
「春や　とき、花や　おそきと」（一、藤原言直、一〇歌）、「昔の人の袖の香ぞ　する」（三、詠み人知らず、一三九歌）など、係り結びに連体形があることは言うまでもない。

かふ　kaphu-toki（「買ふ」時）　そびゆる　sobiyuru-nari（「聳ゆる」なり）
いぬる　inuru-wo（「往ぬる」を）　ある　aru-ka（「ある」か）
ひる　phiru（「干る」潟）　こるる　koruru（ぞ〜「懲るる」）
くる　kuru（か〜「来る」）　する　suru（なむ〜「する」）
しづけき　sidukeki（「静けき」生活）

〈体言に連接する〉意。体言とは名詞の類を言う。

已然形

「ば」や「ど」への接続（「〈憂けれ〉ば」〈二、詠み人知らず、七一歌〉「〈あだなれ〉ど」〈二、藤原興風、一〇一歌〉）のほかに、「けふこそ　桜、折らば折りて〈め〉」（一、詠み人知らず、六四歌）のように「こそ」の係り結びは已然形となる。

已然は〈已《すで》に然り〉の意。口語文法では仮定形と言われる。

命令形

「われに〈をしへよ〉（教へよ）」（二、素性法師、七六歌）、「よきて〈ふけ〉（避きて吹け）」（二、藤原好風、八五歌）など、命令形のすべてにわたり、それじたいのかたちを持つことは、日本語として誇れることではなかろうか。欧米語のGo!やAllez!は、格の制約から解放されるとしても、多くかたちの上で他の活用形の転用としてある。

上代語の四段活用では「噛め」（「め」甲類）、「蒔け」（「け」甲類）というように、已然形の乙類

と音韻が異なる。つまり、動詞四段、カ変、サ変の連用形にアリ ar-i が付くと、

　かみ（噛）プラス ar-i → kami-ar-i → kamer-i（噛めり）

　き（来）プラス ar-i → ki-ar-i → ker-i（来《け》〈け〉り）

そして、

　し（為）プラス ar-i → si-ar-i → ser-i（せり）

となって、この場合、「噛めり」の「め」、「来《け》り」の「け」は、それぞれ上代音甲類（上代かな遣い甲類）となる。おもしろいこととしては、助動辞「り」が現象的に命令形に下接するように見える。偶然、そうなるだけのことだ。

接合子のちから

　構文は、日本語の場合、つねに、

〔A詞プラスB詞〕（C辞）

である。B詞は動作や状態をあらわすために、言語がこの世に始まった当初から働き始める。A詞（名詞の類）とともに古い。動態詞一類と動態詞二類と、どちらが原存在（古い）か、ということになると、断然、動詞に一音語があること、その一音語が活用することをもって、究極的なB詞ということになろう。

　B詞は動態詞（動詞、形容詞、形容動詞）で、D幹（語幹）とE尾（活用語尾）とからなる。

〔A詞プラスB詞（D幹プラスE尾）〕（C辞）

動態詞一類（動詞）

はやくぞ　人を思ひ初めてし　　　『古今和歌集』一一、紀貫之、四七一歌

〔……ぞ〈思ひ初〉（D幹）め（E尾）〕てし（C辞）

動態詞二類（形容詞）

……目に見ぬひとも　恋しかりけり（一一、貫之、四七五歌）

「眼前にいない人が恋しくてある」とは、私にとって恋しい人が彼女であり、主格をなす。「恋しかり」は「恋しくアリ」に分解する。

〔……ひと（A詞）も〈恋し〉（D幹）くアリ（E尾）〕けり（C辞）

動態詞三類（形容動詞）

……夢の直路は　うつつならなむ（一二、藤原敏行朝臣、五五八歌）

……直路（A詞）は（＝ガ）〈うつつ〉（D幹）なら（E尾）〕なむ（C辞）

D幹（語幹）とE尾（活用語尾）との結びつきは、動詞、形容詞、形容動詞のちがいによって、程度を異にする。D幹とE尾とが、分けられないぐらい一体である状態から、ゆるやかにD幹が分離する状態まで並ぶ。

B詞＝D幹―E尾

B詞＝D幹／E尾

B詞＝D幹―E尾

D幹に貼りつくE尾（活用語尾）がいろいろなかたちを取るのは、C辞が手をさしのべて、B詞と結びつこうとするためである。具体的にE尾（活用語尾）を動かして結びつく。それが大きな活用体系を産み出した。活用体系が脳内に、そして社会的在り方として獲得されるに至れば、ハード

機関として働き続けることだろう。E尾とC辞とのあいだには結びつける力がつねにあって、言語的な場をそこにつくり出している。何かそういう場のエネルギーが自立語と非自立語とのあいだに積極的に働くことを見つめたい。

〈思ひ初〉（D幹）め（E尾）―接合子―てし（C辞）

〈恋し〉（D幹）くアリ（＝かり）（E尾）―接合子―けり（C辞）

〈うつつ〉（D幹）なら（E尾）―接合子―なむ（C辞）

かくて、「（思ひ初）めてし」「（こひしか）りけり」「（うつつな）らなむ」のような、「めてし」「りけり」「らなむ」というブロックが成立する。意味語と機能語との結合は、意味と機能とが堅くあるいはゆるやかに結びついて相互浸透し、意味を持ち、かつ機能を有するという、一体感をもって働き始める。意味が働き出すとはそういうことだ。

いわゆる陳述の副詞について。「おそらく雨だろう」の「おそらく」が、時枝のいわゆる詞にでなく、辞に懸かる（＝辞を修飾する）と言われることは、「う」（推量）に懸かる（＝推量を修飾する）というより、「雨だろう」という一体へ懸かる（「雨だろう」を修飾する）というように考えたい。「決して言わない」の「決して」は「ない」（否定）という辞のみに懸かるのでなく、「言わない」という一体を修飾する。

8　音便と活用形

ここで必要から音便（音便形）にすこしふれる。名詞の類にも見られるにしろ、ここでは動態詞について見ると、テクストの異同にかかわる調査を伴うから、判断に迷うことが多い。

いとかく思ひたまへましかば

まことにそのように、思わせていただいてよかったならば

「桐壺」巻、一―八、一―二四

と、桐壺更衣のせりふには「かく、思ひ」などと、正形と言うか、「かう、思う」（ウ音便）にならない。詩歌のなかも特殊な場合を除き、音便形にならない。

わりなく思ほしながらまかでさせ〈給う〉つ。　ウ音便　同

げにえ耐ふまじく〈泣い〉たまふ。　イ音便　同、一―一一、一―三〇

すべてにぎはゝしきに因るべき〈なむ〉なり。　撥音便　「帚木」巻、一―三七、一―九〇

さらばその宮仕へ人〈な〉なり。　促音便　「夕顔」巻、一―一〇四、一―二四四

みぎの「なむなり」は、ナリナリ、ナッナリ、ナンナリという変化のなかで、表記に「む」（＝「ん」）をのこした。表記は「む、ん、も」あるいは無表記が一般である。「宮仕へ人なり」の「なり」はナッナリの「ッ」が無表記で、促音である。撥音や促音は実際に発音されたにもかかわらず、表記がむずかしくて省略するなど揺れを生じたと考えられる。だから、実際にn音は発音されたろう。促音を「ん」などと書くこともあったかもしれない。

いま、さりとも七年あまりがほどにおぼし知り〈はべ〉なん。　同、五三、一―一二六

いまに、そうは言っても、七年余の間に存知なさることでござろう。

の「はべなん」は、ハベリナン、ハベッナンの「ッ」の無表記。ハベンナンと発音したかもしれない。促音やn音系を「つ」と表記することもあったろう。表記生成途上を平安かなテクストはかいま見させる。

ここでの問題は以上のこととやや異なる。現代語で言うと、「呼んだ名前」「咲いた花」など、かならず音便形となる。共通語の場合、「呼びた名前」「咲きた花」とは言わない。そうすると、「呼ん」「咲い」などを活用形として認めるとか、いやそれらを認めることは不自然だとか、不満が噴出してきて、解決を求めるいろんな考え方が出てくる。「呼んだ」「咲いた」を一語と考え、「だ」や「た」を接尾語とする考え方もまた行われる。便宜主義の解決法で、滑稽と思えるものの、教育方面ではわりあい見かける。

時枝は「尖った帽子、沈んだ顔」の「尖った、沈んだ」を連体詞と認定する（『日本文法　口語篇』三）。これも「尖った、沈んだ」を活用しなくなっていると認定して一語と見なす考え方で（「た」「だ」を接尾語とする）、時枝らしいといえば時枝らしい。

それらの一語という考え方は、じつを言うと音便を文法上、認めないという考え方の変形である。たしかに、現代語のいわば「欠陥」問題であって、昨日咲いた花であることをも、いま咲いている花であることをも「咲いた花」と言い表す。「尖っている帽子」とはなかなか言わず、慣用的に

「尖った帽子」と言ってしまう。現代語の在り方を固定した上で解決を求めると一語説がまかり通ることになる。

なぜ、古典語の知識をここに応用しないのだろうか。通時と共時とは楯の両面である。共時的にのみ説明するのでなく、通時的な説明を導入する柔軟さが求められていよう。あるいは、古代から発達してきた音便という現象によって説明することが可能なのではなかろうか。音便は言語の運用をスムーズにし、ときに乱暴にし、ひいては現代語を成立させ、また崩して混乱させることも平気でする。

わかんない！（「わからない」の転）　こんにゃろ！（「この野郎」の転）

思うに、「咲き（咲い）」と「た」とが接合子を通路にして、詞から辞へ、あるいは辞から詞へ、相互乗り入れする日本語の特徴を勘案しなければならない。「咲き」の音便系「咲い」が「た」と接合すると、「た」のなかの〝辞〟性が「咲い」にはいり込み、また「咲い」の持つ意味が「た」にまで延びてきて、そこに「咲いた」という、意味と機能とを兼ね備える一語性が、固有の場所、文脈のなかで一回的に成立する。一般に「咲いた」という一語があるわけではない。

繰り返して言えば、音便形を活用に組み入れてしまうような学校文法があるとするならば、疑問をもってする。

9　敬語動詞、敬語補助動詞

本動詞
敬語動詞には本動詞のそれと補助動詞のそれとがある。

たまふ（〜なさる、お〜になる）　四段　尊敬
たまふ（〜させていただく）　下二段　謙譲
はべり（〜ござる、〜でございます）ラ変　丁寧
補助動詞
たまふ（四段）　たまへ（下二段）　はべり（ラ変型）

尊敬語

「たまふ」は、靫負命婦《ゆげいのみょうぶ》の言に見よう。

若宮のいとおぼつかなく露けき中に過ぐし〈給ふ〉も、心ぐるしうおぼさるゝを、とくまゐり〈たまへ〉。
　　　　靫負命婦、「桐壺」巻、一—一一、一—三二

若宮がたいそう気がかりな涙がちのなかにお過ごしなのも、心ぐるしくお思いであるから、はや参内しなされ。

「給ふ」（連体形）は光宮が喪中の祖母君とともに「過ごしていらっしゃる」（三人称）ことを気がかりだと言う。「たまへ」（命令形）は祖母君に光宮が早く宮中へ帰還することを促す（二人称）というところ。

（桐壺更衣ハ）御いらへもえ聞こえ〈給は〉ず、まみなどもいとたゆげにて、

お応えもよう申し上げられなさらず、目元などもまことにつらそうで、
一―七、一―一二

と、「聞こえ」は更衣が帝に対して謙譲し、その更衣に対する語り手の尊敬が「給は」（未然形）であらわされる。

はなはだ非常に侍りたうぶ。
「少女」巻、二―二八四、三―四三二
度を越して尋常でなくござらっしゃる。

大学の衆の言う「たうぶ」の例も、準じて思い起こしておこう。

謙譲語

ア　いとかく思ひ〈たまへ〉ましかば。
「桐壺」巻、一―八、一―一二四
まことに、かように考えさせていただいてよかったのならば。

イ　親のおきてにたがへりと思ひ嘆きて、心ゆかぬやうになん聞き〈たまふる〉。
「帚木」巻、一―七一、一―一七八
親の決めたことに背いておると心に嘆いて、気が済むようではないと聞き申す。

ウ　亡き御うしろに口さがなくやは、と思う〈たまふ〉ばかりになん。
「夕顔」巻、一―一三八、一―三三六

亡き君のかげ口を申してはつつしみがないのではと思い申すばかりで……

アは桐壺更衣のさいごのせりふで、未然形の「たまへ」。帝に対し申し上げるたいへん緊張する場面で、重篤の更衣はさいごまで言い切ることができない。ふつうならば「思うたまへ」とウ音便になるところ、「思ひ」とあって音便にならない表現。

イは紀伊守《きのかみ》の言。空蟬が亡き父の宮仕えさせたいという希望に添わず、伊予介の後妻でいることについて、空蟬その人の嘆きを言う。連体形「たまふる」(「なん」の係り結び)の事例で、会話あいての光源氏に対して謙譲する。

ウ、「思う〈たまふ〉ばかり」は夕顔に仕える右近の言で、珍しい終止形の例と認められる。この「思う」は「思ひ」のウ音便。

丁寧語

動詞としても補助動詞としても頻用されるものの、丁寧語であることとの特質として、ほぼ会話ならびに消息文に限られる。靫負命婦のせりふ――

うけ給はりはてぬやうにてなんまかで〈侍り〉ぬる。　「桐壺」巻、一―一二、一―三二

仰せ言をしまいまでお聞き申さぬていで退出してしまいましたよ。

命婦に対する母君のせりふもまた「目も見え〈侍ら〉ぬに、かくかしこき仰せ言を光にてなむ」

〔(涙で、また子を思う心の闇で)目も見えませぬのに対して、かように恐れ多い(帝の)仰せ言を(闇のなかの)光としてのう」(同)と、「侍り」で応じる。

待遇表現の二種〔素材と対者〕

〈尊敬、謙譲〉と〈丁寧〉とは、敬語上のけっして紛れることのない二大区分で、前者を素材待遇表現と言い、後者を対者待遇表現とする。いろんな言い方があるので、ここではそう称しておく。「ぬかす」とか「ほざく」とかいう罵倒語を敬語体系に組み込むのには、かなり勇気が要るにしても、素材待遇表現としてならば〈敬語〉の範疇にはいってくる。古典語、現代語をいっしょに書き出しておく。

・素材待遇表現

高い敬語表現

~あそばす　あらせらる　おはします　おほみ~　おもほしめす、おぼしめす　しろしめす

せ給ふ、させ給ふ　たまはす　の給はす　まゐらす

きこえさす　たてまつらす　申さす

普通の敬語

います・ます　いますがり　おはす　大殿籠る　御《おほん》~、御《おん》~　おもほす、おぼす　啓す　奏す

たまふ、たうぶ、たぶ　の給ふ　めす　いらっしゃる　おっしゃる　お~になる

きこゆ　申す、申し上ぐ　たまふ(下二段)　たてまつる(四段、下二段)　まゐる

普通の言い方
　来　行く　言ふ　見る　思ふ　寝《ぬ》
軽侮語（現代語）
　言いやがる　（何言うて）けつかる　（言い）くさる　〜め　〜某
罵倒語（現代語）
　ぬかす　ほざく　ど〜　くそ〜

と、五段階にわれわれは使いわけているのだという。古文には罵倒語（悪態）や軽侮語をなかなか見かけないにしろ、かれらの日常生活でならば生き生きしていたにちがいない。
「せ給ふ、させ給ふ」については、高い敬意になるためになぜ「す・さす」（使役）が必要か、十五章で扱った。

・対者待遇表現
　はべり　さぶらふ　候ふ　ござる　でございます　です　まする　ます
など。ただしこれらのなか、「さぶらふ」の非自立語——補助動詞——の例は『源氏物語』に見つからない。

二方面敬語〔二重敬語〕

弘徽殿などにも渡らせたまふ御供には、やがて御簾の内に入れ〈たてまつり給ふ〉。

（帝が）弘徽殿などに渡りあそばす御供には、（光宮を）そのまま御簾のなかへお入れ申しなさる。

「桐壺」巻、一―一九、一―五〇

「たてまつり」は帝の光源氏に対する謙譲（補助動詞）で、「給ふ」（同）が語り手による帝への尊敬と見よう。ただし、帝が光源氏に対して謙譲する必要はないから、語り手が謙譲していると取る考え方もある。帝への敬意は一般に高い敬意がほしいところだから、「給ふ」でよいかどうか、疑問を持つむきもある。いずれにせよ、謙譲語「たてまつる」と尊敬語「給ふ」とがいっしょに使われており、それぞれ敬意の対象や動作主がちがうはずだから、二方面敬語などと言われる。

書き手や話し手、たとえば侍女が自分の主人に対して尊敬語を使う。それはよいとして、その主人が上位の人物に対してへりくだる必要があるとすると、二方面敬語が発生する。

などてか深く隠し〈きこえ給ふ〉ことは侍らん。

どうして深くお隠し申しなさることはございましょう。

「夕顔」巻、一―一三七、一―三三四

「きこえ」（謙譲語、補助動詞）「給ふ」（尊敬語、同）「侍ら」（丁寧語、動詞）という三種が並ぶ。「きこえ」は光源氏に対する故夕顔の謙譲、「給ふ」は侍女右近の夕顔に対する尊敬、そして「侍ら」はこの場にあって光源氏をまえに丁寧語を使う。

自称敬語

御門《みかど》、「などかさあらん。なほ、率《ゐ》て〈おはしまさ〉ん。」とて、『竹取物語』「みかどの求婚」

みかどが、「どうしてそんなことがあろう。それでもやはり、連れていらっしゃろう。」とて、

ある尊貴な人（神を含む）が、自分で自分に敬語をつける、という不思議な現象が古文には出てくるようで、それを自称尊敬とか自分尊敬とか言う。きわめて身分の高い人（や神）に限られる表現で、帝がかぐや姫に求婚するここは自称尊敬が出てくる有名な箇所としてある。

『源氏物語』のような写実の文学に見ると、わずかな例（子供の誤用など）を除いて、帝といえども、自分に尊敬語を附けるような変な言い回しはなかなか見かけない。先述した靫負命婦の言のうちにあった、「露けき中に過ぐし給ふも、心ぐるしう〈おぼさるゝ〉を」の「おぼさるゝ」は、帝への尊敬が命婦の伝言のうちに混じってきた例で、帝の自称敬語のようになった。

古い神さまのせりふが、用法としてのこったのかもしれない。あるいは語り手による神や天皇への敬意が、神や天皇の語のなかに出てしまったのかもしれない。儀礼的な文章のなかで自称尊敬を使う習慣が、早くからできていたことは事実のようで、後代の天皇でも、自称尊敬を使っていることがあるので、自称尊敬の存在そのものを疑えない。

朝鮮語と日本語との相違は絶対敬語と相対敬語との差だと言われる。日本でも、『万葉集』時代は絶対敬語だったと論じるひとがいるけれども、語例の少なさから、何とも言えないし、言語の根幹にかかわる敬語体系について、『万葉集』時代から平安時代へ、大きく変わる理由がちょっと思いつかない。

敬称による人称表示

「たまふ」（四段）／「たまふ」（下二段）の対照は人称表示となる。下二段活用の「たまふ」は会話主の明確な謙譲のきもちをあらわす。『竹取物語』に見えず、『源氏物語』などになるとたくさん出る。

	はべり	たまふ（下二段）	たまふ（四段）
一人称	○	○	——（注2）
二人称	——	——	○
三人称	○	——	○

敬語表現が文法体系に組みこまれて、このように人称表示になりうる。

「たまふ」（下二段）は、四段「たまふ」とともに「補助動詞」と言われる。助動辞とは、その本質において異ならない。すっかり非自立語化すると考えるなら、補助動辞と書きたい。しかし、自立語性を捨て切れない感じがのこるとしたら、敬意という機能的性格にかかわろう。

下二段の「たまふ」が地の文にめったに出てこない理由は、物語の語り手がへりくだる必要がないことに求められる。そして、人物たちの内面を語り手がへりくだる理由もまた薄弱であるからには、心内にも「たまふ」（下二段）は出て来ない。会話と心内との差異がここにある。「たまふ」（下二段）は心内で消えるから、会話と心内とを分ける必要があろう。また、「はべり」は会話にあらわれるから（注3）、地の文と会話との差異もまたおのずからある。そこで、以上の人称表示表を得る。

「見〈給へ〉知らぬ下人《しもびと》の上をも見給ひならはぬ御心地に」（「須磨」巻、二―三七、二―四六六）

は地の文の語例のように見えて、珍しい事例となる（誤用という意見もある）。

ある種の下二段動詞

ある対談で「もてなし」という語をめぐり、話題となった（山本哲士・藤井「源氏物語のホスピタリティへ」『iichiko』96（二〇〇七・秋）。もてなしの「なし」は〈生成させる、あえてする〉とか、まさに「なる」に対して「なす」のだとして、「もて」のほうは何だろうか、古語の中に「もて」を使った言葉がいくらもある。「もてあそぶ、もてあつかふ、もてかしづく、もてつく、もてわづらふ」など。現代語でも「もてる」などと言う。あまりきもちのよい言葉でなく、動詞として見ると下二段活用で、その連用形を接頭語にする。受身だか、所有だか、使役だか、よくわからない。

現代語では下一段活用になる。対応する四段（あるいは五段）動詞「もつ」がある。

「うけたまはり、うけがへ（肯へ、相手の言うところを受けて、賛意を云える）、乞ひ請け、受け流し」などの「うけ」にもそのきもち悪さを感じる。対応する四段動詞は「浮く」だろうか。「いれ込む、見たてまつれ給ふ、あへしらふ」など、現代語でも「つけあがる、ふけこむ、あてこむ、いけにえ」など、「つけ、ふけ、あて、いけ」は古語の領域からきた古い受働態なのか、不気味な一群の動詞であり、もしかしたら日本語での中動態になるのではないか。問題提起だけしておく。

（1）折口、『金澤博士還暦記念 東洋語学の研究』（三省堂、一九三三）。『折口信夫全集』新一二、旧一九。
（2）自称敬語は除かれる。

（3）地の文に見られる事例は、

……「あいなのさかしらや」などぞはべるめる。　「関屋」巻、二―一六三、三―一七〇

……いとうるさくてもこちたき御仲らひのことどもは、えぞ数へあへはべらぬや。　「若菜」上巻、三―二六五、五―二七四

がある。前者は「はべめる」とあるべきで、誤記ではなかろうか。後者は語り手の評言に「はべり」が用いられた例。

二十章　飾る、接ぐ――自立語（下）

1　副詞（作用詞、擬態詞）

副詞をおもに『源氏物語索引』（新大系、一九九九、二刷、二〇〇〇）（注1）に見ることにする。自立語にまちがいないものの、助動辞や助辞を従えることがあまりない。「～に、～と、～て」など、「に、と、て」を従える場合には、それらを含めて副詞としてきた。副詞と言う代わりに、作用詞、擬態詞といろんな言い方を考想してよい。おもに単独で修飾語となる。

（1）つぎのような語群プラス「に」の固まり。

「固まり」とは、活用語となる可能性があったかもしれないとしても、動きをなくして副詞になることを言う。三分の一の副詞はこれに所属する。

あてあて　一向　いま　おしあて　おもひおもひ　かたみ
かはりがはり　げ　心あて　こころみ　ことごと　ことなしび
くちぐち　こりずま　さしぐみ　しのび　たちまち　つぎつぎ
つね　つひ　ひしひし　ひたみち　ひときは　ひとごと
一筋　ひとへ　ひとわたり　ひねもす　まこと　不意
なほさら　なまじひ　もろとも　ゆる　よととも　われかしこ

われさかし　世　まだき　さら　とさまかうざま　とみ
べち　朦朦に　物ごと　をりふしごと

など。これらは形容動詞の語幹ないし一部によく似通う。『源氏物語索引』には「なり」を付けた用例と併存する、つぎのような副詞も挙げられている。

いくばく　いささか　さすが　たえだえ　ただ　なかなか　むべ

見てきた形容動詞に倣って、これらも名容語に位置づけよう。実際の形容動詞に見る名容語と、かさなるのがあまりない理由ははっきりしていよう。つまり、形容動詞とこれらの副詞とで語を分け合っているからにちがいない。これらの語が形容動詞になって行ってもよいし、逆であってもよい。事実上、分け合うことで、これらは連用語として固溶化していった。

をりをりごとに
春秋ごとに　ひごとに　ゆふぐれごとに　そのままに　てごとに
ままに　ついでごとに

（2）擬態語を「と」で受けた固まり。擬音語も少なくない。

うらうらと　おぼおぼと　からからと　きはきはと　きらきらと
こほこほと　さと　さはさはと　さらさらと　しづしづと
しめじめと　そよそよと　つれづれと　たをたをと　つくづくと
つぶつぶと　はるばると　ながながと　ねうねうと　ふと　ほのぼのと
ほろほろと　はなばなと　はらはらと　むむと　ゆらゆらと
ゆるゆると　よよと　わざと

擬態語の範囲を広く設定することになるけれども、これらの語群はオノマトペイア、擬態語ないし擬音語であると認定できる。タリ活用の形容動詞を髣髴させる。なかには形容詞の語幹に通じるのもあるようだ。いうまでもなく、現代語にも、トントン叩く、ドンドン進める、ガラガラ崩れるなど、ノイズ起源の副詞は多い。

ごぼごぼと　びちびちと　いぅと

のような濁音や、「いぅと」からは hi 音も推定できそうである（『落窪物語』二）。「いぅ」は馬の嘶きで、ヒヒンだろう。

（3）形容詞の語幹（態様語）にかかわりそうな副詞をさらに挙げる。

あたら（あたらし）　いとど（いとどし）　いまだ（いまだし）

うたて（うたてし）　すこし　早ぅ（早く）　おほし（凡し）

（4）動詞の連用形を「て」で受けた固まり。

おしなべて　かけて　かさねて　かねて　からうして　さしはへて

さだめて　さて　しひて　すべて　たえて　なべて　はじめて

まして　わきて　まいて

動詞の連用形に由来する副詞（「ふりはへ」など）は多くない。「え……ず」（「できない」の意）の「え」は「う（得）」の連用形だったろう。

（5）その他、副詞を挙げてみると、名容語近辺に位置する語が多い。

あまた　いかで　いさ　いはむや　いや　いよいよ　うたた

いと　おのおの　おのがじし　かぅ（かく）　かつ

かつがつ　かならず　ここら　しばし　それぞれ　つゆ
なほ　なぞ　など　ほとほと　また　まづ　みちすがら
もとより　やうやう　やや　やがて　やをら　ゆめ
よし　夜な夜な　よ

（6）『源氏物語索引』はさらに「名詞か副詞かの判定に困難な場合のある語」を挙げる。雑多ながら、時刻に関する語が多いようである。

いつ　いつのほど　いつのま　いにしへ　いま　いろいろ
おのがどち　かたがた　きのふ　きのふけふ　けさ　けふ

ただし、山田孝雄は「いつ、いま」また「昔」など、主語になりうるとして「名詞的」とする（『日本文法論』一ノ二）（注2）。

こうして見てくると、形容詞の態様語、形容動詞の名容語と、副詞を構成する語群の多くとは、本来おなじ性質の存在であったのが、分岐してきた。ある語は形容詞に所属し、ある語は形容動詞に所属し、またある語は固溶化して副詞になっていったと見ることができる。代名詞と副詞とを分け切れない語例をも『源氏物語索引』は挙げている。

さ　なに　なにか　なにくれ

活用語連用形は副詞的用法と見て副詞から除外する。しかし、なぜ除外するのか、納得できる説明から遠い。折口は副詞表情（注3）という術語で古語の発生状態での修飾語になりうる用法を広く考察する。この方面からの探求はこれからだろう。

2　連体詞（冠体詞）

連体詞（冠体詞とも）は一般に「ある、さる、きたる、あくる（翌）、かかる、させる、いはゆる、あらゆる、さんぬる、くだん（件）の、故、各」などが挙例される。

自立語という判断でよいものの、すべて他の語（複合語を含む）からの転用と言われる。多く「さ—ある、くだん（件）—の」というように、分解が可能である。しかし、固溶化という考え方を使うならば、転用を認めて連体詞を立てるのでよい。

『源氏物語索引』の挙げる「この、させる、たが、わが」は、「させる」を除き、「この、たが、わが」について、「こ（代名詞）—の（助辞）、た（代名詞）—が（助辞）」などと、学校文法では代名詞と助辞とに分けるようだ（現代語で連体詞とする）。『万葉集』などに見る「吾（が）君」「汝妹」では、熟していると見るのが自然かと感じられるので、「この、させる、たが、わが」をいずれも連体詞と見るほうに一票を投じたい。

〈させる〉ことなき限りは聞こえうけ給はらず。　「若菜」上巻、三—二七六、五—三〇〇

特別の案件がない限りは（手紙を）さし上げたりお受けしたりしませぬ。

明石入道の長文の一節である。「させる」（連体詞）は修飾語と言われるからには、「こと」（名詞の類）に懸かると一般に認識される。否定をあとに従える連体詞と言われる。「させる」は「さ—し—アル」の転で、「さ」は代名詞ないし副詞。

連体詞が名詞（句、節）に懸かるということは大きな特徴で、冠体詞というのも可だろう。字句を隔てて懸かることもある。

御夜中、あか月のことも知らでや　『落窪物語』三

というように。「御（夜中、あか月の）こと」と、「こと」へかかる。

前章に述べたように、時枝は現代語について、「〈とんだ〉災難、〈大きな〉家、〈曲った〉道」を連体詞として挙例する。しかし、どうだろうか。「とんだ」は活用性をのこしており、程度の否定の助動辞「ない」を付けると「とんでもない」と言える。〈大きな〉は中世に「大きい」ができたために、「大きなる」から出てきた「大きな」が孤立し、連体詞として成立する。「曲った」は「曲って」とも言えるから、連体詞と認定するには躊躇させられる。

3　接続詞

接続詞を認めるか否か、山田孝雄が「西洋文典」を丸呑みする「洋癖家」たちを批判した一つだ（『日本文法論』一ノ二）。たしかに、If（I were～）の〝If〟（conjunction〈接続詞〉）を「もし（～ったならば）」と訳すのはよいとして、この日本語「もし」について接続詞とは認定しがたいだろう（一般に副詞とすることだろう）。しかし、「もしは」「もしくは」となると、接続詞らしさが窺える。こうした微妙さはどこからくるのだろうか。

「あるは笛を吹き、あるは歌をうたひ、あるは唱歌をし、あるはうそを吹き」のような、並列させる「あるは」を、副詞とも、接続詞とも、なかなか判定できない。現代語で「また」を、「AまたB」（接続詞）、「A……。またBでもある。」（接続詞）、「またやって来る」（副詞）とする区別など、

微妙だ。

時枝は接続詞を詞として認めるかについて、「辞の一般的性質とも関連させて考へる必要がある」(『日本文法 文語篇』四)とする。

雨が降る。風が吹く。とても外へは出られない。

という(三文から成る)文は、意味の脈絡から連続として表現され、また理解される。風雨が激しくて外出できないという、文の群団化や相互関係は、ただ文脈において、あるいは「言外の余白」において感じ取るだけだと言う。「雨が降る。風が吹く。それだから」と言うのとおなじで、「それだから」が接続詞だという。言外の余白が表面に起きてきた、という論旨だろう。「雨が降り、風が吹くから」とも言えるので、「それだから」は「から」(=「助詞」)と同様の語の性質である。よって時枝は接続詞を「言外の表現」、すなわち文脈や「助詞」や活用形と併行して考える必要があるとする。詞という品詞の問題でなく、辞とのかかわりで説くべきだということだろう。

「〈さらば〉、その子なりけり。」とおぼし合はせつ。　「若紫」巻、一―一六二、一―三九四

「それならば、その(亡くなった娘の)子だったのだ。」と、納得なさった次第。

源氏の君は、当初、紫上を尼君の娘かと思った。そうでなく、僧都の言から、実際には尼君の孫娘だとここで悟る。紫上の母は「十余年」まえに死去しており、したがって紫上の年齢が十余歳、まあ十二、三歳か、それ以上であることもまたピーンと分かってしまう(実年齢より幼く見えたに過ぎない、と)。

時枝によれば、「さらば」は先行文である僧都の会話文を総括して、源氏の考える「その子なりけり」（心内）を起こす。会話のあいての文脈をとりいれており、物語の地の文と無関係に接続させる、ということになる。

時枝の論じ方に随順してゆくと、接続詞はじつのところ辞であり、接続辞とでもいうのが自然というなりゆきになる。はたしてそれでよいのであろうか。時枝の言うところが成り立つためには、「言外の余白」を辞（いわば零記号）と見なければならない。「言外の余白」とは何だろうか。言語が意味を中心として、意味の周辺の広がりから豊かな表現を獲得してくる、無限の沃野こそは「言外の余白」ではなかろうか。言語と「言外」との関係を言ってしまえば、多様な表現の課題、つまり意味と意味との格闘であり、辞という主体的表現には属さない。辞は具体的に助動辞や助辞にあり、あるいは零記号による意志表示や、主体的努力でこそあれ、「言外」に置かれているわけでない。「それだから」を選ぶか、「されば」を選ぶか、それとも言わない（零を選ぶ）か、そういう選択に辞的意志は働くにせよ、それを「言外」とは言うことができない。

接続詞はだいたい他の語句からの転成としてある。

かれ（か―あれ）、かくて、あるいは、および

〔「かれ」は「故」と書かれ、『古事記』に多く見える。〕

代名詞を取り込む。

さて、されど、しかして、さうして（「そして」＝口語）

〔「さ」「しか」を先行文を受ける代名詞と見る。〕

口語では従属節の接続助辞的な部分が転成したり、

だが、だけど、けれども、がしかし、ですが、で
順接や逆接にかかわったりする。
されば、それで、しかし、しかしながら
なかなか複雑な文としての役割に従事する。とても辞に所属するとは断定しがたいのではなかろうか。

4　感動詞（間投詞）

山田は「西洋文典」のいわゆる感動詞 interjection を「間投詞」とした上で、「あいよ」「はれ」「あはれ」「たんな、たんな、たりや、らんな、たりちきら」「はあ」「えゝゝゝ」を挙げる（囃し詞）。いわゆる感動詞――「あな、いざ、さても、そよ」など――は副詞と見るようだ（『日本文法論』一ノ二）。

時枝は『国語学原論』（二ノ三）において、端的に感歎詞と称し、言語主体の判断や情緒や欲求が、概念過程をへずに直接に音声へと表現されるとする。「ああ、おや、ねえ、よう」を挙げる。つまり、これらは辞にほかならないとして、「暑いね」「遊ぼうよ」の「ね」「よ」と密接な関係にある、とする。辞ならば、感投辞、感動辞と言った言い換えがあってよい。

別のところ（『日本文法 文語篇』四）では、これを〝辞の性質を持つと同時に、それだけで「文」として取り扱うことができる性質を持つ〟とする。

ああ、悲しいかな。　　あら、面白の歌や。

の、「ああ」や「あな」は後続の文と同格だと言う。後続の文は、感動詞の内容を、分析して叙述

したものである、と。小侍従の心内に、

〈いで〉、さりとも、それにはあらじ、いといみじく、さることはありなんや、隠いたまひてけむ……
「若菜」下巻、三―三八二、五―五五八

いや、いくらなんでも、柏木の手紙ではあるまい、（そうだったら）えらくたいへんなことで、そんなことがあるだろうか、（女三宮は）きっとお隠しになったことだろう……

とあえて思う。「いで」は小侍従が驚くきもちを反転させる役割を持つ。「さりとも、それにはあらじ」は「いで」を分析叙述したものと言う。文としての独立的性質を説明しようとする意見だろう。感動詞は辞なのだろうか。時枝の説明では、言語としての音声と叫びとの区別が明瞭でない。いや、叫びすら、場面に於いて言語的な意味を表現していよう。

きゃー　あれー

は、暴漢に襲われたときに、実際に言うか言わないかを別として、「きゃー」という叫びが用意されている。「あれー」は代名詞「あれ」から来ており、危険を遠ざける遠称の表現なのだと言われる。反対に、近くにある何かを指して「この！」と叱りたい時は近称を利用して表現する。

はい、はあ、へえ、あい、いいえ、いえいえ、いえ、ええ、うん、ううん、うう！　ん？　いな、いで

と、言語的にイエスやノウのさまざまな段階での応答にメッセージ性がある。辞でなく詞と見たい。

「いづら、この近江の君、こなたに。」と召せば、「を。」と、いとけざやかに聞こえて出で来たり。
「行幸」巻、三―八三、四―四六二

「さあ、こちらの近江の君よ、こちらへ。」と召すと、「はい」と言語明瞭、返辞し申して出てくる。

助辞「な、ね」の独立としては「なあ、ねえ」がある。

（1）新大系の『源氏物語索引』第1刷には一部欠落があり、補遺によって利用するか、第2刷を利用することになる。

（2）山田孝雄『日本文法論』宝文館、一九〇八、五版、一九二九。

（3）折口信夫「副詞表情の発生」（『国文学論究』、一九三四）、『全集』新一二、旧一九。

二十一章　〈懸け詞〉文法

1　地口・口合いと懸け詞との相違

〈懸け詞〉(掛詞)という言葉の懸け橋。それらをどのように文法として説明できるのか。懸け詞を説明できるような文法ははたして可能か。〝詩という言語〟のなかで起きている事象であるならば、一度は文法が出動してよいのではないか。

もし、懸け詞が、説明として、pun《パン》、地口《じぐち》、だじゃれ、ごろ合わせ、もじりのたぐいと同一視されてきた従来ならば、両者、懸け詞とそれ以外との相違は最初の観察点となる。

地口やだじゃれは広く言語の遊びとしてあり、その適用範囲は詩よりはるかに広い。秀句《しゅうく》、軽口とも言われる、口合いの遊びの楽しさは一瞬の〝芸術〟としてある。秀句の名人、からかさ作りの男が大名から秀句を乞われて、

　骨折って参った。　　　　　　　　　　(能狂言「秀句傘《しゅうくがらかさ》」)

と応える。

詩歌の懸け詞にもたしかにおなじ技法が見られる。部分的な技法箇所だけを取り出せば、類似点

の指摘で終わる。詩歌から、懸け詞の箇所だけを取り出すならば、〈骨折すること〉と〈苦労すること〉との、地口や口合いと変わるところがない。そうでなく、詩歌の場合は詩文ぜんたいから技法箇所を見通したいと思う。技法箇所ばかりを特化しても詩の文法に至らない。

「転轍《てんてつ》する」という語はないだろうが、轍《わだち》を転ずるというような意味で、ある線路を直行せず、転轍機により隣の線路へ切り替えられることが文の上で起きるとしたら、列車は二番線の文へと屈折して進むだろう。

うまい喩えが見つからないけれども、一首の短歌なのに二つめの「主格」がかさなり出て来るという、橋を懸ける工事は、文法の視野から関心を持たされる。一首の歌ぜんたいには統一性があるから、ホームで乗降するか、転轍機で屈折するか、別の「主格」へと代わったにもかかわらず、うた一首の〝文末〟まで読み手は進行することになる。

2 〝二重の言語過程〟

頼りとする、時枝の『国語学原論』（二ノ六）をしばらく追ってみる。考察上の手がかりとしたい。前人のまだ踏み込めない領域へ踏み込む、氏の試行錯誤がそこにはあった。先達への不満から、欠陥を咎めることはわれわれのやむを得ぬしごとであるとしても、氏の関心である「国語美論」からやや距離を置いて、文法的にどこまで、時枝の言うなかから意義が見いだせるか。

一語を以て二語に兼用し、或は前句後句を、一語によって二の異った語の意味に於いて連鎖する修辞学上の名称であることは周く知られる処である。

（引用は岩波文庫〈現代かな遣い〉に拠る）

最初に時枝がほどこす、懸け詞のみぎのような説明は、「一語を以て二語に兼用し」というような言い方に対して、訂正をほどこしたくなる。〈一語が二語を兼用する〉とはどういうことか。少なくとも懸け詞の広がりのうち、一部の用法について不正確に言うに過ぎない。

同音を二語が兼用するという言い方ならば、まあ許される。二語が別語である時に、おなじ音を共用することは懸け詞の一つの在り方としてある。時枝の使う例歌を以下、私にも利用しよう。

花の色は　うつりにけりな。いたづらにわが身、世にふる。ながめせしまに
『古今和歌集』二、小野小町、一一三歌

花の色は衰えてしまいましてな、ああ。無為に、わたくしこと、世事にもの思いして過ごしましたあいだに（、長雨ですっかり）

○

梓弓、はるの山辺を、越え来れば、道も　避りあへず、花ぞ　散りける　三、貫之、一一五歌

梓弓（枕詞）春の山辺を越えて来ると、道もせに、避けきれないほど、花が散ったのだな

前者について、時枝は「「ふる」は「経る」と「降る」の二語に、「ながめ」は「詠め」「長雨」の二語に兼用したものである」と言う。氏に従うならば、「ふる」や「ながめ」をそれぞれ一語と

認定することになる。それでよいのだろうか。

一語でなく、「同音を二語が兼用する」という言い方へ訂正しても、それでも不正確な感じがのこる。同音という意識よりも、「旧る、古る」そして「(雨が)降る」という、二語であることが意識としては先立つであろうから。「経る」という説明にしても、「旧る、古る」(上二段)だろう。「経《ふ》」(終止形)ならば下二段の別語だ。

「詠め、長雨」にしても、二語の奥に「ながめ」という同音が響くので、その「ながめ」を一語とは言いにくい。「張る」は「春」を同音であることによって、懸け詞性が起きてくる。

そのような二重過程を時枝は言いたいはずだ。〈音声「フ(ル)」あるいは「ハル」が二重の言語過程を構成する、そしてそれぞれ二の概念あるいは表象を喚起することが存在しなければならない〉とはそういうことだろう。同音に拠って、

　二重の言語過程を構成する

ということが押さえどころとなる。「梓弓ハル」においては「張る」の概念をのみ承接し、「ハルの山辺」においては「ハル」の概念のみをもって承接する、と。

言い換えると、懸け詞という経験は、

　「ハル」という音声が、「梓弓」に接しては「張る」の意味を喚起し
　「の山辺」においては「春」の意味を喚起する

という経験以外ではない。この経験によってわれわれは二語の存在を把握する。その媒材が共通音であることから、これを懸け詞ということができる、と言い換えたい。共通音をもって喚起される二語の概念の間には、

明瞭な対比が意識せられている

ということも押さえるべきだと、氏は要点として挙げる。

「梓弓、はるの山辺を」歌について、「梓弓張る」は「春の山辺」に対して、いかなる論理的意味においても聯関を持たない。この、

論理的意味において聯関を持たない

というところが要点となる。全体に統一されるのは、「ハル」という音声が、二重過程によって一方は「梓弓」に連なり、他方「の山辺」に接続せられるために保持される統一関係があるからだという。論理を超越した一の聯想関係によって結ばれる。

3　〝一語多義的用法〟

別のうたについて言うと、

独り寝《ぬ》る床は　草葉にあらねども、秋来るよひは　露けかりけり

三、詠み人知らず、一八八歌

独り寝するベッドは草の葉っぱじゃないけれど、秋が来る、
飽きが来る、あなたの来ない夜は露もしとどだった（、いまも）

は、時枝の言わんとすることをまとめると、「露けし」に〈自然の露けき〉意と〈心のかなしき〉意とが、二つの観念として、截然と対立させられている。これは懸け詞といわれなければならない、

と。「截然と対立させられている」という対照性は懸け詞であると、われわれも合意できる。

秋風にあへず散りぬるもみぢ葉の、ゆくへさだめぬ我ぞ　かなしき　　五、同、二八六歌

秋風に耐えられず散ってしまう紅葉。（紅葉ではないが、）

行く先の定まらないおいらよ、悲しいね

もまた、「もみぢ葉の、ゆくへ」が〝我が心のゆくえ〟と異なる観念だから、懸け詞の意味が成立する、と。「秋風にあへず散りぬるもみぢ葉の」は、「ゆくへさだめぬ我」の限定修飾語と、いかにしてもなり得ない。「ゆくへ」が懸け詞であるとは、〈論理的統一以前の矛盾せる二つの観念を、その矛盾のままに投げ出すところに意味がある〉と時枝は説明する。

その〈自然の露けき〉意の「露けし」と、〈心のかなしき〉意の「露けし」とは、別語の「露けし」であるとなかなか言うことができない。一語「露けし」の意味のはばを利用する懸け詞としてある。同様に、「ゆくへ」についても、一語の広がりが懸け詞を成立させているのであって、二語ということにはならない。だから、この在り方が、時枝の言う「一語を以て」に当たるとは言えるかもしれない。時枝じしんに「一語多義的用法」を否定するような口調も見られるけれども、私としてはかえって懸け詞の、

一語多義的用法

をここに位置づけてよいかと思われる。正確には一語の意味のはばを利用して（同音に拠らないで）、その二つの意味を利用する懸け詞の方法である。あるいは、一語が二語へと分離する瞬間を狙った

技法というように言えるかもしれない。

学校文法や、あるいは受験文法では、そのような「露けし」や「ゆくへ」を〈懸け詞的用法〉とは称しても、真の懸け詞としてなら認めがたいとするかもしれない。しかし、「張る」と「春」、「秋」と「飽き」（「松」と「待つ」、「嵐」と「あらじ」など）といった事例のみを懸け詞として認めるのでは、言ってみれば地口やだじゃれに類する用法をのみ懸け詞とすることとなり、詩の広がりや深さに至りがたいのではないかと恐れる。

時枝に刃向かうことになるのか、随行していることになるのか、心許ないけれども、私としては懸け詞の〝一語多義的用法〟を認める立場を取りたい。一語における意味のはばを積極的に利用するというのにも、論理上の遮断と言うことが起きているはずだ。

秋来るよひは　露けかりけり

の「露けし」には、〈自然の露けき〉意と、〈心のかなしき〉意とが、截然と対立させられている。論理上はつながらない、自然と心との対比を興味としている。これを一語多義（ここは二義）とする言い方はあってよいと思われる。

以上をまとめると、懸け詞には大きく（A）同音による二語の二重過程と、（B）一語多義的用法とがあることになろう。学校での学習は主に（A）を懸け詞として認定しているかもしれない。（A）は広く日常生活に行われることばの遊戯である。（B）もまた、日常生活において言語生活を豊かにする（複雑にする）要因であるけれども、詩的にはとりわけ（B）が重要なのではなかろうか。

4　うたの全体感

以上から、

（a）二重の言語過程を構成する

（b）明瞭な対比が意識せられている

（c）論理的意味において聯関を持たない

（d）一語多義的用法

と言ったことどもを拾い上げてみると、（a）はたいせつである。『広辞苑』（「掛詞・懸詞」項、電子辞書）の説明によると、「同音異義を利用して、1語に二つ以上の意味を持たせたもの」が懸け詞だとある。同音異義としては、「待つ」と「松」とを例示している。「1語」に二つ以上の意味を持つというところが、時枝もおなじ言い方をしていたところであり、にわかに承伏しがたい。「待つ」と「松」とは別語であり、二語であって、「1語」ではない。同音が別語を共有するとは、時枝の言うように（a）「二重の言語過程を構成する」とするならば、より正確となる。

（b）「明瞭な対比が意識せられている」ということ、（c）「論理的意味において聯関を持たない」ということは懸け詞の大きな特徴となる。そして、文法的にはこの（c）に注視せざるをえない。57577としての（1）統一感があるにもかかわらず、（2）論理的には統一しない、という分裂にこそ時枝そのひとが探求してきた文法の要点がある。

統一感とは、

梓弓、はるの山辺を、越え来れば、道も　避りあへず、花ぞ　散りけるについて見ると、時枝が「右は末尾の「ける」という辞に於いて、全体的に統一されているということは明らかである」とした上で、（さきに引用し始めたところながら――）

然るに「あづさ弓はる」は、「はるの山辺云々」に対しては、如何なる論理的意味に於いても聯関を持たない。しかもこの一種が、全体として統一された表現であるということが出来るのは、いうまでもなく「ハル」という音声が、二重過程によって一方は「梓弓」に連なり、他方「の山辺」に接続するが為に保持せられる統一関係があるからである。（『国語学原論』、同）

とする。論理的に統一しないが、一つの詩歌という全体としてみると統一された表現であるとは、懸け詞を文法の考え方から考察するうえでの要点となる。懸け詞を地口や口合いとおなじに見るならば、単に部分でよい。ところが、懸け詞はうたの全体感のなかで真に生きられる。文が通常に持つ論理的統一に対して、それを破綻させるそのような詩歌の文法を何と呼べばよいのだろうか。

（d）〝一語多義的用法〟はうたの全体のなかに置かれてのみ意義を持つ。

5 表現者の格という文法

詩歌において、作者と別に、また文の論理的主格と別に、想定される詠み手という存在が考えられる。

秋霧の、はるゝ時なき心には　立ち居のそらも　思ほえなくに

『古今和歌集』一二、凡河内躬恒、五八〇歌

秋霧が晴れないように、晴れる時がない心にあっては、
立ったりすわったりの判断も、上の空で、何にも思われないことで……

「はるゝ」の意味のはばからはいって、「たちゐ」は立ち居振る舞いながら、霧の生態観察としてみると、なかなかあじわいがある。霧が立ったり居座ったり、立ちこめたり。ことばからことばへ、懸けて広がることによって、晴れない感情や、居ても立ってもいられない、日常座臥であるはずなのが、高められた詩的生活であるかのように意味賦与される。この歌には（詞書の上に出てくる作者（あるいは「詠み人しらず」）と別に）、論理上の主格が見つかり、さらに表現者という詠み手もそこにいる、ということだろう。論理上の主格としては、

秋霧が霽れる　（秋霧のはるる）
心が晴れる　（〈心の〉晴るる）
時がない　（時なき）
霧が立ち居する　（霧の―立ち居）
（私が）立ち居する　（〈我の〉立ち居）
（私が）思うこともできない　（（わが）おもほえなくに）

といった人称や自然称がいくつも見られる。これら（秋霧、霧、心、時、（私））は論理上の主格と見られる。

これらの論理的関係を遮断する〈手〉ないし〈思い〉のような何かを考えてみよう。「秋霧が霽

れる」と「心が晴れる」とは、遮断されているにもかかわらず、懸け詞として統一されている。この統一させる手を５７５７７というこの詩歌そのものに求めるしかない。「霧が立ち居する」と「（私が）立ち居する」という懸け詞も、論理的に遮断されているからには、詩歌そのものに統一を求めることになる。

二つの懸け詞がこの歌にはあり、遮断を二回、見せながら統一して一首を終える。その統一の遠因は作者（物語で言えば作家）だとしても、テクスト外のこととて、いまは作者を詩歌のそとに置く。作中の「我、わ」は統一を欠いて散在する。「秋霧」と「心」とは対比的（自然と心と）に、別々の存在としてある。そうすると、「我、わ」はあくまで作中の一人称としてあるから、それを措いて、統一は〈詠み手〉とでも言うべき真の主格に委ねられ、その人の手によって書き留められ、あるいは思いとしてまとめられる。

詩歌に統一をもたらす真の主格からまとめられた関係を、狭義にそれこそ〈文法〉と名づけてよいのではないか。論理的関係はたしかに文法にちがいない。とともに、それを支える文法を構想して、まさに時枝をヒントに〈真の表現者の文法〉＝主体的表現の文法を認容してみたい。時枝がいみじくも、「梓弓―はるの山辺」歌について、「末尾の「ける」という辞に於いて、全体的に統一されている」と述べた通り、〝辞〟という機能語、ここは「けり」によって、５７５７７という複雑な言語表現が成し遂げられている。

私はこれを狭義に表現文法上の〝主格〟が登場した場合だと見て、真の文法上の統一とする。一首の表現を統率すると見なされる表現者という格を文法の根源的位置に認める。それが〝詠み手〟であり、物語的に見れば語り手であり、会話ならば話し手となろう。表現者からは一首一首に統一性がある。

6　同音を並べる技法について

同音や類音を並べるうたは多い。古風な技法であり、序詞にならない事例もある。

巨瀬山《コせやま》ノ列々椿《つらつらつばき》、つらゝゝに見つつ思はな。コせノ春野を　『万葉集』一、坂門人足、五四歌

巨瀬山ノ列々椿がつらゝゝと並ぶ。
(私が)つらつら見つつ賞美する。巨勢の春の野を

は、椿とそれを賞美することとを並べる。「巨瀬山ノ列々椿」は第三句の「つらゝゝに」に対し、椿が列なるさまと、それと「つらつらに(よくよく)見る」という関係と見れば、懸け詞式のつながりとなる。しかし、よくよく見たいのは巨勢の春野の椿だから、第五句へとそのままつながる。たいして屈折があるとは言えず、序詞をなしているとも言いにくい。

楽浪《さざなみ》ノ思賀ノ辛碕《からさき》、幸《さき》くあれド、大宮人ノ船まちかねつ　一、柿本朝臣人麿、三〇歌

楽浪《さざなみ》の思賀の辛碕《からさき》はさいさきがよい。そのはずなのに、
帝がたのお船を(もう)待ちかねてきた(、じりじり)

「碕」と「幸」とを並べるところ、「碕」からサキという音を起こし、同音から「幸く」を起こす。

楽浪ノ思賀ノ辛碕《さき》―サキ……

同音のサキを呼び起こして、「幸《さき》くあれド」へつながるところ、懸け詞らしさがあると言える。「碕」と「幸」とは別語であり、同音によって二重化されている。「楽浪ノ思賀ノ辛碕」を序詞というのはよいが、このうたの場合、「楽浪ノ思賀ノ辛碕」と「幸くあれド、大宮人ノ船まちかねつ」とは、近江廃都を詠む内容として、よくつながる。序詞から本句へ意外な展開をするというようには受け取れない。

み吉野ノ滝ノ白浪《しらなみ》、知らねドモ、語りし　告ゲば、古念ほゆ

三、土理宣令、三・三一三歌

み吉野の滝の白浪《しらなみ》。知らないさ。けれども、
語りそして伝えて来たから、古昔のことが偲ばれる

「白《しら》」から「知ら」を起こすお馴染みの同音的展開で、「み吉野ノ滝ノ白浪」は序詞をなす。しかし古い吉野のことを自分は知らないというので、序詞と本句とのあいだはおのずからつながる。

7　「二重の序」を持つうた

「二重の序」を持つうたというのを、万葉学の伊藤博の論考から見る(注1)。序詞を二回有するうた〈複屈折歌と名づけよう〉を、武田祐吉、沢潟久孝、両先行研究者から引いて伊藤は考察する。一旦屈折し、二度めの屈折があるというたは『万葉集』にそう多くない。

橡ノ衣解き洗ひ、又打山《まつちやま》、古人《モトつひと》には　猶如かずけり　　　一二、三〇〇九歌

つるばみのころもを解き洗い、また打つ。又打山《まつちやま》だ。（うん、）

もともとの本妻さんにやっぱりまさるひとはなかったってこと

これは、

①橡ノ衣解き洗ひ―（屈折）―又打山

②又打山―（屈折）―古人《モトつひと》には

と、

という、二回の屈折を有する。①のなかの「橡ノ衣解き洗ひ―」は、橡の衣を解き洗いして「また打つ」（砧打ちする）ことから「又打山」に懸ける。従って懸け詞に拠ってつながる序詞であり、②も「又打山」が matuti–yama（マトゥティヤマ）というような発音であることに気づけば、類音の「古人」mötö–tu–phitö を起こしてくる技巧であることがわかる。「橡ノ衣解き洗ひ―又打山《まつちやま》」がもう一つの序詞となる。類音による序詞であって、かならずしも懸け詞になっていないにせよ、技巧的には懸け詞に準じて考えられる。

「橡ノ衣解き洗ひ」で、歌の中途から意味が流れる。転轍して「又打山」に懸かってゆき、その「又打山」は、と言うと、ほとんど文を形成する間もなしに、「古人（モトつ人）」に引き継がれ、そこでようやく〝モトつ人には猶しかずけり〟という、一応まとまった文が来て５７５７７一編を終える。伊藤の言うように、古人（旧妻）は解き洗いが上手だったと、①の内容に戻るかのようで

あり、序詞である「橡ノ衣解き洗ひ」を本句として取り戻している、というようにも言える。

吾妹児に衣、借香《かすか》（＝春日《かすか》）ノ、宜寸川《ヨしきがは》、因《ヨし》モ　有らぬか。妹が目を見む

一二、三〇一一歌

わたしのかわいこちゃんに着物を「貸すか」（なんちゃって）。
春日《かすが》のよしき川。（逢う）「よし」もがな。きみに逢いたい

衣を貸すことから春日へ懸かり、宜寸川から同音の「因《ヨし》」を導く。本句「妹が目を見む」は冒頭の吾妹児を序詞から引っ張り出して本句へと引き据える。

「序詞―屈折（懸け詞）……」（序詞）―屈折（同音）―本句

妹《いも》（が）目を見まく、欲江《ほりえ》ノ小浪《さざれなみ》、敷きて恋ひつつ有りト告げ乞《コソ》

一二、三〇二四歌

きみに逢いたい、むさぼりたい（、の「ほり」ではないが、）
掘り江のさざ波がしきりに立って、（ああ）しきりに恋しく、
お慕いしながら暮らしていると、（何とか）知らせたいこと！

「欲り」と堀江とを懸けて屈折する。さざれ波が「しきて」（次から次へ）押し寄せることと、思いがしきりに湧くこととを懸け詞とみよう。冒頭句と本句とは妹に「恋ひつつありト告げ」たいので、つながる。

「序詞―屈折（懸け詞）……」（序詞）―屈折（懸け詞）―本句

8　双分観を超えるために

万葉びと、あるいは『古今集』を生産する同時代の人々にとって、屈折、転轍は苦心する技巧であっても、一首一首を享受する場合に、「序詞／本句」という二元的な構造が眼目であることは、一応、強調すべき点としてある。

橡ノ衣解き洗ひ、又打山《まつちやま》、古人《モトつひト》には　猶如かずけり

について見ると、文として分裂していると言うほかなく、「橡ノ衣解き洗ひ」と「モトつ人には猶しかずけり」とが、一編のなかで対立したまま、互いに譲ろうとしないかに見える。詩だからそのような、分裂や対立が許されるということだろうか。それならば、詩は、詩であることによって許してもらえる、二流の文という認定になってしまう。詩的許容 poetic licence という語は詩だから例外や逸脱が許容されるという甘えであって、体のよい、差別を受けいれたというに過ぎないのではないか。そんな世間の許容に妥協してしまってよいのであろうか。分裂や対立という「構造」が詩だと言うのでは、半面の真実であって、全体や統一としての詩にまでとどかない、ということではなかろうか。こんな「構造」主義を何とか克服しなければならない。

構造主義者クロード・レヴィ＝ストロース「双分組織は実在するか」（一九五六、『構造人類学』）（注2）のなかで、双分組織の中心をつよく凝視ないし意識する、つまり三分観がもたらされるという

考え方が導き出された。一つの村落が、あるインフォーマントの描く図では双分組織に、別のインフォーマントの描く図では中心を大きく描くことによって、三分観の見取り図となる。二つのメンタルマップはどちらが正しい、どちらが正しくないということまったくちがって、同時に両方とも成り立つ。双分組織でしかないか、それとも中心を意識することによって三分観をあらわすか、われわれは二つのマップを心内に持っている。『古今和歌集』(ひいては『万葉集』の歌ども)の、詩的構成に立ちいろうとするときにも、対応構造でしか見られない双分的発想から、もう一歩、対象に踏み込んでみたい欲求につながってくる。

双分的発想　　前半部――――――後半部

三分観の発想　前半部――屈折部分――後半部

懸け詞なら懸け詞をつよく意識するとは、そういう精神集中によって起きる何ごとかではなかったか。詩は技巧か、それとも技巧によってもう一つ高めた位置から自由に出入りできる、精神的な行為であるかをここで問いかけることができる。きわめて意図的な言語の凝縮性に根ざした営為としてそれらはあろう。詩の成立を、そのような集中型の行為から導き出すのでないとしたらば、いったいどこから見いだすつもりかと、私などは言いたい欲求を抑えられない。

(1)　伊藤博『万葉集の表現と方法』下(『古代和歌史研究』6、塙書房、一九七六)。

(2)　クロード・レヴィ＝ストロース、荒川幾男ら訳、一九七二。あるインフォーマントは村落の見取り図を半族と半族とが対立する二元的な構造として書く。別のインフォーマントはおなじ村落について中心に祭祀施設や広場がある円心状の構造として描く。どちらも成り立つというほかない。懸け詞という中心をつよく意識するか、本句と準句との対立と見るか、どちらも成り立つので、さしあたって差異はない。

第四部

人称と語り、表記

二十二章　物語人称と語り

1　紫上をかいま見する

時称とペアになる、〈人称〉という視野にふれてゆく。西ヨーロッパでの演劇用語だったかもしれない。舞台に登場する主人公が第一人称（略して一人称）、向き合う相手方が第二人称（二人称）と言えばわかりやすいか。第三人称（三人称）はそこにいない人、つまり話題の人物となる。

時枝は『国語学原論』（一ノ5）で、言語の存在条件として〈一、主体（話し手）、二、場面（おもに聴き手）、三、素材〉とする。素材には第三人称を含ませてよいだろう。

人称は人物の〈視線〉にかさなる。従来ならばごく曖昧に、物語の登場人物について、語り手の語りが主人公の心内にかさなるとか、あるいは第一人称叙述だ、などと言われてきたところを、ここで〈物語人称〉とすることにより、「物語とは何か」にふれてゆく機会にできるかもしれない。

登場人物の視線が一人称となって語られるさまは、かいま見の場面によくあることで、『源氏物語』「若紫」巻の光源氏が覗くところはよく知られる。

人〳〵は帰し給ひて、惟光の朝臣とのぞき給へば、たゞこの西面にしも仏据ゑたてまつりておこなふ、尼なりけり。簾すこし上げて、花たてまつるめり。……髪のうつくしげにそがれたる末も、中〳〵長きよりもこよなういまめかしきものかな、とあはれに見給ふ。

「若紫」巻、一―一五七、一―三七八

（お付きの）人々は帰しなさって、（光源氏が）惟光と（いっしょに）覗きなさると、すぐこの西面に仏を据え申して修行する、尼だったのだ。（そのひとが）簾をすこし巻き上げて、花をたてまつるように見える。……髪がうつくしげに削がれてある切っ先も、なるほど長いのよりも格別いまふうな感じよな、ああとご覧になる。

続いて、

きよげなる大人、二人ばかり、さては童《わらは》べぞ出で入り遊ぶ、中に十ばかりやあらむと見えて、白き衣、山吹などの萎えたる着て走り来たる女子《をんなご》、あまた見えつる子どもに似るべうもあらず、いみじく生ひ先見えてうつくしげなるかたちなり。

一―一五七、一―三八〇

きよげな成人女性が二人ほど、それと女童が、出はいりして遊ぶ、（その）なかに十歳ぐらいかしらと見られて、白い衣、山吹などの萎えてあるのを着て走りやってくる女の子は、（ついさっき）たくさん見られたばかりの子どもに似るべくもない、じつに生い先がすかし見られて、うつくしげな容姿である。

とは、紫上を光源氏が初めて見るところ。十歳ほどにしか見えないというのは、じっさいに十二、三歳という成女戒に近づく年齢である。あくまで三人称叙述として、光源氏が覗いて、尼君を、そして紫上を見る。それらは光源氏の目に映る尼君や紫上のようすとして描かれる。光源氏は一人称的な視線人物になってあらわれる。

途中、「……とあはれに見給ふ」と、語り手による三人称叙述がはいる。だから、従来は語り手の語りが主人公の視線にかさなる、などと理解されてきた。〝かさなる〟のは、主人公についての語り＝三人称叙述と、その人物そのひとの視線＝一人称叙述とであることに気づく。

語り手が語るとする基本は、作り物語がゆずることのできない一線であり、みぎのような三人称叙述による一人称的視点に一種の人格を認めて、みぎに述べたように〈物語人称〉と称することにしよう。二つの人称の〝かさなり〟と見るか、人称の累進を見ることも可なのではなかろうか。

2　会話文、心内文

会話文の事例は、乳母の少納言が、

ことしだにすこしおとなびさせ給へ。とをにあまりぬる人は、雛遊びは忌み侍るものを。かく御をとこなどまうけたてまつり給ひては、あるべかしうしめやかにてこそ、見えたてまつらせ給はめ。御髪《みぐし》まゐるほどをだに、ものうくせさせ給ふ。「紅葉賀」巻、一―二四八、二―三二

せめてことしなりと、すこしはおとなに近くなりなされ。十歳を越えておしまいのひとは、雛遊びは避けるようにすることでございますのに。かように殿御などを設け申しなされては、ふさわしくもの静かでそれこそ見られ申されるのがよいことでしょう。髪洗いなさる時間をだって、いやがりあそばす。

と、小言を言う。乳母にとり、紫上はまさに二人称存在であり、みぎの会話文にそれは非常によくあらわれる。乳母は紫上に、雛遊びをやめさせたいので、「はづかし」と思わせようとして〝あなたは夫を設けておられるのですよ〟と言う。

心内文は、紫上がみぎの乳母の小言に対して、

心の内に、〈我はさはをとこまうけてけり、この人々のをとことてあるは、みにくゝこそあれ、われはかく、をかしげに若き人をも持たりけるかな〉と、今ぞ思ほし知りける。

同心のなかで、〈わたしは、それでは夫を設けたということだ、この侍女たちの男としてあるのはみにくいというのに、わたしはかように美男の若い人までも持つようになったということかな〉と、いまになって思い知ったということだ。

と、〈我は、……われは……〉というのがいかにも自己中心であり、心内文のなかでは一人称であると認められる。自分が自分を客体化して「われ」と思う。言表された「われ」なのだから、たしかに一人称であると、断定してかまわないはずなのに、すこし立ち止まりたい感じがする。

これは語り手による物語叙述でもあるのだから、異和をおぼえるのかもしれない。表現する主体は語り手そのひとであって、紫上は語り手によって語られる登場人物たちの一人である。語り手から見て三人称である紫上を語り手は語るはずだ。二人称は措くとして、登場人物たちが、語り手じしんを別にすると、三人称であるとして、その登場人物たちが作中で思う心内表現（心内文、内話、

心中思惟などとも）に見る「われ」は一人称であろうか。あるいは三人称とするのがよいのだろうか。

　三人称の人物が本人の一人称的視点とかさなるような場合を、三人称から四人称へ進める必要があるのでないかという考えで、人称の累進というように捉えることができる。

3　四人称と人称表示

　アイヌ語は、一、二人称が人称接辞を義務的に付け、三人称は人称接辞を付けないことで三人称をあらわす。さらには四人称（注1）が複雑に発達する。アイヌ語は人称が得意科目であり、反対に、時称を不得意とすると言ってよい。アイヌ語は動詞に活用が「ない」ために、いわゆる時制のようには時間をあらわしにくい。人称接辞を動詞に付けるということは、一種の活用だと言えるから、日本語とアイヌ語とは対照的だと見られる。

　四人称は、アイヌ語の語りの参加ということになる。アイヌ語の物語類の四人称は、包括的一人称複数、二人称敬称、不定称、引用の一人称などにおいて発現する。ウエペケレ（散文説話）、昔語り、英雄叙事詩《ユカㇻなど》に見られる場合、それらのうちの自叙部分は「包括的一人称複数」かと思われるものの、「引用の一人称」としても論じられる。カムイユカㇻでは排除的一人称複数を見ることがある。

　主人公の提示が、欧米的な人称の区別によって三人称の語りとすると、アイヌ語では人称接辞を示さないことによって、三人称となる。人称接辞によって、一人称であるか、二人称であるか、四人称であるかを提示する。欧米的な基準によって三人称である主人公が、「みずからを語り、あるいはみずからの視野で思ったり、見たりする、語り」は、《四人称を持たない諸言語》（欧米語、日本語など）の場合、一人称で表現すると認定される。それ（＝主人公が［みずからを語り、あるいはみずからの視野で思ったり、見たりする、語り」）を、もしアイヌ語のように四人称で語るなら、「包括的一人称複数」か、あるいは「引用の一人称」かである。

日本語の語り（あるいは物語文法）に、応用できないことだろうか。語り手の語りに主人公たちの思いや視線がかさなる、と理解される、ナラトロジーの混雑した状況に、整理の手を加えてみることができる。繰り返すと、欧米語から導かれた知識だと、一人称と二人称と三人称とがあるのみだから、語り手の語りは一人称であり、主人公の視線も思いも一人称であって、両者がかさなるという議論が、容易に生きられる。主人公たちの思いや、視線とかさなるところだけを取り出して、双方向的な語りだと位置づけるのでは、議論に混乱をもたらしかねない。

それに反して、もし日本語によって語り手の人称がゼロ（次章）であり、かつアイヌ語によって主人公たちの自叙が四人称であるならば、語り手の語りと主人公たちの自叙とは、混同される虞れがなくなる。むろん、アイヌ語を参照するまでもなく、語り手はすべて語りを統率するのであって、主人公たちの会話や心内だけが語り手の語りとかさなるのではない。日本語の叙事で言うと、三人称の主人公であるひとたちが、みずから思ったり、視線をもったりする一人称の語りは、文字通り一人称と三人称とのかさなりであって、累進させて四人称というのにふさわしくなる。

4　「見返る」女三宮、見たてまつる柏木

木丁の際すこし入りたる程に、袿姿《うちきすがた》にて立ち給へる人あり。階《はし》より西の二の間《ま》の東《ひんがし》のそばなれば、紛れ所もなくあらはに見入れらる。紅梅にやあらむ、……

「若菜」上巻、三―二九六、五―三五〇

木丁のわきを少しはいっている距離に、袿姿でお立ちの人がいる。階より西の二の間の東のそばなので、何の邪魔もされずすっかりそとから見ることができる。紅梅襲であろうか、……

と、みぎは物語叙述であるから、語り手が柏木という男主人公について語るところ。この基本は、作り物語がゆずることのできない一線としてある。

人称という言語学上の概念を使ってよければ、柏木について語ることは、第三人称であることが期待されるし、事実、そう認定して困ることは何も起きない。語り手にとって、当事者でない物語上の人物が、素材として、いわば第三者として、表示はともあれ、人称の第三項であることはゆらがない。

その第三人称である柏木が、自身の第一人称的視点で女三宮を見るのだから、かさなるのは、主人公の第三人称におのれの第一人称が、でなければならない。第三人称の主人公が〝私〟という第一人称になって、見たり考えたりする。それはどんな人称なのだろうか。

猫のいたく鳴けば、見返り給へるおももち、もてなしなど、いと老《おい》らかにて、若くうつくしの人や、とふと見えたり。
三―二九七、五―三五二

とは、語り手による柏木をめぐる第三人称的叙述以外ではない。しかも、「いと老らかにて」から主人公の内面にはいりこみ、「若くうつくしの人や」という感嘆をもらす。「ああ何と若く愛らしい人であることよ」と思う主人公の第一人称叙述としてある。

つまり、二つの人称の〃かさなり〃をここに観察することができる。こういう人称の〃かさなり〃は、物語だから生じたことである以上、取り立てて文法表示にそれを言い当てることができなくとも、〈物語人称〉というふうには認定する必要があろう。アイヌ語に見られる、そのような、主人公や人物の第一人称が、物語をはじめとする引用その他で、改めて表示される言語ならば、もしかして第四人称ということになろう。

5 「見あはせたてまつりし」

猫が鳴くので女三宮はこっちを見た、というのがそこでの状況としてある。その夕方の光のもとに見返るその人を目にとどめた、ということであって、目と目をあわせた、とまで限定する必要はなかろう。あるいは柏木が、目と目とをあわせたつもりであればよい。うす暗い屋内に、見返るその女の横顔を目に焼きつけた。前後の文脈が、柏木の視線からの一元的な描写になっている。

振り返り、こちらを女三宮が見た、という決定的な瞬間のことを、柏木は「見あはせたてまつりし夕べ」と、「柏木」巻で言う。

深きあやまちもなきに、見あはせたてまつりし夕べのほどより、やがてかき乱りまどひそめにしたましひの、身にも返らずなりにしを、かの院の内にあくがれありかば、結びとゞめ給へよ。

「柏木」巻、四—八、六—二六

深い過失もない（というの）に、見あわせさしあげた夕べのほどより、そのままかき乱れ惑いはじめてしまった魂が、身にも返らずなってしまったのを、あの六条院のうちに、（わが魂が）さまよい出るならば、くくりつけてくだされよ。

かの蹴鞠の夕べのことを言うととるので、なんら疑問はない。「やう〳〵暮れかゝるに」（「若菜」上巻、三―二九四、五―三四六）、「夕映えいときよげなり」（同）、「夕影なれば」（三―二九七、五―三五二）、そして「花の夕かげ」（三―三〇二、五―三六四）、さらには「たゞいとほのかに、御衣のつまばかりを見たてまつりし春の夕べ」（下巻、三―三六二、五―五〇八）、「猫の綱引きたりし夕べ」（三―三六五、五―五一四）と、夕日のなかで起きた事件であったことが繰り返される。「深きあやまちもなきに」と、病床で柏木は小侍従あいてに訴える。

みぎの「見あはせたてまつりし夕べ」を、多くの注釈書のたぐいは、源氏が「さかさまに行かぬ年月よ」（「若菜」下巻、三―四〇四、五―六一〇）と嘆息し、「うち見やり給」（同）うたときのことをさす、と指摘してきた。失考ではなかろうか。「若菜」上巻の、女三宮の立ち姿を見た夕べのことではないのか。源氏がまなじりでちらと柏木を見たときが果たして夕方だったか、そこには「暮れゆけば」（同）とのみある。

「かの見あわせ申した春の夕べが、どうしてわたしの深いあやまちなものか」と、病床の男は訴える。源氏が「うち見や」ったときには、深い罪の自覚から死病につくのである。女三宮に対しては、「深きあやまちもなきに」と思う。たしかに、猫のせいだ。猫が御簾をまくりあげたせいで顔を合わせてしまう、そのことが、どうして柏木の、あるいは女三宮の「深きあやまち」になろう。

柏木が、「深い過失ではない」と主張するのは当然だろう、と思われる。あのときから、柏木はふぬけのようになって、魂だけをそこ、六条院にとどめたのである。

こう読み込んでのみ、実際の密通の直後に、

聞きさすやうにて出でぬる魂は、まことに身を離れてとまりぬる心ちす。（「若菜」下巻、三—三六六、五—五二〇）

聞きさすようにして出てしまう魂は、ほんとうに身を離れて（六条院に）とまってしまう心地がする。

という、「まことに」が生きる。ふぬけになって男が出てゆくのか、魂がぬけ出て六条院にとどまるのか。「やがてかき乱りまどひそめにしたましひの、身にも返らずなりにし」（「柏木」巻、四—八、六—二六）とは、密通によってであって、源氏から見つめられたからではない。

物語叙述は、みぎに見てきたようにして、柏木という男の視線に寄り添い、逸らさず、ときに批判はするものの、多く同情しながら、なかばその心内に入りこむようにして、「若菜」上巻以来、ほぼ書きつがれる。とりわけ、「若菜」上巻、最初に女三宮を見るというところ、事実ははしたない女の姿態であろうと知られるのに、けっしてそのように物語は言わず、柏木の視線に〝同化〟して、みごとに一元描写の語りをつらぬく。

（1）中川裕「アイヌ散文説話における外来的要素と人称」（『日本文学』一九九三年一月号）、同『アイヌ語（千歳方言）辞典』草風館（一九九五）ほか、多く中川に拠る。

二十三章　語り手人称と作者人称

1　物語の文法と談話の文法

語り手はどこにでもいる、遍在する。われわれの談話の担い手であり、会話主としてあり、物語の語り手としても、うたの詠み手としても、身近に語り手は人格（視線）を有して存在する。会話について、会話主が一人称、会話のあいてが二人称、話題その他が三人称となる。消息（手紙文）はそれに準じる。

談話（discourse あるいは text）は、これまでに非常によく分析されてきた。談話の分析は、一文を越える、つまり文章論として位置づけられる。物語（物語文学、口承文学の説話や昔語りなど）もまた複数の文からなるので、それの分析は談話の分析の一部であるかのように扱われてきた。事実、物語を分析するのに「談話の分析」と称するひとがいることだろう。あるいは逆に、談話の分析のことを「物語の分析」と称してきた傾向もある。われわれは文法学説に従って書くわけでない。学校文法によって話すのでもない。その意味で、談話じたいをわれわれはいやおうなしに生きる。その談話が、日本語（特に古典語）で言えばモノガタリであるから、物語を文法として見ようとするのに際して、物語（モノガタリ）の文法と談話（モノガタリ）の文法との差異は、なるほどわかりにくくなる。混乱があったのはここらへんの事情によるという、これまでかもしれない。

呼称をおなじくするということは、物語と談話とが大きくかさなり、あるいは移行しあう性格であったからだろう。談話は、まさに日常的に経験されるように、会話の妙、役割／台詞の引き受け、声色表現、引用のしかたによって、語り手を分出することがしばしばである。一方に、物語の描き出す、言語の実態はまさに会話をおもとする談話的世界に広がる。物語の分析と談話の分析とを分けるとは、

語り手を立てて語り手に語らせる物語

と、

会話主や執筆者が語り手と同一であるような談話

との差異だ、ということになろう。

2　ゼロ人称＝語り手人称

ゼロ人称は、時枝の零《れい》記号の応用である。表現のなかの「ぼく、わたしたち」を人称（単数、複数）とすると、その表現そのものを支える主体の人称を語り手人称とし、時枝の「零」という考え方によって、ゼロという人称とする。零記号は表現される場合に、助動辞、助辞として出現し、出てこないときには表現を支える陳述的な記号をさすというのが時枝学説であった。

「ぼくはウサギだ」と語るとすると、「ぼく」は語りにあらわれた人称で、「ぼくはウサギだ」と語る語り手そのひとの人称がゼロ人称になる。「ぼくはウサギだった」と語っても、語り手は現在にいる。「ぼく」という一人称は過去にいた、かつてのぼくであってよいが、「は」は現在での語りの判断の提示となる。「だった」は過去のようであっても「だった」という判断が現在に属する。

そういう現在の語り手の人称だ。物語にあっては語り手の語りが、会話文、心内文も含め、全体を覆い尽くす。ときどきあらわに出てくる語り手の人称が草子地ということになる。

ゼロ人称のゼロが時枝国語学の零《れい》記号の応用だとは、その通りだが、応用とはつねに微細なずれを生じることだろう。言語学者、フェルディナン・ド・ソシュールは、記号ゼロ（のちにゼロ記号）という言い方をもちいて、弱母音を消失したためにある言語の語尾もまた失われている（ゼロである）事情を、純然たる偶然から生じたと、『言語学原論』で論じている。時枝は言語観を先立てて言語の一般原理に記述の重心を置いた国語学の開始であって、ソシュールから大きな影響を受けた（『言語学原論』は時枝の『国語学原論』と書名がよく似る）。零記号というヒントはおそらくソシュールから来たにちがいない。時枝の場合、陳述を表現上にあらわすかあらわさないかの区別で、あらわさない場合を零とする。陳述そのことを否定しえないとすれば、時枝の零記号は〝純然たる偶然〟とは正反対の、必然という性格を刻印されてくる。

一方で、立ちはだかる山田孝雄の文法学（『日本文法論』、一九〇八）の、陳述を用言そのものに認めるとする考え方に対し、時枝は反撥して、

……判断的陳述を表す処の文としての「降る。」「寒い。」といふ表現も、陳述が「降る」「寒い」に累加してゐると考へるよりも、或は又これらの語が本来陳述作用をも同時的に表すものであると考へるよりも、……零記号の陳述▨が、「降る」「寒い」といふ語を包んでゐると考へるのが妥当であると思ふ。

（『国語学原論』、文法論）

というように、陳述作用そのことを文法事項として取り出すことに専念する。どんな表現でも、かならずその表現を陳述が包んで初めて表現が成立する。包むというとあまりに存在感がつよいので、うらがわに貼りつくという程度に私は理解しておきたい。言語主体はそれなくして言語を成立させられない。たとえば「私」なら「私」という語は、語り手が「私」と言うと1であり、言わなくても背後に主体としてひかえるから0ということになる。素材として表現される「私」とそれを陳述する表現主体の〝私〟とを分けたのが時枝の国語学であった。

成る程、「私は読んだ」といふ表現に於いて、この表現をしたものは、「私」であるから、この第一人称は、この言語の主体を表してゐる様に考へられる。しかしながら、猶よく考へて見るに、「私」といふのは、主体そのものでなくして、主体の客観化され、素材化されたものであつて、主体自らの表現ではない。客観化され、素材化されたものは、もはや主体の外に置かれたもの……

（同、総論）

とある。陳述は助動辞や助辞のように、表現上にあらわれて主体を直接的に表現する場合もあるが、表現上にあらわれないときは零記号だ、という時枝の考えを応用して、〝私〟というその人称をゼロ人称と名づけよう。

物語のうちなる会話や消息は、さらに物語の語り手が介入してくると、語り手そのひとを物語では必須とするから、そのひとが「われ」と名のって草子地に出てくると一人称であり、語り手の主体はゼロ人称となる。語り手と作者とをわけることも、物語では基本的なことであるから、作者人称を立てることにしよう。

3　作者人称＝無人称

作者を無人称と認定する亀井秀雄著書がある（注1）。物語作者、詩歌の作者が作品の表面にあらわれることは、絶対にと言ってよいほどない。たしかに虚人称と言い換えてもよいぐらいだ、との感触を持つ。物語作者そのひとに独自な人称を認定すべきか、積極的な理由があるかということならば、二の足を踏む。作者は物語作品内に出てきようがないからだ。その意味で、つねに0であり、語り手とちがって、ときに1となってあらわれるということがけっしてない。絶対に出てこないために、無視されるかと言うと、そういうことでもない。語り手と混同されることはごく一般で、あるいは登場人物をとおして作者が意見を述べているなどと見られてきた。

作者は草子地のような文体が物語に存在するために、かえって絶対的な深奥部へとのがれ去り、けっして形姿を見せない。それは〝語り手のかげに隠れた〟ということではないか。物語作者の人称を〝無人称〟、あるいは〝虚人称〟と名づけるとはこのことを指したい。草子地を隠れ家として、真の書き手である作家は、書くことによって作者として成立するといえるにもかかわらず、ついに作品から外化されていることになる。

無人称というのは、近代文学研究者、亀井秀雄の「消し去られた無人称」からのヒントということになろう。『新編、浮雲』（二葉亭四迷）を論じて、亀井はそこに当初、出てきて、しだいに見えなくなる〝語り手〟に注目し、無人称なる考えに到達した。すぐれたアイデアではあっても、当初出てくる語り手を無とはしにくいので、真の作者をこそ無人称と認定する。当然のことながら、紫式部そのひとはけっして『源氏物語』のうちに出てこない。出てくるとしたら、玉上琢彌（注2）に従えば、語り伝える古御達と、筆記・編集者と、読み聞かせる女房ということになる。

無人称は、亀井秀雄の著書から引き寄せた。ただし、亀井の場合、無人称を「語り手人称」として認定する。私の用語では、語り手人称をゼロとしたく、作者人称は絶対に作中に出てこないので無人称としてみた。隠れるから作中にあらわれようがなく、ただひたすら外部から作品世界を統率するこれを、虚人称と呼称するほうがよいかもしれない。人物をこまのように動かしたり、プロットを立てて構想したりする。しかし、あくまで作中世界にしばられるアイロニー的な存在なのである。語り手や作中世界の登場人物たちとの親和力がなければ、何をすることもできない。まるで生きてあるかのような語り手や登場人物たちと〝相談して〟作者は書きすすめることになる。けれども、作品の外部にあるから、「作者の不在」「作者の死」という言い方はその限りで不適切だとも言いにくい。完全な他者だと言いにくく、非常に近しい一員のようにして外部にある。

よって従来の、一人称、二人称、三人称体系に加えて、私はあくまで物語の文法としてだが、みぎのように語り手人称（ゼロ人称）、作者人称（無人称）、そして物語人称（四人称）を置く。

4　読者の人称は

会話の場合といささか位相を異にしながら、読者の人称がここにかさなり落ちてくる。

心にくきほどなる火影《ほかげ》に御髪《みぐし》のこぼれかゝりたるを掻きやりつゝ見給へば、人の御けはひ、思ふやうにかをりをかしげなり。

ほの暗い灯火に奥ゆかしく映える（大君の）お顔に、御髪がこぼれかかってくるのをかき払いながらご覧になると、大君のごようすは申し分ないほど気品のある美しさだ。

「総角」巻、四—三九一、七—四一四

薫の君の所作にかさなりながら、《読者》もまた覗きこむようなしぐさで語りに参加しないことだろうか。語り手の誘いこむような描写はじつにしばしば《読者》を代行する。ここはすこし厳密に言わなければならないところだが、われわれは現実の読者であることから、作中の想定される読者への移行を、こういう描写のときに求められるのである。語り手は、当然のことながら、読者の読むように語るのだから、語り手の語りは一般に、読者との共同作業においてのみ、生きられるのでなければならない。作中の要請してくる読者を、われわれがえらぶかどうかの自由はあろう。読者の人称とは何人称なのであろうか。

談話は話し手が聴き手と対話をする。話し手と聴き手とは、めまぐるしく入れ代わる。一方の話し手が中心になって、聴き手をあいてに長々と語るというような場合もありうる。物語は口承文学の現場だと語り手がほんとうに聴き手をあいてに語るし、物語文学ではその語り手が作品の内外に虚構として設定される。聴き手もまた虚構的に作品の内外にいるはずで、なかなかあらわれない代わりに、その聴き手の役割を引き受けるのが読者で、当時の読者から一千年後の読者まで、さまざまに考えられる。以上のように談話と物語とは連続的で、いずれにも語り手が、そして聴き手がいなくてはならない人物として在ることによく注意してほしい。

二人称について、多くを説明することは何もない。伝承の語り物や昔話に、庚申講などでの夜の聴衆や、囲炉裏ばたの子どもたちやの、聴き手がいなければならないように、虚構化された物語のなかで語り手が物語を語りだすや、想定される聴き手たちが作品のなかか、すぐそとか、なかとそととの中間のどこかにいて耳を傾ける。二人称が想定されなければ、物語はありえない。まぼろしにあいづち（「あどを打つ」と古典には出てくる）が聞こえてくるとは享受の基本である。

その二人称の一人があなたであり、きみだ。読者とはだれであろうか。何をすることが読者の条件だろうか。読者とは読者であろうとしているひとたちのことではないか。作品が一千年後においても読まれるということは、一千年後にあって読者であることを引き受けるひとがいるということである。読者とは、引き受けるひとによって出現する役割の一つだ。だから作品にとってとりあえず読者は非在としてある。われわれは非在の読者であることを引き受けることから始めて、読者へと成長する。机にページをひらいていま読みすすめるあなたが二人称だ。

5　作中にはいってゆく

大い君を喪う直後の記事に、悲嘆する薫が涙に濡れる衣のさまを、「……ながめ給ふさま、いとなまめかしく、きよげなり」（「総角」巻、四—四六一、七—五八八）、なまめいてなかなかよろしげだ、と語り手が述べたり、あるいは、「心ぎたなき聖心《ひじりごころ》なりける」（同、四—四六二、七—五九〇）と、批判的に述べたりするところなどは、読者のなかにあるいは反発をおぼえるひとがいるかもしれない。しかし厳密に、語り手の批評というべきだろうか。読者の思いを代弁していると見れば、そういう、聞き手を参加させるような表現であり、こういうところには、隠れた第二人称存在を見いだせるかもしれない。

前節に見た、「総角」巻の、大い君に薫が迫るというところ、髪をかきやりかきやりしながら、大い君の顔を覗きこむ（四—三九一、七—四一四）。「人の御けはひ、思ふやうにかをりをかしげなり」（同）とあるのは、薫の思いに即した描写で、もう二人は密着状態で、全集本などは《情交の一歩手前だ》と書く。顔を見るという、決定的な段階に至った、ここにおいて大い君はどうしたかというと、「言ふかひなくうし」（同）と思って泣く、性的興奮をおぼえるわけでない。こういうところをどう受けとればよいのか、聴き手あるいは読者の判断に任されているというほかはない。女性愛という説明を持つことのなかったかもしれない古代にあって、なかなか理解できなかったかもしれない大い君であるけれども、そうとは説明しないで物語のなかで、男を受け入れない存在として語るというのが語り手の役目だ。あとは聞き手または読者という、二人称存在が引き受けて、彼女自身の説明しえないセクシュアリテイを、彼女とともに生きるということだろう。読むとは第二人称を引き受けるということではないか。

一人称複数に排除的と包括的とがあるという世界の諸言語はいろいろあって、アイヌ語はその一つである。日本語にもその区別があるように思える。「私ども」というのは排除的ではないか。単数の「身ども」も、もとは排除的一人称複数だったろう。現代語に「私たち」という、なかなか馴染めない言い方があって、でも定着していったのは、包括的一人称複数の必要からだろう。包括的一人称複数は、われわれという、「われ」の複数で、厳密に言うと、そのなかに第二人称を含む、というように理解できる。ということは、厳密に見ると、包括的一人称複数は、一人称と二人称との合計ということであって、「包括的」という曖昧さ、ゆるやかさが、アイヌ語では四人称にまとめられるような何物かとしてある、ということになろう。

第二人称とは何か。発話という談話の場所で、発言が第一人称存在の「私」だとすると、その発言で「きみ、あなた」は第二人称であり、当事者のあいて、目の前の聞き手が第二人称存在ということになる。

第三人称は話題、場面、第三者など。

語り物では文字通り、語りをする場所があり、演唱者がいて、聴き手が聴く。昔話もまた、図式的に言ってよければ、囲炉裏ばたにあって、熱心に耳を傾けるこどもたちがいる。語り物にも、昔話にも、主人公たちがいて、語りのなかにかれらのすがたをあらわす。語り物の場合は、ストーリー内部の環境が第三人称世界としてあって、演唱者はそこから原則として、外側に立つ。またはアイヌ語の語りのように、自叙によって四人称的に語り進められる。昔話の場合は、カムイユカラもそうらしいが、語り手はときに語りのなかへはいってしまったり、はいったかと思うと出てきたりして、囲炉裏ばたの聴き手たちに教訓を垂れることもある。語り物にしても、主人公に同情して、主人公が泣くときに演唱者が同時にきらりと涙をうかべ、泣きながら語るときがあるのは、作中世界を出入りできる、まるで自身がシャーマンであるかのように振る舞う。それは聴き手にとってもそうだろう。自由に、聴きつけながら、作中世界へどんどんはいってゆけるから、たのしい。

附、人称一覧

人称一覧表を提示しよう。表中の数字が累進してゆく人称の数を示し、無は無人称をあらわす。

物語文学	物語歌	作歌
	（歌合・屏風歌などを含む）	（純粋な抒情歌を想定する）
物語作者	物語作者（和歌作者）	和歌作者
無人称	無	無
語り手（草子地）	詠み手の「われ」	詠み手
1人称	1	1
聴き手・読者	物語内での受け手	受け手
2人称	2	2
作中世界		
・主人公たち	主人公たち	詠み手
3人称	3	0
・会話文・心内の「われ」	作中の「われ」	
4人称	4（注5）	―
・同、「きみ」	作中の「きみ」	
5人称	5	―

物語の人称に談話の人称を併記すると、

	物語の人称	談話の人称
物語人称	四人称	—
第三人称	三人称	三人称
第二人称	二人称	二人称
第一人称	一人称	一人称
語り手人称	ゼロ人称	ゼロ人称
作者人称	無《虚》人称	—

というのが、一応の整理となろう。

---

(1) 亀井、『感性の変革』講談社、一九八三。

(2) 『源氏物語』以前の物語には「語り伝える古御達、筆記・編集者、読み聞かせる女房」という「三人の作者」がいたという説。「『源氏物語』の読者——物語音読論」(『女子大文学』7、一九五五・三)、『源氏物語音読論』岩波現代文庫、所収。

二十四章　自然称と和歌表現

1　自然称、鳥虫称、擬人称

人称のほかに、自然称（鳥虫称、植物称……）がさまざまのものをかぞえる、という提案をしておこう。

欧米的文法学説の人間主義が、人称を前提として、自然や生物、無生物を〈非人称〉とし、It rains. というような構文にゆだねるのは、きっと本末転倒だから、人称でない場合をここでは自然称としてみる。

雨が降る。風が吹く。鳥が鳴く。花が咲く。山が笑う。海が呼ぶ。……

まさに日本語としてこれらの言い回しが自然だろう。自然称は多くの支持を得られたようである。これあって日本語の自然描写が的確になるばかりでなく、詩歌のこまやかな成り立ちを縦横に表現する。

雨は冷やかにうちそゝきて、秋果つるけしきのすごきに、うちしめり濡れ給へるにほひどもは、世のものに似ず艶にて、……　「総角」巻、四―四二九、七―五〇八

雨はつめたく降りそそいで、秋の果てる風景が寒々とするうえに、すこししめり（時雨に）濡

れておられる（匂宮、薫お二人の）芳香は、この世のものならず優雅で、……

自然があってそのなかを人物がたどりすすんでゆくという関係を、自然称と人称とのかかわりで捉えてみることができる。人間的自然というのか、語り手がそうし向けている。雨、秋の風景、芳香などの称を自然のうちに位置づけておきたい。

あかつきの霜うちはらひ、鳴く千鳥、もの思ふ人の心をや　知る
「総角」巻、四―四五四、七―五七二

あかつきの、羽に置く霜をうちはらいながら、鳴く千鳥は、
物を思う私の心を知って鳴くのでは

羽の霜をうちはらい鳴く千鳥（鳥称）は、もの思う中の君（人称）の心を知るかのようだ（擬人称）。

中間的な擬人称というのもあってよい。関を春が越えるという、

逢坂の関をや　春も　越えつらむ。音羽の山の今日は　かすめる
『後拾遺和歌集』巻一、春上、橘俊綱朝臣、四歌

逢坂の関をいましがた春がまあ越えたところなのでは？
音羽の山が今日は霞みにけぶっています

前半が擬人称で、下句の「山の今日は　かすめる」という自然称表現と向き合う。
懸け詞のあるうたに至っては、どうしよう。

あな恋し。はつかに人を、みづの泡の、消え返るとも　知らせてし哉

『拾遺和歌集』一一、小野宮太政大臣、六三六歌

あああ恋しい。ちらっとあの人を「見つ」と言いたい。「見つ」ならぬ、水の泡なら消えるのもよし。わたしも消えいらんばかり「恋してる」と、知らせたいよなあぁ

人称、自然称をどう分けたらよいのか。「人を見つ」〈そのひとを見かけた〉の人称、「水の泡が消える」という自然称、「消え返らんばかりに煩悶する」人称と、懸け詞は「称」から「称」へ渡り歩いて、一首のうたに橋を架ける。そういう技巧の世界がうただということをこれは教えてくれる。

2　詠み手の「思い」

よいうただと、どうしても感じられる。どうして、このうたが印象深く読者に受けとられるのだろうか。一読して、調べがすなおで、厳寒のなかを訪ねてゆく、たまらない恋しさと、その調べとがうまくバランスを保っている。

題知らず
思ひかね、妹がり行けば、冬の夜の、河風寒み、千鳥鳴くなり
『拾遺和歌集』四、冬、貫之、二二四歌
〈恋しい〉思いに（わたしは）我慢できず、愛するあなたのもとへ、
出てゆくと、冬の夜の、河風が寒いので、千鳥の鳴くのが聞こえる

意味をたどると、いま書いたように、寒さのなかを「わたし」が外出する理由は「思ひかね」る〈我慢できない〉からであり、どこへ行くかというと、「妹がり行けば」〈愛するひとのもとへ行く〉とあるように、はっきりあらわされており、要するに「うた」の表面の意味は、あられもない〝説明〟である。

道中、寒さに耐えつつ急ぐ「わたし」の耳に、千鳥の鳴くのが聞こえる、というのも、文字通り受け取れる。「ああ恋しい」とも、「千鳥よ、おまえは鳴くのか」という感懐も漏らさずに、説明に徹した観がある。うたとは（現代短歌でもそうだと思うが）、概して短い57577に、自分が何をして、今日はこういう日で、だからこのように感じるという場合をも含めて、描写ならびに思いを述べて終わる。

隠れた主語（と言っていけなければ「主体」）を探しあてよう。けっして新奇なもの言いではないつもりだが、その「恋しさ」の思いが主体としてある。だからといって、これが象徴詩かというと、それもちょっとちがうだろう。「恋しさ」を千鳥が鳴いて「表現する」という程度ならば、象徴詩の一つということになるかもしれない。ここはそうでなく、かなり（ものすごく）変な言い方をす

ると、〈「恋しさ」が千鳥を鳴いている〉とでもいうべき文法ではないか。

「千鳥鳴くなり」の「なり」は、恋しさが鳴かれて声を響かす。「な（＝音）あり」na-ar-i からきた助動辞（＞na（-a）r-i）だろう。一編のうたを締め括る「なり」の効果を、名歌であることのここでの条件として見のがすべきでない。寒さは詠み手と千鳥とを一元化する（『拾遺和歌集』では冬の部にあることを想起する）。

この「思い」がゼロ人称ではないか。詠み手を一人称と見るなら、それを支える主体の「思い」はゼロである。そのことは「なり」（「伝聞なり」である）のような語の人称 The person を何と判定したらよいかということでもある。ゼロは累進できなくて、いつまでも（擬似的かもしれないが）とどまる。


このうたの作者は貫之という宮廷詞人であり、したがって屏風歌などの趣向に沿う。事実、『貫之集』によれば、このうたは屏風歌である。承平六（西暦九三六）年の春、左衛門督殿（藤原実頼）の屏風の歌、というように貫之集にある（朝日古典全書『土佐日記』所収、三三九歌）(注1)。けっして、貫之そのひとが冬の寒さを冒して、女のもとへ出掛けるわけでない。そういう堪《たま》らない恋しさを一編のうたへ詠みあげる詠み手は、屏風のなかで「思い」を持つ物語的主人公であって、したがって、これはその状況下での物語歌ということになる。うたの作者と詠み手とを峻別したほうがよい、ということだろう。むろん、そう詠ませる技巧的作者がいる。作者という、かれまたは彼女を持ち出すことは、昨今、勇気が要る。でも、私は作者を顧慮して倦まない。

このうたにかいま見られる、意味の世界（表情というか）は、詠み手の「思い」が裏面にもう一つの「意味」を構成して（裏情というか）、はじめて叙述となる。「わたし」あるいは「自分」が、どこかに確乎としているにもかかわらず、それは貫之そのひとでない以上、物語の主人公であって、そういう作歌の担い手ないし物語内の詠み手が思いを抱いて作品の裏面で嘆息する。

詠み手そのひとの人称は、古典詩歌のこのような詠み手を物語世界から抜け出てきたように扱えば、主人公が自分を一人称的に表現したことになるし、物語世界に置いてみるならば、そのような場合の人称は四人称ということになろう。

人称の累進を単純に認めて、と言っても日本語はとりたてて四人称を現象しない言語であるから、あくまで物語という文学と見なしての、そのなかの作歌なら作歌の一人称（＝「われ」）となるところを、物語歌だから四人称だと認定してかまわない。物語や物語的「うた」でのみ惹起する文法である。

3　うたの真の主体とは

時枝誠記が『文章研究序説』で、詩歌の絵画性および音楽性を論じるところから、哀傷歌（藤原俊成）を一首、参照しよう(注2)。

定家朝臣母、身まかりてのち、秋ごろ墓所ちかき堂にとまりて、詠み侍りける

まれに来る、夜半も　かなしき松風を、絶えずや　苔の下に聞くらむ

『新古今和歌集』八、七九六歌

まれまれ来る夜半（だけで）も、（わたしは）

悲しい、松風を（—なのに）、ひっきりなしに（あなたは、）

苔のしたで、聞いていようのでは……

〈わが悲しみは〉〈わが妻を思う心は〉などと、客体化したり対象化したりせずに、このうたの表現全体が文面にあらわれない亡妻へ向く、と時枝は言う。このうたの真の主体は詠み手の感情そのものだ、となるほど受け取れる。詠み手と言うのは57577内へ化転させられた「わたし」である。こういうのを物語的主人公のうたとは、読者のきもちとして（あるいは作者そのひととしても）、なかなか認定しがたいと思う。だから、「われ」という一人称の文学であることを、詩歌の本性として、むきになり否定する必要はなかろう。

うたを締め括る部位にある「らむ」は、どういう語であろうか。あるいは、語であるにちがいないにしても、それじたいとしては生きられない、いわゆる自立語のあとに随いてのみ生きられる〝辞〟を、どうしてこのうたは必要としたのだろうか。「らむ」は、詠み手が亡妻を思いやる、その感情そのものの表現をなす。松風を聴くのは亡妻が、であるから、三人称か、とりようによっては二人称でもよいが、「らむ」は詠み手の感情（現在推量）をあらわすから（亡妻はいまごろ墓のしたで松風に耳をかたむけてあるのでは……という推測）、三人称でも一人称でもなくて、それ以外の人称である。

ここには、松風の音がする、という隠れた自然称も容易に見いだすことができる。むろん、自然称には、それの表現を支える、詠み手の主観がなければ、真に表現として自立することを許されない。「かなしき」松風（＝松風が「かなし」い、「松風」を「かなし」い）とは、主観がそう思わせるのであって、「かなし」いという表現の裏面に零記号が貼りついて、真の表現になるとは、いうまでもなく、時枝の国語学の教えるところとしてある。時枝はそれ以上を言わなかったが、われわれはかれの零記号を応用して、貼りつく主観の人称に、やはり零《ゼロ》という名（＝ゼロ人称）を与えたくなる。

従来ならば、詠み手の一人称という認定でこれを済ましたかもしれない。一、二、三人称だけしかないとすると、作者は一人称、詠み手は一人称、作中のわれも一人称であることになる。しかし、日本語では、人称代名詞ならびに、敬語が人称表示となるほかには、人称的な明示がないのだから、逆に言うなら、一、二、三人称にあまり堅苦しくとじこもる必要もなかろう。欧米的な、M・バフチンのポリフォニー理論をも含める、ナラトロジーが、作者、語り手、作中のわれを、すべて、一人称におしこめてしまってあるのは、何だか痛ましくすらある（注3）。語り手の「一人称」と作中のわれの「一人称」とがかさなる、と論じるポリフォニー理論は、日本語のナレーションに応用されがちであるものの、本末転倒だろう。

（1）ちなみにこの「うた」について、『和歌体十種』（壬生忠岑）には「余情体」とあり、『定家十種』に「麗様」として見える。
（2）時枝『文章研究序説』山田書院、一九六〇。
（3）ナラトロジーという語の最初は一九六九年に、ツヴェタン・トドロフであったという。日本社会では一九七〇年か七一年かに「物語学」と称されたのがそれに相当する。大きく影響を与えたM・バフチンのポリフォニー理論（『ドストエフスキー論』、冬樹社、一九六八）は、主人公の声と語り手の声とがかさなる、と論じる小説論であった。

二十五章　漢字かな交じり文

1　〝文法〟は意味世界から独立する

〈文法〉を定義しておこう。本章では〈意味から独立する〉とこれを位置づけることができる。意味はそこになく、機能語のみの作用する文法中枢（酒井二〇一九）(注1)が稼働して、意味語を生き生きと運転することをあいてとする。機能語は物語や和歌の持つ意味内容と無縁にある。意味語を支えるごとき、日本語で言うと、助動辞ならびに助辞という機能語の働きは純粋に脳内にのみ活動する。

krsm 立体と助辞／助動辞図とは、音韻上の面からも成り立つ〝構造〟であり、おそらく言語の遺伝子体というべきで、日本語ネイティヴの一人一人の脳内神経にそれらは成立している。意味語／機能語の対立は、日本語以外の諸言語にもそのまま応用されるはずだから、機能語が意味語から区別されるあり方として、これと同様の構造体が、人類に具有されていると考えられる。

N・チョムスキーを思い起こす理由は(注2)、時枝誠記にも〈普遍文法〉性があるということではなかろうか。意味語が機能語によって下支えされるさまに深層構造を透かしみたい。遺伝子体であるからには、言語を永続させる抑制システムもさらにどこかで作動しているように思える。

なぜ言語学の考察として発表することに私は消極的で、物語論系の研究会などでばかり発表を続けたかと言えば、物語や和歌のテクストの一つ一つにあたる作業が不可欠だからで、物語論ないし和歌のテクスト論として、発表を繰り返してきた。日本語の一大特徴である表記に、意味語／機能語の対立がそのまま映し出されているさまをこの章に見つめたい。

2　脳内の内部メモリー

テクスト（本文）を朗読する場合に、それらのなかの漢字は、〈かな〉と〈かな〉とのあいだに鏤められて、日本語の表記として読み上げられる。表記はどうでもよいことだと、こだわらない書き手たちがいてよいし、言語の本性は表記以前の音韻のうちにあるのだから、表記を無視する立場があってまっとうだと言うほかはない。テクストは本来、〈音声か、書くことか〉にかかわりなしに、文字以前から、または文字から独立して存在する。しかしながら、表記に意識が向きはじめると、どうにも朗読のそこここで引っかかりが生じてしまう（私だけだろうか）。

岩田誠に拠れば(注3)、約五万年まえ、第一の飛躍により、内部メモリーを拡張させ、話し言葉を獲得する。ついで、五千五百年まえ、第二の飛躍によって、文字の発明という、外部メモリーの利用を獲得すると、時間と空間との壁を飛び越え、歴史を持つこととなる、と。みぎの年数は岩田に拠る。

N・ゲシュウィントによれば、文字の視角記憶痕跡は後頭葉の視角領域Vに、語の聴覚記憶痕跡はウェルニッケ領域、あるいはその近傍Aに、書字動作の運動感覚記憶痕跡は頭頂葉の感覚領域Sに、それぞれ蓄えられていると考えられた。左脳の左角回は文字の視覚的記憶痕跡の座そのものでなく、異種感覚記憶痕跡間の連合を営む領域であるという。

一九七五年、山鳥重の研究で、左角回病変によって、かなで書かれた語の読みは侵されても、漢字で書かれた語の読みはよく保たれるということがあった。また、岩田の研究によって漢字の書字障害や漢字だけの失読も確認されることとなり、漢字とは何か、日本語の表記障害をゲシュウィントの仮説では説明できなくなる事態に至った。

外部メモリーの獲得の一つが文字の発明だとは、岩田の言う通りだとして、各種の民族語によって、時期がさまざまにあり、文字に拠らない場合もいろいろに考えられるのだから、修正を要するにしても、ある時期に「第二の飛躍」があったろうということは、ここで押さえておいてよいことがらにちがいない。

日本語ではわずかに一千数百年という流れであっても、文字による表記が日本語に急速に食い込んでくる理由は、輸入した表意文字（つまり漢字）が意味語（名詞、動詞、……）に大きくかかわり、もう一つ、成立した「かな」は絶対的に機能語（助動辞や助辞）を表記する場合に利用される、というところに如実にあらわれる。

脳内に、漢字なら漢字の蓄積される入り方や場所と、かなの蓄積される入り方や場所とは、別々であると言われる。意味語と機能語との差異が脳内で取り扱う場所を異にするということではないか。岩田論著はまことに衝撃的だった。おなじ左脳の、漢字はどこ、かなはどこというように、ちがう箇所から出てくる。連合主義によって言語の文法的統合が行われるとすると、どちらかの損傷によって、漢字の失語症か、かなの失語症が生じる。

漢字（表語／表意文字）とは何か、かな（表音文字）とは何かという、疑問点に踏みこんでゆくことになる。それとともに、日本語の表記という漢字かな交じり文だからわかりやすかったにしろ、言語という点で変わりないはずの、たとえば欧米語のアルファベットでの読み書きだとどうなのか、神経心理学でも未解決の課題が横たわると思う。日本語からは大きなヒントであり続けても、人類史上の音声言語から表記言語へという流れのなかに位置づけられるのでなければ、依然として日本語特殊説（比類ない言語だとか、よい加減な言語だとか言われる毀誉褒貶）に終わることになりかねない。

3　意味語／機能語と書くこととの対応

意味語、機能語は書くことと、どう対応するのだろうか。書く場合には、漢字という表意文字を駆使することができるほかに、ひらがな、カタカナは普通にありうるという、自由や選択がある。

意味語　――漢字・ひらがな・カタカナ

表情豊かな表現や語彙に委ねて、概念に沿って話したり書いたりする。論文の作成にしても、物語や和歌の研究にしても、国語教育にしても、多くは意味語をめぐって行われるのが優勢で、辞例や辞書、コーパスとの格闘にしろ、意味論的ベースがそこにある。

物語の人物たちの動向に一喜一憂し、多くの和歌が自然と思い浮かばれ、日ごろの語用論的な取り組みに汲々とし、日本語の情緒性にうっとりするなど、意味の深みは無限に近く脳内を彩る。対象としてひろがる意味の探求は、創作や詠進や読解を始めとして、物語作家や詩歌に携わる人々や、研究者や、教室の諸君の机上に委ねられる。

〈意味〉は生物体としての個体の脳のはたらきとして、歴史的、社会的に、〈知識の蓄積、語用の規範、術語、辞書〉など、外部と連絡を取り続けつつ、内部に取り入れて、われわれのものとする。

言語学は一種の生物学かもしれない。
それらに対して、機能語は〈機能〉を特化する。書かれる場合には、という前提で、絶対多数のそれらが「かな」という表音文字に拠る。

機能語　――ひらがな・カタカナ

脳の損傷がどの部位であるかによって、漢字だけ、あるいは「かな」だけという、日本語特有の失読症を起こすと言われる。たまたま日本語だからそうなるので、意味語と機能語とが脳内の別々の場所にしまわれるということは、世界のどの言語でもそうだと気づくとき、言語学への日本語の貢献度は相対的に高くなる。

漢字は、右、左、雨、風など、名詞類や、学ぶ、見る、青い、赤いなど、動詞や形容詞類その他、それらは意味語と呼ばれる。無数の〈意味〉に分岐して、われわれの言語生活である、作文から読解までをゆたかに彩る。

漢字を知らない場合に「かな」で書くことができるうえに、面倒だとやはり「かな」を愛用してかまわない。しかし、そのいっぽうで、〈～が、～は、～られない、～たい〉など、絶対的に「かな」で書く語があることを知っている。

助辞や助動辞が機能語をなす。活用語尾（送りがな）なども機能性のみからなり、機能辞などと言えるかもしれない。それらは書く場合に絶対的に「かな」で書かれる。一機能に一機能語というのが原則で、代替不能というほかない。「かな」はほかに感動詞（はい、いいえ……）のような意味語と、接辞（～さん、お～）などに絶対的に利用される。

4　表意文字と表音文字

山口佳紀に拠れば、説話文献の表記様式は四種からなる（注4）。

1　漢文・変体漢文（日本霊異記、日本感霊録ほか）
2　漢字片カナ交じり文（観智院本『三宝絵』、今昔物語集ほか）
3　変体漢文を主とする漢字片カナ交じり文または漢字ひらかな交じり文（江談抄、古事談ほか）
4　ひらがな文または漢字ひらがな交じり文（古本説話集、宇治拾遺物語ほか）

『万葉集』以来、日本語の表記は一千三百年、漢字かな交じり文であり続ける。

妹之家毛　継而見麻思乎　山跡有　大嶋嶺尓　家母有猿尾　　巻二、九一歌
妹《いも》之《が》家モ　継ぎ而《て》見ましを、山《やま》跡《ト》有《な》る、大嶋〔ノ〕嶺《ね》に、家モ　有らましを

「妹、家、山跡、大嶋、嶺」が名詞で漢字。「之」は漢文の助字で日本語の格助辞「が」に相当する。「毛」はあとの「母」とともに「も」（係助辞）の万葉がなで、上代かな遣いの「も」（甲類）か「モ」（乙類）か、区別が万葉では見られないので、ひらがなにしておく（乙類ならばカタカナで書きたい）。「継」は動詞で漢字。現代では「継ぎ」と書いて、語幹が漢字、活用語尾はかなになる。「而」は漢文の助字で、日本語の「て」に相当する。「見」は動詞で漢字、「まし」（助動辞）が万葉

がな。「を」の原字「乎」は推古層から見える古い万葉がな。「有」は助辞の「に」がはいりこんだ動詞「なる」で、「る」を現代ふうに書き添えておいた。〈ノ〉は読み添え、「に」が「も」とともに万葉がな。「有」は動詞。「ましを」〈原文「猿尾」〉は戯訓というか、万葉がなの一種をなす。

漢字、かな、漢字、かな……と、交互に場所を棲みわけて〈漢文の助字をかなに含める〉、みごとに漢字かな交じり文である。朝鮮半島の新羅郷歌《しらぎひゃんが》での創始らしく、中国古代の漢字文化を東アジアの諸国〈日本、韓国……〉が苦心して咀嚼した成果としてある。

万葉がなは確実なところ、九世紀にはいり、ひらがな、そしてカタカナへと移行する。けっしてまちがってほしくないこととして、「崩れた」のでなく、新たに誕生したひらがな、カタカナとしてある。「くずし字」などと言って、もとの漢字を探り当てる教育は、習字などでの漢字を学ぶ一環でしかない。もとの漢字を忘れ去って新しい表音文字が誕生したので、そのこと以外にかなの成立に関して言うべきことは特にない。

ローマ字表記と別に、表音文字を成立させた日本語の知恵を誇ってよいだろう。『万葉集』が決めてきた漢字かな交じり文のなかの、かな部分をひらがなおよびカタカナにすることによって、真の漢字かな交じり文がやってきた。以来、一千二百年を使用し続けてこんにちに至る。

何をいまさら言うことか、日本語ネイティヴ〈生得の使用者〉において、普通に起きる言語現象であり、意識下にある。「あたりまえ」に過ぎて、専門家などからスルーされそうな話題に相違ない。『万葉集』以来、一千三百年にわたり、一貫して日本語の表記は絶対多数が漢字かな交じり文からなり、いまに至る。

表意文字という語について、一言しなければならない。言語学の教科書をひらくと、〈日本語の〉

漢字について、表語文字 logogram だと評価する記述を見かける。しかし、一例として「生」字を取りあげてみよう。〈せい、しょう、き、なま、いきる、うむ、はえる、おう〉というように、日本語ネイティヴならば、平均して八種類の音読——訓読——を脳内に浮かべることができ、さらには数十通りの読みがあると言われ、読み方を知らない、あるいは読み方のない「生」字すら（地名その他に）あって、脳内に組み込まれているのは、〈表意文字〉と言うならば納得できる。「表語文字」という言い方は私にとり、わかりにくいので、表意文字でよいのではなかろうか。ついでに、日本語の縦書き表記も脳内に獲得されていよう。

書く場合に、意味語と機能語とを組み合わせて文や文章を構成する。脳内が言語能力を獲得するとは、

表意文字—表音文字—表意文字—表音文字—表意文字—表音文字……

と交互に表記するところにある。

5　ひらがなの成立

万葉がな、ならびにひらがな（カタカナ）はだれが発明したのだろうか。これについてははっきり言える。日本語の音韻に清音と濁音とがあり、上代音にこまやかな差異があることを、一つ一つ独立した音として受け取ったのは、中国や朝鮮半島からやってきた人々だった。だから万葉がなは清音と濁音とを書き分け、上代かな遣いをきちんと記しわけて提供されている。

古来の日本語ネイティヴ（生得の使用者）もむろん、日本語の音韻に清音と濁音とがあることを知っている。「知っている」どころか、それが日常の言語生活なのだから普通に聞き分けるのであ

る。ただし、〈連濁〉という現象をかれらは親しいものとしていたろう。単語なら単語の、第一音は清音にきまっていた。もし第一音が濁音ならば、それは役立たずの、または汚い意味をなすというように、第一音の清濁が日本語の美醜にかかわる。

第二音はそれと反対に、単語ごとに決まるものの、概して濁音になる場合に、柔らかくなめらかになって、好まれる傾向にあった。連濁により、清音と濁音とをペアで受け取るのが日本語ネイティヴだった。

万葉がなで言うと、渡来系の言語生活者は、日本語を知って表記するに際し、耳で聴いた通りに「加、迦、可……」（か）と「何、賀、蛾……」（が）とを書き分ける。「古、姑、高……」（甲類こ）、「己、巨、許……」（乙類コ）、「呉、胡……」（甲類ご）、「其、期……」（乙類ゴ）を万葉がなで表記しわけて紛れない。

ついで、『万葉集』の表記に日本語ネイティヴがどんどん参与するのだろう、「気」（乙類ケ）を乙類ゲにも通用させるような融通さが見られるようになる。清音と濁音とをうるさく書き分けることも減ってくる、つまり、ひらがな（カタカナ）が生まれる前夜的状況になる。

「か」と書くとき（あるいは「カ」と書いたとき）、それは清濁どちらでもあるという表記として、ひらがな（カタカナ）が生まれた。「か、カ」と書いて、ka と訓むか ga と訓むかは読み手に委ねられる。これはありがたいことだった。もし清濁をひらがな（カタカナ）が書き分けていたとしたら、われわれは現行よりも二十個も多くかなをおぼえねばならなかったのだから。

このことは懸け詞が清濁にわたって出現する課題とまったく関係がないと思われる。「流れ」と「泣かれ」、「嵐」と「あらじ」とは純粋に音韻上の興味であって、表記からから切りはなされる。

6　漢字かな交じり文と近代詩

中世には和漢混淆文などとも言われ、近世でも草子類の多くや、読本、地方《じかた》文書、書簡類など、漢字かな交じり文で書かれる。近、現代では物語文学（たとえば『源氏物語』）が、教科書を始めとして漢字かな交じり文として書き直されるようになっており、そのことをだれも疑わず、ほぼ困りもしない。そして、新聞、雑誌、小説、詩と、絶対多数は漢字かな交じり文を駆使して書く。

寺子屋など教育機関の発達は、漢文素読のためでなければ読み書きのためで、こんにちになお続くと称してあやまりない。表意文字（漢字）と表音文字（かな）との組み合わせは、かながほとんどだったり、漢文ふうに書くということも、日本語では自由だったいっぽうで、漢字かな交じり文という表記が一般で、子供たちに練習させて、だれもが漢字かな交じり文を書くようになる。脳内の言語能力の部分が日本語ネイティヴでは、漢字かな交じり文を書くことによって形成される。時間をかけた教育によって、頭脳が言語能力としてそうできあがってしまえば、日本語そのものがそのような表記ぬきでは考えられない。日本語ネイティヴの子供たちは教育期間を通して漢字かな交じり文を言語体験とする練習をかさね、脳内にしっかりと日本語の基幹が形成される。読む場合も同断である。

文学でありつつ〝美〟を要する詩にあっては、漢字とかなとの配置の美しさが求められよう。

地上（萩原朔太郎「愛憐詩篇」より）

地上にありて

愛するものの伸長する日なり。
かの深空にあるも
しづかに解けてなごみ
燐光は樹上にかすかなり。
いま遥かなる傾斜にもたれ
愛物どもの上にしも
わが輝やく手を伸べなんとす
うち見れば低き地上につらなり
はてしなく耕地ぞひるがへる。
そこはかと愛するものは伸長し
ばんぶつは一所《いつしよ》にあつまりて
わが指さすところを凝視せり。
あはれかかる日のありさまをも
太陽は高き真空にありておだやかに観望す。

日本語ネイティヴにとって、何一つ疑問のないこととして、一行め「地上」(漢字)と書き出すと、ついで、かなの「に」(助辞)がやってくる。「ありて」は万葉びとならば「有而」「在弖」などと書くかもしれない。「あり」は書こうと思えば漢字で書き、「て」はかならず、かなで書く(「而」は漢文の助字で「かな」に相当し、「弖」は万葉がな)。漢字、かなが交互に出てくる。

二行めの「愛する」は漢字プラスかなの動詞で、「愛す」「愛し」「愛せよ」となるように、かな部分は活用語尾とわかる。「もの」は無理に漢字に宛ててもよいが、現代にほぼ、かなとする。「の」は格助辞。「伸長する」は漢字プラスかなを組み合わせた動詞。名詞、助動辞からなる「日なり」は名詞が漢字に馴染み、助動辞は一般にかな表記とする。

漢字とかなとをどう配置するかは詩人の絶対的な領界であり、だれも介入することができない。しかも、漢字かな交じり文として、多くの詩人が日本語ネイティヴのおおよその感触に従う。行分け詩の行頭に注意する読者もいて、「地、愛、か、し、燐、い……」と、漢字が二字ほど続くと次にかながくる、といった配慮をここに読み込むこともする。「しづかに、かすかなり、ひるがへる」などをかなにするさまは現代詩人に共感するひとが多いだろう。かと思えば、「ばんぶつは一所《いつしよ》にあつまりて」を、「万物」と書くのでなく「ばんぶつ」と書くところに詩人のつよい思い入れがあり、「一所《いつしよ》」も必要なルビとしてある。ここいらも現代での共感を得やすいのではないか。朔太郎の感性は後代を先取りしているのか、後代が朔太郎以後、停滞したままということか。

漢字かな交じり文が日本語表記の条件であるとは、世界の諸言語にとって希有であるとともに、どのようにそれらを書くか、書き手の自由に委ねられるということもまた大きな特徴のはずで、漢字をまだあまりよく書けない幼少時にはかなを多用して書くし、漢字で書くことが面倒な場合に、かなで書いて平気ではないか。

（1）酒井邦嘉『言語の脳科学――脳はどのようにことばを生みだすか』中公新書、二〇〇二。

（2）ノウム・チョムスキー「言語理論の現在の問題点」、橋本萬太郎ほか訳『現代言語学の基礎』大修館書店（一九七二）ほか、時枝との比較研究はこれからだろう。
（3）岩田、『脳とことば——言語の神経機構』（共立出版、一九九六）、同『上手な脳の使いかた』（岩波ジュニア新書、二〇一六）。
（4）山口、「国語史から見た説話文献」『説話とは何か』説話の講座・一、一九九一。

終章　言語は復活するか——言語社会に向き合う

1　投げかけることばでなければ

一人の人間のなかに、〝言語学者〟と〝詩人〟とが棲んでいるのかもしれない。言語からひょいと身をかわし、距離を置いてそれを反省する人と、言語の〝意味〟を活きて、そのなかに踢蹐する人とが、たった一つのからだを、だれも共有しているのではなかろうか。

しかし、皮肉なことに、現象ということの本性は、一般に、古来、現代に至るまで、逆転して〝現象する〟ということだろう。

詩誌の仲間、最大の先達だった一詩人、清水昶《しみずあきら》が、生涯、現代詩を書き続けて、晩年には何万句という俳句に明け暮れた。

遠雷の轟く沖に貨物船　（11・5・29）

お酒にも明け暮れるという典型的な詩人であり、日本社会を崩壊させる大震災を見届けて亡くなった（二〇一一年五月）。その清水昶が、『石原吉郎』『荒野の詩人たち』『詩の根拠』……と、詩論を書き続けた。なぜ、そして何をかれは訴え続けたのだろうか。何のために、言語学者ならするのが当然かもしれないにしても、骨の折れる作業を一詩人が引き受けなければならないのか。

詩人は万人のために、万人よりほんのちょっぴりだけ表現の才能にめぐまれているのか、あるいは閑暇があるからか、理由はともあれ、詩を〝うたい〟続ければよかったのに、実際には詩論を片手に、この時代と社会とに向かって発言することをやめず、われわれの病める言語社会を告発するという、つまり言語と社会との探求者としての二層に明け暮れた。

〝意味〟からずりおちて、音素や、無意味な音韻をも直視しながら書き進む、ということが、必要な限りで、詩人たちにはあるかもしれない。重苦しい後味をのこして逝った、菅谷規矩雄のリズム論から聴こえる悲鳴を、現代はついにどうすることもできなくていまに至る(注1)。詩誌『uoza』に「ウタの語源」論を推し進めた渡辺元彦(注2)は、〝意味〟を持たない音韻の作品を書いて亡くなった山本陽子を、その論の中心に据えている。菅谷、そして山本を、詩人の極北にならどうしても据えておきたいように私にも心がはやる。しかし、菅谷、そして山本の詩語がついに成功するか、その孤立には暖かく批判のまなざしを与えねばならない、つまり言語は社会化されなければならないという批判を続けるしかないのだ(注3)。

言語学のもとに、詩学のすべての分野が統率されるのならともかくも、そうでないならば〝意味〟(以下、〝意味〟のギュメをはずそう)を手放してはならないのだという、遅れる菅谷批判をここに言うしかない。一般に詩学という講義が、意味と別に音韻を立てても可能であり、そういう側面をもって行われてきたことを承認しながらも、それらに対し、意味を音韻から分離させないという提案であり、その点でならば、言語学が意味から分けへだてて音韻を、さらには音声をも視野に入れることをしてきたのに対し、意味詩学を言語学の傍らに積極的に置くということの認定でもある。

意味語と、意味を下支えする機能語とから成る日本語を、世界の詩学の一端に据えてみよう、それで何ほどのことが言えるか、という工房としてある。

2　詩は粒子かもしれない

詩語とは何だろうか。ごくちいさな粒子 particle、素粒子の集まりだろうか。言語は微粒子から成るという、ナンセンスかもしれない問いである。原子物理学者、湯川秀樹の用語に「極微《きょくび》」がある(『極微の世界』、一九四二)(注4)。極微の世界には電子 electron もあれば、さらに光(光子 photon)もある。詩もまた素粒子のごとく、極微の何ものかとして、人の頭脳なら頭脳に宿ってゆかないかどうか。頭中に誕生して、粒子の流れになって、場から場へもの凄いスピードで移動し、空気層を越えて、人から人へ、何かを訴えようとする。他人の頭脳に宿ると、活発に振動して、その人のハートを大きく揺らす、と。

私はもちろん、そのような神秘的な考え方に与《くみ》してよいか、保留する。みぎのように考えることには、いろいろな困難が附きまとう。だから類推的にのみ、詩は粒子かもしれないと思う。たしかに、人体の動きも、動植物も、驚異的な自然現象も、宇宙のいろいろな不思議も、原子や分子、光、とりわけ電子の活発な運動が、そのなかに籠ったり流れ出したりして、起きる。しかしながら、もしも、詩が人から人へと伝わるとして、それは電子の流れのようだとすると、生物体も自然界も宇宙もすべて、電子の巨大な渦からできているのだから、詩はそこにまぎれいり、他との区別などできなくなるはずで、詩という粒子だけを取り出すことなどできるわけがない。

すべての生物体が電子の動きに拠っている以上、詩が粒子の流れだとすると、人間と動植物とのあいだにも、詩を分かち合うことができるようになる。たしかに、人は動物たちと悲しみを、植物たちと愛を、分かちあえるのかもしれないが、非常に限られた一部の人種（詩人に限らない）にありえても、一般にだれにも可能な交流だとは、なかなか思えない。

詩という粒子は電子と別にあって、人間界を浮遊しているのだろうか。もし、そうだとすると、多量にそのような粒子がわれわれの身近になくてはならないはずだが、残念ながら、そのような素粒子は、宇宙にも、この地球にも（宇宙と地球とは同じ水準にあるはずだが）、まだ見つかっていない。だれも探し当てていないにすぎない。

けれども、詩に限らないのである。人体なら人体について言うと、原子や分子、電子の流れを始めとする、素粒子から成り立っていて、それ以外の要素element（元素でもある）は考えられないにもかかわらず、われわれのすべてが感情を持ち、意志に従い（意識と言おう）、芸術を産み、科学を構想する。芸術に詩を入れるかどうか、それらの感情や意志や芸術や科学は、構成する原子や分子のたぐい、電子の流れに支配されているのではないかと、思ってはいけないのだろうか……

3　原子的な単位――ソシュール

辞（主体的表現、助動辞／助辞、非自立語、機能語）が詞（客体的表現、自立語、概念語）を包むとは、日本語古来の考え方だったとして、鈴木朖《すずきあきら》の考察や、時枝が再発見し、構築する〈伝統文法〉で、松下大三郎、三矢重松、橋本進吉ほか多くが、時枝以前にこの考え方や術語に拠っている。

欧米語は言語学の発祥地であっても、時間の考え方や、超越者と人間との関係などが言語に反映するしかたは、「アジアその他の諸言語とずいぶんちがうようだ」と、哲学や文学を紐解きながら、だれもが感じる。とともに、人類としての深い共感を呼び起こす、言語の世界的な共通性、普遍性ということにも、つねに思いをかきたてられる。

十六〜十七世紀には、数十万人のキリスト教改宗ということもあり、日本に欧米語的な〝近代〟が植え付けられたという面を否めない。十八〜十九世紀の西欧哲学や文法学説が明治以後の日本社会におしよせ、大槻文彦、山田孝雄らをあおり立てるさまは、最近の斉木美知世・鷲尾龍一『日本文法の系譜学』(開拓社、二〇一二)(注5)が調べている。山田はそれらを伝統的な日本語観に協調させて、近代主義的な文法学を構成する。助動辞は動詞の接尾語とみなす一方で、「てにをは」を品詞として独立させるというような、ハイブリッドないし二元論を始めとして、それらは野放図にふくれあがる。

時枝は橋本に沿って出発するものの、一九三〇年代という時代的雰囲気のなかで、デュルケーム、ソシュール、バイイと言った、二十世紀社会学、言語学を、同僚の小林英夫から教えられつつ、また心理学から学ぶ。言語の本質を個人の心的過程に求めて言語社会学を〝批判〟していった。その批判先には原子的な単位を言語に求める(と時枝が理解する)ソシュールがいた。

ソシュールは(注6)、言語が二面性(個人的と社会的、共時と通時、など)を有しているために、とらえがたいとし、よって、言語活動 langage、言語 langue、言 parole のうち、言語 langue に言語学の対象を定める。言語 langue はたしかに原子的な単位に相当する。時代は、アヴォガドロ、アルベルト・アインシュタインと、分子説から量子論的な世界へ展開し、単位的世界が確実視されるなかで、言語 langue もまた「実証」されてゆく観が如実にあったのではないか。

原子 atom(原子核+電子)が集まり(化学結合して)分子 molecule を構成する。アヴォガドロの法則によれば、分子なるものが存在し、同一条件のすべての種類の気体におなじ数の分子が含まれる。十九世紀後半になり、分子説が進展し、アインシュタインによって実験的にその実在性が確実となったのは二十世紀初頭に属する（ブラウン運動の研究）。アヴォガドロは元素 element、原子、分子の三つの概念を区別する。

atom（「それ以上は分割できない」の意）といわれる原子が、実際には多数の粒子的存在からなり、分裂（崩壊）あるいは融合して、多量のエネルギーを放出することは、今日、よく知られるところであるけれども、そうした理解がまだ初期段階にある、あるいは劇的に研究が進展しつつある二十世紀初頭において、ソシュールは言語的単位としての言語 langue を構想しようとしていた。

4　言語過程説の提唱に至る時枝

近代言語学は、それまでの比較的研究や歴史的研究を脱し、ソシュールによって、言語という事実そのものの研究へと移行する。時枝はこの東洋粟散国（である日本社会）にいて、世界から孤立しながら、筆を尽くして近代言語学のソシュール学説を批判していった。批判とは、時枝じしんの立ち上げる言語過程説が、ソシュールの大きな影響下に開始されることを如実に意味する。言語過程説の当否をここでは措いて、ソシュール批判じたいは、よくここまで思考の果てにたどり着いたと、賞賛してし尽くせないほど、西欧近代との果敢な格闘だった。

社会学では社会的事実がわれわれの思考や活動に優先するという、デュルケーム学説がやはり近代学としての成果を誇り、日本社会にのしかかる。デュルケームとソシュールとは、あるところまで非常によく類似する考え方を示している。ソシュールについて、時枝が批判する言い方を借りる

と、

　対象に対して自然科学的な原子的構成観を以て臨んでゐる

ということになる。これは時枝による誤解でもなければ、矮小化でもなくて、近代科学の十九世紀がのちの量子力学に発展する直前での、躍動しつつある科学的思考をベースに、言語学も、そして社会学もが、未来志向を約束されつつあるという、その時代の傾向をみごとに言い当てている。

　ソシュールは、言語活動 langage を、「多様で、混質的」であり、分類対象にならない、として研究対象から却ける。代わる、言語 langue なる存在を言語学の対象として立てる。そのような言語 langue が人々の脳中にあるという。デュルケームにとっては、社会に保存させられているところのものであり、近代科学の物質観が、社会学を、そして言語学を襲いつつある、まさにその現場にほかならなかった。デュルケームも、ソシュールも、古典力学の時代の人でありつつ、その革命的な過渡期に置かれている、一群の近代哲学の徒たちの随員だった。

　量子科学成立の直前ということは、そこに至る発見や仮説がつぎつぎに報告される雰囲気下に、未知の量子 quantum がいよいよ見えてくるという、熱い十九世紀後半から二十世紀初頭であったことを、ぜひ想像してみるとよい。原子モデルすら、いまだ知らない領域にある。アインシュタインが、プランクの量子化（物理量が整数倍になる）の概念を用いて、光量子仮説を発表するのは一九〇五年、量子力学の始まりだ。湯川秀樹の中間子理論の予言は一九三四年といわれる。時枝なら時枝が、湯川らにより刻々報告される原子モデルについて、興味津々、そこからいろいろなイメージをかき立てられていたろうとは、想像にかたくない。ソシュールの言語学がいかに古典力学の限界内で類推された産物であったか、もどかしく反論を試みたい時枝だったろう。

それからほぼ一世紀が経つ。時代を領導してよいはずだった原子物理学は、核分裂を、そして核融合を、仮説や実験どころか、現実に所有し、人類の歴史へ悪魔的に応用するまでに至る。広島、長崎、南太平洋核実験、列国の核実験競争、原発事故（チェルノブイリ、福島第一、……）。さらなる行方を見定められない現代にある。どこへ行こうとしているのだろうか。

言語活動や、

言 parole

をいまのわれわれが生きるということについて、だれも経験的には頷けるところだろう。ソシュールの「言語」は、言語活動や言とちがって、脳内に貯蔵された実在であるという。デュルケーム的に言えば、社会的ストックであり、個人に分有されている何ものかである。しかしながら、言語学が対象にする中心は言語能力や機構であって、あるいは言語能力や機構であるべきであり、歴史的所産としての言語や運用への関心は、ひたすら周辺的な事柄という程度ではないのか。

われわれは言語活動という総体のなかで、つねに言であるような行為を通してしか生きていない。言語学といえども、抽象的な「言語」を分析しているかのようなポーズは、ソシュールが流行らせたにしても、近代的な装いを脱いであからさまに観察するならば、具体的な言、あるいは生きる（performative な）テクストをあいてにしているのであり、言い替えれば、意味することの働きを考察することぬきに、今日の言語学があろうと思われない。

ソシュール以後を切り拓こうと、言語過程説の提唱に至る時枝（注7）を、量子論へ突入する時代での、鬼っ子か、滑稽な独り相撲か、いな、近代言語学批判としては通過しなければならない必要な関門だったと私は評価したい。その成果を一つ挙げるとすれば、言語 langue を〝否定〟したことにあろう。言語 langue を不要な考え方として言語学から廃棄しようとした努力は、まぎれもなく〈成果〉だろうと思われる。

言語はそもそも人類の思考の所産としてある。論理構造を構築しながら、それを支える表出する語り手の〈われ〉をも位置づけるという、両層を表現することに言語じたいの腐心があったと見たい。論理構造を文法体系の所産と見るのはよい。それを支える深層の文法、表出する主体のそれを、何度か引用させていただいた、小松光三から受け取るならば、「表現文法」と呼んでみようか、私の場合は表出文法と呼ぶことにしよう、というのが当面の小結となる。

5　アオリストへの遠投

坂部恵（注8）は『かたり』第一章の「一　詩と歴史」を、折口信夫の引用から開始していた。折口の、「わたしどもには、歴史と伝説との間に、さう鮮やかなくぎりをつけて考へることは出来ません」（「身毒丸」一九一七、新『全集』27）にあるのを引いて、氏が書き出したとき、その節題に暗示されるように、詩と歴史とのあいだはもとより、哲学と詩とのあいだにある「くぎり」不能な部位に眼を凝らした坂部だった。

アリストテレスが参照されるとすると、哲学が学問であるのに対して、詩は歴史を越えるための技術として、「身毒丸」という、小説の形式に借りることであって、つよく結びあう両者の関係だ。「歴史に較べると詩の方が、より一層哲学的つまり学問的でもある」（アリストテレス）。

『かたり』のなかを、不可解にも見える亀裂が走っている。

第三章三　浮き彫り付与とアオリスト

と、ハラルト・ヴァインリヒ『時制論』を通過させながら、アオリストに沿って語りが前景化される論述はそれなりにわかる。著書のなかの通過点として、アオリストを論じる。そのことは理解できる。ところが、そのアオリストが、このあと、第四章をへて、第五章つまり最終章に至り、ふたたび顔を出すのだ。

第五章二　詩と科学そしてアオリスト

これは奇妙な、一書としての構成だ。坂部著書のさいごに、アオリストが、詩、科学に並んで、もう一度、そして最終的に呼び出されるとは、謎でなくして何だろうか。坂部はいったん、第三章でアオリストを論じて、満足できなかった。それどころか、懐疑が坂部を襲い、書いている本のさいごに来て噴出したのだ。日本語への根本的な疑念である。

アオリストは、単純過去でもなければ、単なる格言的なそれなのでもない。基層的な日本語にあって、それの意味するところは〈無時制〉であり、言い換えれば時制から自由な、束縛のない在り方ということではあるまいか。

〈かたり〉を論じるとは、ヴァインリヒに拠る限り、語り手の現在を前提にする、一種の近代主義の立場をとる。しかし『かたり』のさいごになって、そんな近代主義では日本語が片付かないことに気づいたと言うことだろう。アオリストが相貌を異にしつつ、二度、呼び出されたかっこうで、『かたり』はぷつりと終えられている。

『源氏物語』を初めとして、日本語の物語の基本姿勢は非過去であると、私はこれまで、しつこく確認してきた。それははるかな、アオリストという、時制のなさに由来していた、ということではなかろうか。「ぬ、つ」が浮遊しているのは、それらがアオリスト空間にあるということだろうし、「む」（意志、推量）は本来、時制とかかわりがない。日本語の基層はそのような、言ってみるならアスペクト動態言語だという見通しである。

6　「ことばは無力か」に対して答える

吉本隆明『言語にとって美とはなにか』（注9）について、一九六〇年代に私はそれと真正面から向き合ったひとりであると、自分をここに認めつつも、思いは多岐に、複雑に広がる。「詩学」と、こんにちの言い方でなら言われるべき、その探求群において、氏は孤独に、言語本質論へ降りるところから開始し、文学へと表現を押したかめる、歴史的、あるいは個人的情動としての、自己表出という視野が獲得されてゆく過程として、古代から近代、現代までの表出史を明らかにしようとした。どうして対峙せずにいられようか、私ばかりではなかった。

吉本については、時枝誠記からの反論があって（注10）、時枝学説の「詞、辞」の特質は徹底してそれらのあいだの非連続にある、つまり詞と辞とが出どころを異にしている。似ているように見えて、詞は吉本の言う「指示表出」でありえず、辞は「自己表出」に相当しない、別個の産物であると、時枝その人が断定する。言語学的に、意味を擁する自立語と機能的な非自立語とを、まったく別の範疇に収めようとした時枝と、詩という「美」から言語内での自己表現の創出のように見る吉本との差、というより両者の無縁は明瞭である。

二〇一二年三月十六日、吉本隆明逝く。私はそのニュースを、被災地南相馬市から福島市へ出て、疲れた朝の起床とともに受け取った。氏にはもう、呈しえないけれども、〈二〇一一・三・一一〉直後から『文法的詩学』を私はまとめ出し、何とかして、「ことばが無力ではないこと、しかし、ことばへの信頼などはないこと、ことばにできることは何か、いな、ことばと考えられていることはほんとうにことばなのだろうか」という、一連の課題に対して、いまの照明を与えたい、私なりの答えを急ごうとの思いから、パソコンと向きあっている。

答えを出さなければならない。「ことばは無力だ」とつぶやいたひと、反対に、「ことばを信じよう」と努めたひと、みな渾身の思いで立ち向かったのである。言語の主体部分とは、生きるわれわれ自身であり、肉体に埋もれて、けっして分離させることができない。無力であることも、信じる信じないのレベルも、生きるわれわれの部位に密着し、生きることじたいであって、取り出すことも、否定することもできない。

とするならば、ことばを無力であると思い込んだり、逆にことばを信じてみようとしたりするとしたら、われわれの外側にあることばについてではないか。内部を主体的表現、外側を客体的表現と見よう。福島県人、詩の書き手、和合亮一は、「三・一一」から数日、ことばの無力感にさいなまれたという(注11)。しかし、ツイッター詩によって、壊滅的な思いのなかから詩のことばを再発させようとしたとき、かれのなかで「詩の無力」は終わった。あしかびのように、詩が書き出されていった。主体としての言語はついに滅び去ることができなかった。詩という世界を構成しえたのは、われわれのうちなる、けっして無力であることのできない部位が機能し始めたのである。

(1) 菅谷規矩雄(一九三六―八九)。詩の書き手であるとともに、『ブレヒト論 反抗と亡命』(思潮社、一九六七)ほか多くの詩論と、『詩的リズム 音数律に関するノート』(正続、大和書房、一九七五~七八)とがある。晩年、音律に根拠を求める作品へと内攻していった。

（2） 音韻的な一見ナンセンス詩を書き続けた山本陽子（一九四三―八四）について、渡辺元彦が『韻流の宇宙』（漉林書房、二〇〇一）という論著で追っている。

（3） 坂井信夫『〈ことば〉を壊す詩人たち』花鳥社、二〇二四。

（4） 湯川、岩波書店。昭和前代の湯川は毎年のように概説書を出して、中間子理論の進展してゆくさまをかいま見させる。

（5） 斉木美知世・鷲尾龍一、開拓社、二〇一二。

（6） フェルディナン・ド・ソシュール著／小林英夫訳『言語学原論』岡書院（一九二八、岩波書店）は、『ソシュール一般言語学講義』（岩波書店、一九七二）として改訳され、いまに至る。小林には『言語学通論』（三省堂、一九三七）がある。

（7） 『国語学原論』（一九四一、岩波書店）。

（8） 坂部、弘文堂、一九九〇、ちくま学芸文庫、二〇〇八。

（9） 吉本、『言語にとって美とはなにか』勁草書房、一九六五。

（10） 「詞辞論の立場から見た吉本理論」、『日本文学』一九六六・八。

（11） 和合、『詩の礫』（二〇一一）、ほか。

あとがき

『文法的詩学』（笠間書院、二〇一二・一二）と『文法的詩学その動態』（同、二〇一五・二）とを合綴して、大きく書き改めることにより、新たに『文法の詩学』（花鳥社）となって世に問われることとなった。

『文法的詩学』　全二十三章・附一、二、索引　四一〇ページ

『文法的詩学その動態』　全十八章・『文法的詩学』サマリー（英文、日本語）、索引　三七八ページ

これらは二分冊であるために、叙述が事項ごとに広く展開してあったのを、今回の合本により、一貫した内容へと簡潔に統一させ、一望できるようにした。原型をとどめないほど改稿されており、新しく書き足した章もある（二十五章「漢字かな交じり文」）。

導入

機能語（助動辞〈時間域、推量域、形容域〉、助辞）

意味語（名詞ほか）

人称、自然称

表記

というように配し、ところどころ叙述に強調を加えて〈詩学〉らしくし、読み物としても楽しめる

ようにしてある。終章は「言語は復活するか」(『文法的詩学』所収)および「言語社会にどう向き合うか」(『同・動態』所収)をまとめて本書の締め括りにした。

日本古典の、うた、物語のたぐいをおもに用例とするので、〈詩学〉を名のることにする。日本語から立ち上げる文法的記述として世に問う。〈文法〉はときに忌避される術語であるものの、本書のためには避けられない語であると主張する。

日本語をフィールドにして、世界の諸言語に並びたい。日本語から出てくる特色や事例であっても、世界に対して普遍性があろう。希少な用語や、現代からわかりにくくなった事象でも、日本古典語は世界の言語学の宝物である。むろん、現代日本語の成り立ちを知ることが大きな目的としてある。

体系的というよりも、個別の文法的事項を取り上げて論述する。結果として網羅的な記述となった。日本語から立ち上げる言語学というのはほかにあまり類例がないかもしれない。

折口信夫には全集類に「国語学篇」があるぐらい、日本語の考察を基礎にするところがあり、折口に打ち込んだことのある自分としては、考え方を大きく借りるところがある。

私どもの中学時代にも、高校生の時代にも、国語の時間に先生が、学校文法から別けて時枝誠記の文法を取り扱うということがあった。時枝は当初、山田孝雄『日本文法論』(宝文館、一九〇八)の用語に拠って〈概念語、観念語〉というような名称で分類を試みたものの、誤解を招き易いので、古くより日本において行われてきた〈詞〉および〈辞〉の名称を借用して、これを用いることとしたと言う。

万葉びとは〈漢字かな交じり文〉を駆使して日本語に取り組んできた。〈漢字かな交じり文〉こそは世界に誇る言語学上の財産だろう。

〈辞〉という語は『万葉集』の使用例が二例ある。そのうち、四一七六歌には「〈モ、ノ、は、て、に、を〉という六箇の〈辞〉を使わない」という割注がある。

我（が）門《かど》ゆ喧《な》き過ギ度る霍公鳥《ホトトぎす》、いやなつかしく聞けド飽き足《だ》らず

『万葉集』一九、大伴家持、四一七六歌

我門従　喧過度　霍公鳥　伊夜奈都可之久　雖聞飽不足〔毛能波氐尓乎六箇辭闕之。〕

（「毛」は『古事記』で甲類。『万葉集』には用字の上で甲乙の区別がない。）

わが家の門を鳴き過ぎ渡るほととぎすよ、

ますます声に惹かれて、聞いても聞いても飽き足らない

『天尓葉大概抄』（十三世紀代）には以下のようにあるという。

和歌の「天尓波《てには》」は唐土の置字なり。……詞は寺社の如く、天尓波は荘厳の如し。荘厳の天尓波を以て寺社の尊卑を定む。詞は際限有りと雖も、之を新しくし之を自在する者は天尓葉なり。

和歌の〈て、に、は〉は唐土の置字である。……〈詞〉は寺社の如く、〈て、に、は〉は荘厳《かざり》の如くである。荘厳の〈て、に、は〉をもって寺社の尊卑を定める。〈詞〉は限りがあるとしても、それを新しくして自在にするのは〈て、に、は〉によってである。

と。

寺社に相当するのが「詞」とすると、「天尓波」（助動辞、助辞）は飾り付けのごとくだという。『天尓葉大概抄』は定家著といわれるものの、実際の著述者は分からない。

鈴木朖の分類で言えば、「詞」は事物をさしあらわし、「声」は心の声である。本居宣長のもとで学んだ朖には『言語四種論《げんぎょ》』（一八二四）があり、

躰・形状・作用　　天尓波
さす所あり　　さす所なし
一、詞　　声
一、物事をさしあらはして詞となり　　其詞につける心の声也
一、玉のごとく　　緒の如し
一、器物のごとく　　其を使ひ動かす手の如し

というように、「詞」と「声」とに分けた。

宣長は言語の外形（音、文字）に着眼するので、「天尓波」個々の内容には立ちいらない。そこは富士谷成章に宣長が譲ったところだ。宣長が分析せず、常に綜合的であるのに対して、成章の分析的研究（『脚結抄』〈一七七八〉など）は、知られるように「名、挿頭《かざし》、装《よそひ》、脚結《あゆひ》」というように分類する。

「詞、辞」は富樫広蔭、松下大三郎、三矢重松、橋本進吉らの拠る用語として知られる。松下（『増補校訂』標準日本口語法（徳田政信編）、勉誠社、一九三〇序、一九七七）は「詞」と「源

辞」（および「断句」）とにわける。これは時枝の先駆であるばかりでなく、時枝の〈詞〉と〈辞〉とを探査してゆくと松下に行きつくから、ある点からすると後者（松下）を簡潔に前者（時枝）がまとめたと見られる。「詞」はたとえば名詞であり、「～（名詞）を」というとその「を」は原辞であって、単独だと詞になりえない。名詞「～」じたいも源辞であって、つまり「～を」が源辞で「～」は詞でもあるというから、かさなるところに統語という考え方がよく出ているように思われる。（「断句」は文。）

三矢の『高等日本文法』（明治書院、一九二六（増訂））は「詞辞」と称する一篇を立てて、独立詞（体言、用言）と附属辞とにわける。

それらの術語化の流れを根拠にして、『国語法要説』（橋本進吉、一九三四）は、「詞」（自ら文節を構成しうるもの）と「辞」（第一の語にともなって文節を構成しうるもの）とに二分した。

本書はそれら先人の試みについて、意味語と機能語というように分類し直したことになる。〈漢字かな交じり文〉はほぼ、漢字―かな―漢字―かな―というように、漢字とかな（万葉がななど）とを交互に書いてゆく。これは意味語と機能語とを書き分ける日本列島や朝鮮半島の人々の大きな発明だった。それが一千数百年来、使われ続けて現代に至るのだから、だいじな発明だった。

本書を支えてくれたのは、これらの〈漢字かな交じり文〉を駆使した万葉びと、定家らの古代や中世の歌学、宣長らの国語学、折口、時枝らであって、日本語で言語学を構想するとはそういうことだろう。とりわけ時枝誠記には感謝の思いを捧げたい。

笠間書院の各位に深くおん礼申し上げるとともに、このたびは花鳥社にお世話になった。橋本孝氏とは一九六〇年代以来の、国文学のために力を尽くしてきた同志である。

二〇二四・六・三十

藤井貞和　誌す

言語事項・人名索引

多頁に亘るつぎのような項目は立項しない：意志、うた、格助辞、過去、活用語尾、完了、形容詞、語幹、語根、主格、主語、助辞、助動辞、推量、動詞、否定、比喩・喩、未来、名詞、物語、和歌

あ

か

さ

た

な

は

ま

や

ら

わ・ん

著者略歴

藤井　貞和（ふじい　さだかず）

昭和十七年（1942）、東京都文京区生まれ。奈良市内に育つ。

国語教育学科（東京学芸大学）、言語情報科学専攻（東京大学〈駒場〉）、日本文学専攻（立正大学）に勤めた。東京大学名誉教授。

詩作品書『地名は地面へ帰れ』（永井出版企画、1972）、詩集『乱暴な大洪水』（思潮社、1976）、『源氏物語の始原と現在』（三一書房、1972）、『釈迢空』（国文社、1974）以下、詩作と研究・評論とが半ばする。『物語文学成立史』（東京大学出版会、1987）、『源氏物語論』（岩波書店、2000）、『平安物語叙述論』（東京大学出版会、2001）、『文法的詩学』（笠間書院、2012）、『文法的詩学その動態』（笠間書院、2015）、『日本文学源流史』（青土社、2015）、『〈うた〉起源考』（同、2020）、『物語史の起動』（同、2022）など。『よく聞きなさい、すぐにここを出るのです。』（思潮社、2022）、『〈うた〉の空間、詩の時間』（三弥井書店、2023）など、詩書関係が続く。

文法の詩学

意味語／機能語の動態

二〇二四年九月三十日　初版第一刷発行

著者……藤井貞和
装丁……池田久直
発行者……相川 晋
発行所……株式会社 花鳥社
https://kachosha.com
〒一〇一-〇〇五一　東京都千代田区神田神保町一-五十八-四〇二
電話　〇三-六三〇三-二五〇五
ファクス　〇三-六二六〇-五〇五〇
ISBN978-4-86803-007-2

組版……キャップス
印刷・製本……モリモト印刷